# HISTOIRE
DE PIERRE DU TERRAIL,
DIT
## LE CHEVALIER
# BAYARD,
SANS PEUR ET SANS REPROCHE.

*Par M.* GUYARD DE BERVILLE.

## NOUVELLE ÉDITION.

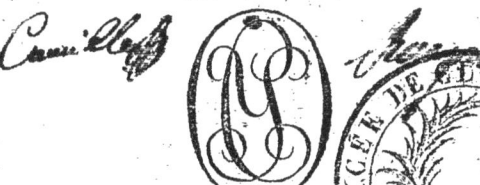

A LYON,

Chez YVERNAULT et CABIN, Libraires,
rue Saint-Dominique, n.° 64.

1809.

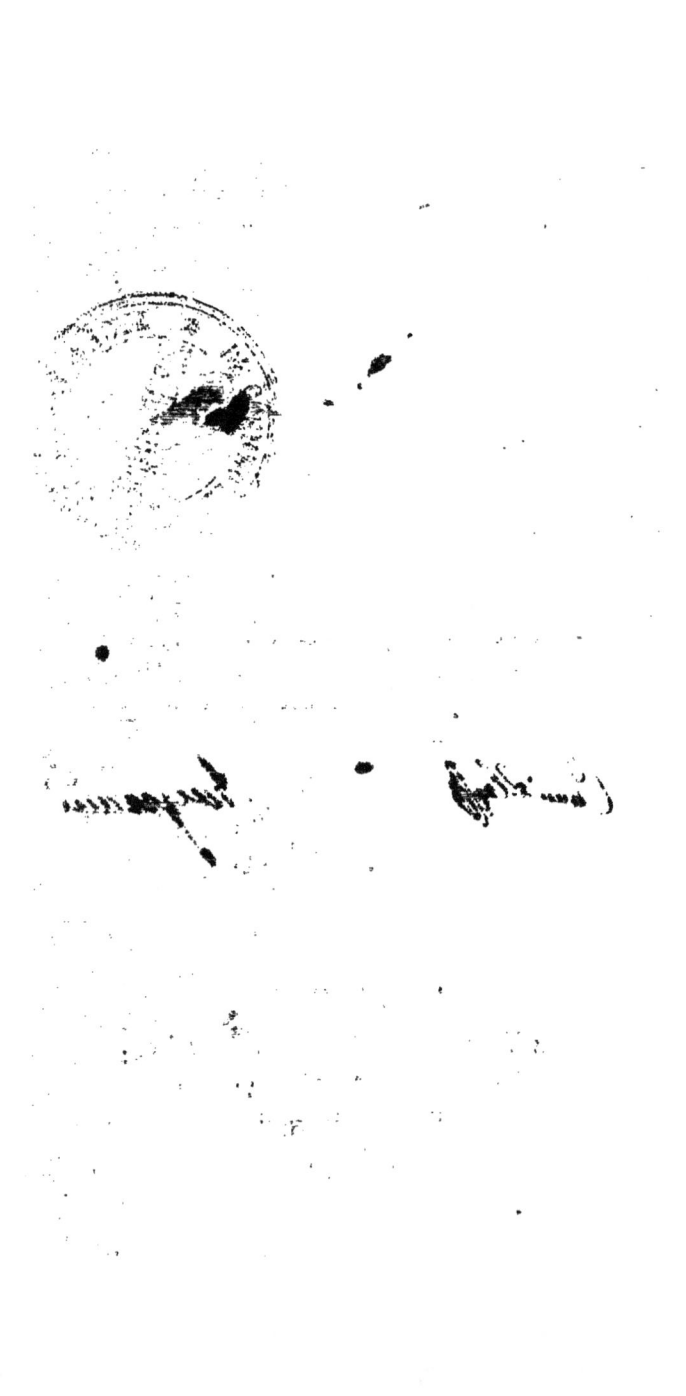

A MESSIEURS
LES GENTILSHOMMES,
ÉLÈVES DE L'ÉCOLE ROYALE
MILITAIRE.

*Messieurs*,

C'EST particulièrement à vous que j'ai consacré mon temps en travaillant à faire revivre un Héros dont les faits doivent être immortels comme son nom. Toutes les grandes actions qui l'ont rendu l'honneur de son siècle, toutes ses vertus vous appartiennent.

BAYARD, sorti d'une Maison plus illustre par son ancienneté, ses alliances et les grands Hommes qu'elle a produits, que distinguée par les faveurs de la fortune, est exactement l'image d'une grande partie de la jeune Noblesse. Il a marché sur les traces de ses Ancêtres, et les a tous surpassés. Sa situation a été la vôtre, MESSIEURS. Vous avez tous l'avantage de la naissance comme lui ; vos aïeux, comme les siens, ont dû leur noblesse à leurs vertus, vous travaillez à les imiter ; et les leçons que vous recevez dans cette excellente École, où la munificence et l'amour paternel de votre Roi vous a rassemblés, ne permettent pas de douter que vous ne soyez un jour l'honneur des Maisons dont vous sortez, que vous n'ajoutiez même à la gloire de votre sang, et qu'enfin, comme Bayard, plusieurs d'entre vous ne soient un jour des modèles pour la postérité.

SON Histoire ne peut, MESSIEURS, qu'exciter dans vos cœurs cette noble émulation ; et en vous la présentant, je n'ai moi-même d'autre objet que d'y contribuer, et de vous donner ce témoignage public du profond respect avec lequel je suis,

MESSIEURS,

Votre très-humble<br>et très-obéissant<br>serviteur, *D. B.*

# PRÉFACE.

Un Ecrivain du dernier siècle *, en parlant avec éloge du Chevalier Bayard, termine son discours par ces mots : « Je conseillerais volontiers » aux Nobles, qu'au lieu de tant de » livres fabuleux, ils fissent lire son » Histoire à leurs enfans, d'autant » que sans y prendre rien de vain, » ils y trouveront de quoi cultiver et » fortifier les semences de vertus que » nature a mis en eux. » Combien ne sommes-nous pas mieux fondés à reprocher, avec tous les gens qui pensent bien, à tant d'Ecrivains de nos jours, cette multitude d'Ouvrages, les uns frivoles, les autres dangereux, dont ils inondent le Public ? Ceux-là ne tendent qu'à amollir les cœurs, ceux-ci à corrompre la morale ; d'autres respirent la révolte contre toute subordination, et d'autres attaquent

---
* Mauroy, Histoire de la Valette.

la Divinité jusque sur son trône : ouvrages cependant recherchés, et lus avec tant d'avidité, que leurs Auteurs en deviennent tous les jours plus hardis, au point même de se faire une gloire de la flétrissure.

Combien ces Auteurs, la plupart nés avec des talens réels, n'auraient-ils pas plus d'honneur de faire revivre une quantité de productions de l'esprit humain, en tous genres et en toutes langues, que le temps a fait presque disparaître, ou qu'il a au moins reléguées dans le fond des Bibliothèques, et d'autres composées en notre langue, lorsqu'elle était encore bien loin de la perfection où elle est parvenue, et qui, par cette raison, sont à peine intelligibles, et devenues très-rares, qui cependant n'en seraient pas moins utiles et agréables au Public, et avantageuses aux Ecrivains.

De ce nombre est l'Histoire que je présente à la Noblesse Française, et à tous ceux qui se destinent à la profession des Armes. Ils y trouveront un modèle de toutes les vertus civiles, militaires et chrétiennes. « Je veux, » disait le sieur de la Hoguette * à » son fils, que ce soit la première His- » toire que tu lises et que tu me ra- » contes ; tâche de l'imiter en ce que » tu pourras, il ne se peut faire de » copie qui ne soit bonne sur un si » merveilleux original. Si tu ne peux » arriver à sa valeur, qui est hors » d'exemple, sois fidèle à ton Prince, » et débonnaire comme lui. » Que de leçons en si peu de mots !

Dès ma plus tendre enfance, j'ai ouï parler du Chevalier Bayard comme d'un des plus grands hommes des derniers siècles. Son Portrait, dans la Galerie du Palais-Royal à Paris, m'inspira le dessein de connaître ce Héros. Je lus, je m'instruisis, et bientôt ce que j'en appris surpassa de beaucoup ce que j'avais entendu. Quelques affaires m'ayant conduit à Grenoble, j'y trouvai la mémoire de Bayard presque aussi récente que s'il

---

\* Fortin de la Hoguette, Avis d'un bon Père à son Fils.

ne fût mort que depuis vingt ou trente ans : j'ai su que sa vie avait été imprimée ; mais ma surprise fut extrême de ce que dans la Patrie même de ce Héros, dans la Province dont il avait fait la gloire, son Histoire n'était plus dans les mains de personne, en sorte que j'eus une peine extraodinaire à en acquérir un exemplaire, grand *in*-12, fort épais, imprimé à Grenoble chez Nicolas, 1650, qui n'est qu'une nouvelle édition de celle de Godefroy, de 1619, dédiée au Roi Louis XIII.

Je ne puis exprimer avec quelle avidité et quelle satisfaction je lus cette Histoire, quoique très-mal écrite et d'un style si vieux pour sa date, qu'il est évident que l'Editeur n'a fait que copier les originaux de l'année 1527 ; mais elle n'en est pas moins estimable, tant par son exactitude, que par une quantité de notes instructives tirées des Auteurs contemporains.

L'admiration que je conçus pour un homme si merveilleux, m'inspira l'idée de lui donner une nouvelle vie,

## PRÉFACE.

et de mettre dans les mains de la jeunesse militaire un livre aussi utile que curieux, et un modèle de toutes les vertus qui doivent la distinguer du peuple.

On n'écrit point la vie des hommes ordinaires. Il importe peu à un siècle de savoir que tel homme a vécu dans le siècle précédent, si cet homme n'a fait que ce que mille autres ont fait comme lui. A de tels hommes l'Histoire ne doit tout au plus que la conservation de leurs noms, et de quelques faits, s'ils l'ont méritée. Mais les Héros, les Hommes extraordinaires en tous genres, ceux qui ont réuni toutes les vertus, et qui les ont possédées dans un degré supérieur : ceux-là ont un droit singulier à l'Histoire, et la Nation qui les a produits a un intérêt personnel de conserver leur mémoire, et leurs faits recueillis en corps.

De tous les Héros dont la vie a été écrite, Bayard est peut-être le seul qui puisse être loué généralement et sans exception. Tels ont eu telles vertus, tels en ont eu d'autres ; mais y en a-t-il un seul qui n'ait eu quelque vice ? Bayard n'en a eu aucun, et il a été doué de toutes les vertus humaines. La bonté jointe à la valeur ; l'intrépidité à une prudence extraordinaire ; le sang-froid dans le péril, et une présence d'esprit admirable pour s'en tirer ; une sagesse et une justesse de point de vue qui, dans les Conseils, ramenaient toujours tous les avis au sien, avec un talent pour l'exécution que personne ne posséda à un plus haut degré. Son attachement pour ses Rois, pour sa Patrie, pour tous ses devoirs : son zèle pour le service, qui ne lui a jamais permis de se refuser à rien, et qui, au contraire, le plaçait toujours le premier aux attaques, et le dernier dans les retraites : sa piété au milieu du tumulte des armes, sa charité inépuisable, sa liberalité, sur-tout envers les troupes qu'il commandait, qui partageaient toujours entr'elles les rançons de ses prisonniers : sa générosité et sa grandeur d'ame dans la victoire, sa vigilance dans les petites occasions comme dans les grandes, etc., etc. Telles ont été les vertus qui lui ont acquis la confiance des Rois qu'il a servis, et celle des troupes qu'il a commandées, lesquelles se sont toujours estimées invincibles sous ses ordres ; l'estime enfin des Souverains, même étrangers, qui lui en ont prodigué les témoignages : vertus qui l'ont rendu la terreur des ennemis de la France, que son nom seul effrayait. Enfin, et pour abréger un éloge qui pourrait paraître outré, si tous les Historiens ne l'avaient confirmé, Bayard a été le seul Guerrier que son siècle même ait décoré du surnom de Chevalier sans peur et sans reproche, qui ait eu l'honneur d'armer son Roi Chevalier, et celui de recevoir une députation du Parlement de Paris ; peut-être encore est-il le seul qui ait vu en mourant les larmes sincères des mêmes ennemis qu'il faisait trembler quelques heures auparavant, et le seul qui, après sa mort, ait reçu de leur part les honneurs funèbres réservés aux Rois.

Cette Histoire a encore un grand avantage que je ne puis me dissimuler. Il semble que le siècle de mon Héros a été celui des grands Hommes, et que l'on ne sait après Bayard lequel serait le plus digne de notre admiration. Tel fut un Duc de Nemours, un Chaumont-d'Amboise, un Lautrec, un Clermont-Montoison, un Louis de la Trimouille, des Chabannes, des de Foix, des Trivulces, un Louis d'Arces, un Molard, des d'Alègres, et tant d'autres dont l'énumération est superflue pour ceux qui liront l'Histoire même, et qui y trouveront une multitude d'hommes, même parmi les inférieurs, dignes, comme les chefs, d'être loués et imités.

Quant à mon travail, je suis bien éloigné de m'ériger en Auteur ; je n'ai eu que deux motifs en écrivant : le zèle d'un bon Citoyen qui a eu en vue le bien et l'honneur de sa Patrie, et le

PRÉFACE. xiij

regret de ne pas voir dans les mains et sous les yeux de tout le monde, et sur-tout de la jeunesse, l'Histoire d'un Héros digne de l'immortalité. Je n'ai donc fait que la traduire, pour ainsi parler, en style plus supportable que l'ancien, et présenter au Public et à la Noblesse un Maître de vertus, plus capable de les rendre sensibles et praticables par ses exemples, que ne le seraient des instructions verbales.

Je ne me suis point attaché à un style fleuri et académique, qui, à mon avis, n'est pas celui de l'Histoire ; j'ai écrit tout naturellement, ne me piquant d'autre chose que d'une grande exactitude dans les faits, et de la pureté du langage, autant que j'en suis capable. Tout ce que j'ai ajouté à l'original se réduit à quelques notes et anecdotes relatives à mon sujet, que j'ai tirées des Auteurs les plus fidèles. J'ai aussi conservé quelques phrases des originaux, les unes pour leur singularité, d'autres pour leur énergie, et je les ai distinguées par le caractère italique. Mais j'ai écarté une quantité de minuties, de petits détails, dont les anciens se piquaient, et que le bon goût de notre siècle ne supporterait pas.

Je dois faire une observation pour l'intelligence de quelques dates : tout le monde ne comprendra pas que les mois de Février et de Mars paraissent en quelques endroits les derniers de telle ou telle année ; mais on doit savoir qu'alors l'année ne commençait qu'au jour de Pâques, à quelque jour qu'il se trouvât, et que l'on n'a commencé à coter l'année du premier Janvier qu'à pareil jour de l'année 1564, par Ordonnance de Charles IX. J'ai répété cette observation seulement une fois dans mon Ouvrage, pour en rafraîchir la mémoire à mes lecteurs.

Enfin, et pour finir cette Préface par où je l'ai commencée, mes vœux seront comblés, si j'ai la satisfaction de voir l'exemple que je donne, de faire revivre les morts dignes de mémoire, suivi par des gens plus capables que moi de fournir la même carrière.

# GÉNÉALOGIE
## DU CHEVALIER BAYARD.

La Province du Dauphiné, aussi féconde qu'aucune autre du Royaume en grands Hommes, était dans son origine un démembrement du Royaume de Bourgogne. On tient que lors de l'extinction de ce Royaume, vers l'an 1130, un nombre de Seigneurs du pays se rendirent maîtres des Cantons ou petites Provinces où ils se trouvaient puissans. La Savoie se donna à un Prince dont la postérité y règne encore. La Province connue depuis près de cinq cents ans sous le nom de Dauphiné, fut d'abord divisée en sept ou huit petites Souverainetés. Les Seigneurs de la Tour-du-Pin, de Clermont, de Sassenage, et autres, avaient chacun leur ressort indépendant les uns des autres, avec tous les droits de Souverains. Le tout enfin se réunit en une seule Province en faveur d'un Seigneur de la Tour-du-Pin, qui lui donna le nom de Dauphiné, en l'honneur de sa femme nommée Delphine, et qui prit pour lui et ses successeurs le titre de Dauphin de Viennois.

Le dernier de ces Princes, Humbert II,

devenu veuf, et n'ayant plus d'enfans, par la perte qu'il fit de son fils unique, âgé de trois ans, lequel, suivant une tradition du pays (contredite par de bons Auteurs), il laissa tomber dans le Rhône d'une fenêtre ou balcon de son Palais à Vienne, se dégoûta du monde, traita de son Etat avec Philippe de Valois, Roi de France, en 1343, et continua d'en jouir jusqu'en 1345, que par une dernière transaction du mois de Mars, il délaissa sans retour sa Province au Roi, en investit lui-même, au mois de Juillet suivant, le Roi Charles V, alors nommé le Duc de Normandie, âgé de douze ans, en lui mettant en main l'Épée Delphinale, la Bannière de Saint George, un Sceptre et un Anneau. Cela fait, il se retira dans l'Ordre de Saint Dominique, y fit profession, en 1351, à Avignon, entre les mains du Pape, et mourut le 13 Mai 1355 à Clermont en Auvergne, d'où son corps fut apporté au grand Couvent de Paris, dont il avait été Prieur, et inhumé sous une grande tombe de cuivre qui se voit encore au pied du grand autel. Il fut aussi Patriarche d'Alexandrie, et Administrateur de l'Archevêché de Reims.

La Maison Terrail, ou du Terrail, de laquelle est sorti le Héros dont nous donnons l'Histoire au Public, était, suivant l'opinion commune, établie, dès la division du Royaume de Bourgogne, dans la

GÉNÉALOGIE. xvij

partie supérieure du Dauphiné qui confine à la Savoie, à l'extrémité de la vallée de Graisivaudan, environ à six lieues de Grenoble vers l'orient, et elle jouissait de temps immémorial de la Seigneurie de Grenion. Elle fut dès-lors féconde en Guerriers, et s'allia aux plus nobles Maisons, étant de celles que les Auteurs ont nommées *Noble et ancienne Chevalerie*, et depuis *, l'*Ecarlate de la Noblesse*.

Comme cette Maison est éteinte, nous ne croyons pas devoir en donner ici une généalogie aussi étendue que le Président d'Expilly l'a donnée dans un temps où elle subsistait encore; nous nous bornerons à indiquer les Maisons avec lesquelles elle a eu des alliances directes et indirectes. Telles sont celles des Alleman de Laval, des Alleman de Mont-Martin (dont Madame la Maréchale de Balincourt, actuellement vivante, est la dernière), la Rochefoucault, par Gilberte (mère de celle qui a fait la substitution en faveur de l'aînée des filles de la Maison d'Estaing), Simiane d'Esparron, Boissieu, Beaumont de Saint-Quentin, de la Tour et des Adrets, Romanieu, la Tour-

---

* Il paraît que cette expression doit son origine en Dauphiné, au temps de l'invasion de Louis XI, et que l'on a prétendu par là mettre une différence essentielle entre la Noblesse d'origine, et celle qu'il créa par Lettres-Patentes.

du-Pin, Morges, Sassenage, Virieu, Montlezun, la Chau, Dagout, Maugiron, Hostun, etc. etc.

Nous venons de dire que Gilberte de la Rochefoucault eut une fille à qui les biens et titres de la Maison, avec la Seigneurie et Château du Terrail, situés près de la Mure en Dauphiné, étaient échus; et qu'elle les a substitués en faveur de l'aînée des filles de la Maison d'Estaing-Saillant. La substitution s'est effectuée en la personne de Dame Marie-Claire d'Estaing du Terrail, fille aînée du feu Marquis d'Estaing, Chevalier des Ordres du Roi, laquelle, aux clauses et conditions de ladite substitution, a transmis ses droits, à la charge de porter le nom et les armes du Terrail, à son fils Joseph Durey, Chevalier, Marquis du Terrail, Baron de Saint-André, Seigneur de la Duché-Pairie de Damville, Maréchal des Camps et Armées du Roi, Chevalier de l'Ordre Royal et Militaire de St-Louis, Lieutenant-général pour Sa Majesté des Ville et Evêché de Verdun et du Verdunois, etc.

Quant à la Terre, Seigneurie et Château de Bayard, ils ont passé par succession dans la Maison de Simiane, et sont actuellement possédés par Pauline de Simiane, Dame de Noinville, dont les enfans sont, Alphonse Durey de Noinville, Cornette au Régiment de Bourgogne Cavalerie, et Dame N. Durey de Noinville, Marquise de Pruley.

Moréry, au mot Bayard, édition de 1698, et autres subséquentes, a donné un précis de généalogie de cette Maison assez exact, auquel nous renvoyons le Lecteur pour abréger celle que nous lui présentons. Nous ajoutons seulement que tous les aïeux de notre Héros furent des Guerriers illustres. Aubert, son cinquième aïeul, fut blessé mortellement à la bataille de Varey ou Varces (a).

Robert son fils, et quatrième aïeul, suivit long-temps les Dauphins Guigues V (b) et Humbert I, et fut tué au service du dernier, dans une action contre les Savoyards.

Philippe, fils de Robert, et troisième aïeul, se signala dans les guerres contre

---

(a) L'Edition de 1650 dit Varey; mais je crois que c'est une faute. On ne connaît point en Dauphiné de bataille de Varey, ni de ville ou village de ce nom : mais bien le village de Varces, à une lieue et demie de Grenoble, près de Vif, où il est encore mention d'une ancienne bataille, et le lieu où elle s'est donnée s'appelle encore *le Champ de la Guerre*. Les laboureurs, en travaillant la terre, y ont trouvé, pendant plus de deux siècles, de grosses balles de plomb du poid de quatre onces, que l'on nommait alors *pierres d'arquebuses*.

(b) Ce Prince fut tué le 25 Août 1333, d'un coup de garot ( flèche d'arbalêtre ), dont sa Noblesse fut si irritée, qu'elle donna le lendemain l'assaut au fort de la Perrière avec tant de fureur, qu'elle l'emporta, passa tout au fil de l'épée, rasa le fort et le bourg, de manière qu'il n'en resta pas de vestiges.

## GÉNÉALOGIE.

les Anglais et les Flamands, et mourut aux pieds du Roi Jean, à la bataille de Poitiers, le 19 Septembre 1356, laissant d'Aloyse Cassard (c) deux fils, Pierre I qui suit, et Jean, lequel fut tué à la bataille de Verneuil, le 17 Août 1424, avec trois cents Gentilshommes Dauphinois.

Pierre I, bisaïeul de Bayard, était mort avant son frère à la bataille d'Azincourt en 1415, laissant entr'autres enfans :

Pierre I, aïeul, qui se rendit si illustre dans les guerres de Charles VI et Charles VII, qu'on l'avait honoré du surnom de l'*Epée Terrail*. Nous ne pouvons nous refuser un peu de détail sur ce grand Homme. Il fut particulièrement aimé et estimé de Charles VII, qui récompensa sa valeur et ses services en Roi. Pierre se trouva sous son règne à toutes les occasions contre les Anglais et contre les Flamands, et contribua plus que personne au gain de la bataille d'Anton, le 11 Juin 1430, où Louis de Châlons, Prince d'Orange, fut défait si complètement, que de son armée composée de Savoyards et de Bourguignons, et du double plus nombreuse que celle du Roi, tout fut tué, pris ou noyé, et que le Prince, pour en échapper, n'eut d'autre ressource que de

―――――――――――

(c) Cette famille est éteinte. Elle a donné à l'Eglise le Cardinal Cassardi, Archevêque de Tours, dont on voit l'épitaphe sur la porte de la Sacristie des Dominicains à Lyon, où il mourut en 1237.

se jeter dans le Rhône à cheval et armé de toutes pièces, et de le passer à la nage. Pierre II soutint le parti du même Roi pendant les troubles excités en Dauphiné par le Dauphin Louis (*d*), lequel ayant succédé à la Couronne sous le nom de Louis XI, employa utilement ce brave Capitaine dans la guerre du bien public qui menaçait tout le Royaume d'une division intestine. Enfin, il mourut glorieusement, comme ses ancêtres, sur-le-champ de bataille à celle de Montlhéry, le 16 Juillet 1465. Ce fut lui qui acquit la Terre et Château de Bayard, dont Pierre III, son petit-fils, et notre Héros, a immortalisé le nom. Il laissa huit enfans, dont l'aîné :

Aymon, père de Bayard, servit toute sa vie jusqu'à la journée de Guinegate, en 1479, où il reçut quatre blessures, dont l'une le priva pour toujours de l'usage d'un bras, et le força de se retirer âgé de soixante-cinq ans au Château de Bayard,

---

(*d*) Tout le monde sait que le Dauphin, fils de Charles VII, qui fut depuis le Roi Louis XI, prétendit que le Dauphiné était pour lui un apanage à titre de souveraineté, aux termes de la donation. Il s'y retira, s'empara de l'autorité, fit rendre la Justice en son nom, saisit tous les deniers royaux, mit des impôts, etc. Et pour se défendre contre les troupes que le Roi son père envoya pour le soumettre, l'argent lui manquant, il distribua des Lettres de Noblesse, sans choix et sans discernement, à quiconque avait de quoi les payer.

dans sa. famille, où il mourut en 1496. D'Hélène Alleman, ou des Alleman (*e*), il laissa quatre fils et quatre filles : Georges qui suit, Pierre III, Seigneur de Bayard, dont nous donnons l'Histoire, Philippe et Jacques. Ces deux derniers prirent le parti de l'Eglise ou du Cloître. Philippe prit l'habit de Saint Benoît en l'Abbaye d'Ainay (*f*), sous son oncle qui en était

---

(*e*) L'une des plus anciennes Maisons du Dauphiné et des plus distinguées, tant par ses alliances que par le nombre des guerriers qu'elle a produits dans tous les temps. Du vivant de Bayard il est mention de plus de douze Seigneurs de ce nom, Capitaines d'Hommes d'Armes ou de gens de pied, de différentes branches, et sur-tout de Soffrey Alleman, Seigneur de Molard et d'Uriage, dont il sera fait de fréquentes et honorables mentions dans cette Histoire ; Barachin Alleman, Seigneur de Rochechinard ; Charles son neveu, Chevalier de Rhodes et Grand-Prieur de Provence. Toutes ces branches sont éteintes, excepté celles de Champier et de Montmartin, dont nous avons dit plus haut que Madame la Maréchale de Balaincourt est la dernière. Celle de Champier subsiste en la personne du Marquis de Champier en Dauphiné, et de ses deux frères, Comtes de Lyon, dont la mère était de la Maison de Beaumont.

Il y a eu du nom des Alleman quatre Evêques de Grenoble : Sibon Alleman, vivant en 1457 ; Laurent I et Laurent II, l'un oncle et l'autre cousin-germain de Bayard, qui étaient des Alleman-Laval, et N. Alleman de Montmartin, mort en 1725.

Le plus ancien de cette Maison, dont l'Histoire ait conservé le nom, est Guigues Alleman, Chevalier, qui testa en 1275, et donna cinq cents livres à partager entre cinq Chevaliers qui feraient le voyage de la Terre-Sainte pour le salut de son ame.

(*f*) Abbaye considérable près de Lyon, aujourd'hui dans la Ville, autrefois le Temple d'Auguste, en latin

Abbé, et mourut Abbé de Josaphat à Chartres. Jacques fut élevé par l'Evêque de Grenoble, son oncle maternel, qui le fit Chanoine de son Eglise, où il fut ensuite Doyen (*g*), et enfin mourut Evêque de Glandèves. Les quatre filles furent Marie, femme de Jacques du Pont, Seigneur d'Aly en Savoie, mère de Pierre du Pont, dit le Capitaine Pierre-Pont, illustre dans cette Histoire; Claude, femme d'Antoine de Theys, Seigneur de la Blayette, dont est sortie la branche d'Herculeys qui est éteinte; Catherine, Chartreuse à Premol (*h*), près de Grenoble; et Jeanne, Bénédictine à l'Abbaye des Hayes, près de la même Ville.

Georges, frère aîné de Bayard, fut le seul qui se maria; il épousa Jeanne d'Arvillars, de laquelle il eut une fille unique, et mourut en 1535. En lui s'éteignit la branche de Terrail Bayard, qui

---

*Athenaceum*, parce que ce Prince, de son vivant, y avait etabli une Académie à l'instar de celle d'Athènes. Horace en parle en ce vers :

*Aut Lugdunensem Rhetor dicturus ad Aram.*

C'était alors une Abbaye de l'ordre de Saint Benoît, sécularisée depuis, et mise en Commande; elle est aujourd'hui Collégiale et Paroisse.

(*g*) On voit encore les Armes de Terrail sur la porte de sa maison, qui est devenue le Doyenné. Il y a des Auteurs qui disent qu'il ne fut Evêque de Glandèves qu'après Philippe son frère, Abbé de Josaphat.

(*h*) Monastère de filles de l'ordre de Saint Bruno, à trois lieues de Grenoble.

était l'aînée de la Maison. Françoise, sa fille, mourut jeune et sans enfans, et fit sa mère, Jeanne d'Arvillars, sa légataire universelle. C'est par celle-ci que les biens ont passé par succession dans la Maison de Simiane, et de cette Maison à Gilberte de la Rochefoucault, mère de celle qui a fait la substitution dont nous venons de rendre compte.

Il subsistait encore une branche cadette, qui était celle des Terrail, Seigneurs de Bernin, dont l'un était Gaspard, qui suivit, comme on le verra, notre Héros dans toutes ses expéditions, et qui se montra digne d'être du même sang ; François son fils fut tué à la Saint-Barthelemi par la perfidie d'un parent contre lequel il plaidait au Parlement de Paris, laissant deux fils, François et Thomas, en qui s'éteignit entièrement cette Maison illustre, qui avait produit pendant plusieurs siècles consécutifs, tant de grands Hommes, auxquels on peut appliquer avec justice ces vers d'Horace :

*Fortes creantur fortibus, . . ,*
*Nec imbellem feroces*
*Progenerant Aquilæ columbam.*

Les Armes de cette Maison étaient d'azur au chef d'argent, chargé d'un lion naissant de gueules, à la cotice ou trait d'or, brochant sur le tout.

HISTOIRE

# HISTOIRE
## DU CHEVALIER
# BAYARD.

*LIVRE PREMIER.*

### SOMMAIRE.

*Naissance du Chevalier Bayard. Il se détermine à treize ans pour le parti des armes. Présage de ce qu'il doit être un jour. Il est présenté au Duc de Savoie, qui le reçoit en qualité de Page. Il se fait aimer de son Maître et de toute la Cour. Le Duc de Savoie va visiter Charles VIII à Lyon. Réception que le Roi lui fait. Le Duc offre son Page au Roi, qui le reçoit avec satisfaction. Le surnom de Piquet est donné à Bayard, et à quelle occasion. Le Roi le donne au Comte de Ligny, et le lui recommande. Le Seigneur de Vaudrey publie un Tournoi à Lyon. Bayard s'engage à y combattre. Il attrape de l'ar-*

## HISTOIRE

*gent à l'Abbé d'Ainay son oncle. Il combat au Tournoi, et en sort victorieux à l'âge de dix-sept ans. Il est fait Homme d'Armes dans la Compagnie du Comte de Ligny. Il prend congé du Roi, qui le comble de bienfaits. Tendresse du Comte, et sa générosité pour Bayard. Il part pour sa garnison avec un équipage de Seigneur. Réception que lui fait toute la Compagnie du Comte de Ligny. Il donne un Tournoi aux Dames de la Ville. Il en remporte les prix, et les distribue à deux Combattans. Charles VIII part pour la conquête du Royaume de Naples. Il fait son entrée dans Rome en Souverain. Bataille de Fornoue gagnée par le Roi. Bayard lui présente une Enseigne de cinquante hommes, et en est récompensé. Le Roi rentre en France, et apprend tout aussitôt la révolte de Naples. Il meurt subitement à Amboise.*

BAYARD naquit au Château dont il porta le nom, en l'année 1476, sous le règne de Louis XI. Guillaume d'Avançon, Archevêque d'Embrun, qui, long-temps après, acquit cette Seigneurie, faisant faire des réparations au Château, voulut que la chambre où Bayard était né, fût conservée par respect pour la mémoire d'un si grand homme.

Quoique l'histoire de sa vie que nous présentons au Public, paraisse singulièrement consacrée à la Noblesse et à l'Etat Militaire, elle n'en est pas moins digne d'être mise dans les mains de la jeunesse de tous les états : un homme qui a possédé toutes les vertus, est un modèle en tous genres, que chacun doit et peut s'efforcer d'imiter. La bonté et la droiture de son cœur, sa générosité, sa charité lui ont acquis le surnom de Bon; sa valeur et son intrépidité, celui de Chevalier sans peur; enfin sa fidélité à tous ses devoirs l'a fait connaître sous le nom de Chevalier sans reproche. Toutes les circonstances de sa vie ont justifié ce glorieux témoignage de son siècle, et la postérité ne le lui refusera pas.

Les Historiens qui ont écrit sa vie, ne nous apprennent rien de ses premières années, qu'il passa sans doute dans les amusemens de son âge, et à recevoir les premières instructions de ses parens.

A peine eut-il atteint l'âge de treize ans, qu'Aimond Terrail son père, accablé d'années et de blessures, se sentant près de sa fin, fit venir ses quatre fils devant lui, en présence de leur mère, pour savoir d'eux quel parti ils voulaient embrasser. L'aîné déclara vouloir vivre auprès de ses parens tant que Dieu les conserverait, et ensuite jouir tranquillement de son bien. Bayard, le second, parla après son frère, et dit avec une vivacité au-dessus de son âge, que tenant de son père et d'une longue suite d'aïeux un nom illustre dans les armes, et de grands exemples de vertus guerrières, il le priait de trouver bon qu'il les imitât; que c'était-là son inclination, et qu'il espérait, avec l'aide de Dieu, ne point déroger de la gloire de ceux de sa Maison, dont il lui avait souvent entendu citer les hauts faits. A ce discours le père ne put retenir ses larmes, et il lui dit : Mon fils, Dieu t'en fasse la grâce : tu as déjà la taille et la ressemblance de ton aïeul, qui fut un des plus accomplis Gentilshommes de son temps : ta résolution me comble de joie, et dans peu je la seconderai, en te plaçant dans quelque maison de Prince, où tu puisses faire ton apprentissage des Armes.

Il lui tint parole dès le lendemain; et pour cela il envoya un de ses gens à l'évêque de Grenoble, son beau-frère, le prier de se rendre chez lui. Le Prélat, qui aimait tendrement sa famille, vint le jour même, et trouva au Château beaucoup de Gentilshommes, parens ou amis, que le père avait invités dans le même dessein; le jour suivant l'Evêque leur dit la messe, et on dîna. Bayard servait à table ses parens avec une modestie et des grâces qui lui attirèrent les yeux et les louanges de toute la compagnie.

Après le repas le vieillard prit la parole en ces termes : Je vous ai invités, Messieurs, à m'honorer de votre présence, pour vous consulter comme bons parens et amis, sur le sort de mes enfans, avant que Dieu dispose de moi, ce que j'attends tous les jours, vu mon âge et mes infirmités. Ensuite il leur rendit compte de ce qui s'était passé entre lui et ses enfans; et parlant de Bayard, il dit : Pierre, mon second fils, m'a causé une joie inexprimable en me déclarant son goût pour la guerre; il ressemble trop à feu mon père, pour n'être pas un jour comme lui un bon et brave Gentilhomme, et je crois que vous en concevez la même espérance que moi; je vous prie donc de me conseiller en quelle maison de Prince ou de Seigneur je dois le placer pour qu'il prenne de bonnes leçons, et qu'il puisse s'avancer, avec le temps, dans le parti des armes. Chacun dit son avis : l'un opinait pour le mettre Page chez le Roi de France; un autre, dans la maison de Bourbon : mais l'Evêque de Grenoble parlant au père, lui dit : Vous savez que le Duc de Savoie nous honore de son amitié, et nous regarde comme ses bons serviteurs; je me charge de lui présenter mon neveu en qualité de Page : le Prince est à Chambéri, je peux dès demain y conduire votre fils, et je fais mon affaire de l'équiper et de lui donner un cheval. Toute la compagnie applaudit, sur-tout le père, qui, les larmes aux yeux, remit à l'instant le jeune Bayard entre les mains du Prélat, en lui disant : Je vous le donne, et prie Dieu que, quelque part que vous le placiez, il vous fasse honneur.

Alors l'Évêque envoya commander à Grenoble des habits de velours, satin et autres pour l'enfant, avec ordre que tout fût prêt dès le lendemain, ce qui fut exécuté ; en sorte que Bayard, tout équipé et sur son petit cheval, se présenta devant la compagnie d'aussi bonne grâce que s'il eût été en présence du Duc de Savoie.

Le cheval accoutumé à une plus grande charge, et sentant les éperons, fit trois ou quatre sauts qui alarmèrent la compagnie ; mais Bayard bien loin de s'effrayer, se raffermit en selle, redoubla les coups d'éperons, fournit devant tout le monde sa carrière, et réduisit le cheval comme aurait fait un homme de trente ans. Son père, charmé de voir tant de hardiesse dans un enfant qui ne faisait que de sortir de l'école, et qui montait pour la première fois, lui demanda, en riant, s'il n'avait pas eu peur : Bayard, avec la même assurance, lui répondit qu'il espérait, avec l'aide de Dieu, manier autrement son cheval avant qu'il fût peu, et lui faire voir de près les ennemis du Prince qu'il servirait. Ensuite l'Évêque lui ordonna de prendre congé de la compagnie, ce qu'il fit sans mettre pied à terre, adressant d'abord la parole à son père, à qui il souhaita que Dieu le conservât assez long-temps pour qu'il reçût de lui des nouvelles satisfaisantes, comme il l'espérait. Le vieillard lui donna sa bénédiction, ne lui recommandant qu'une chose : Mon fils, lui dit-il, quelque Prince que vous serviez, souvenez-vous que votre Prince naturel est le Roi de France, et que vous ne devez jamais porter les armes contre lui, ni contre votre patrie. Après quoi Bayard fut embrassé de tous les assistans, et prit son congé.

La Dame Terrail sa mère, voyait de son appartement ce qui se passait, et fondait en larmes : on alla l'avertir de venir voir son fils pour la dernière fois. Elle vint, l'embrassa, et lui dit : Mon fils, vous savez avec quelle tendresse je vous ai élevé, vous n'en devez jamais perdre le souvenir ; je n'aurai plus occasion de vous en donner de nouvelles marques ; mais j'exige pour toute reconnaissance, que vous vous souveniez toute votre vie de ce que je vais vous dire : Je vous recommande trois choses, et si vous les accomplissez, soyez assuré de vivre honorablement en ce monde, et que Dieu vous bénira. La première, c'est de craindre Dieu, le servir et l'aimer, sans jamais l'offenser, s'il vous est possible : c'est lui qui nous a tous créés, qui nous fait vivre et nous conserve : c'est lui qui nous sauvera : sans lui et sans sa grâce nous ne saurions faire la moindre bonne œuvre : soyez exact à le prier tous les jours le matin et le soir, et il vous aidera. La seconde, c'est que vous soyez doux et civil envers la Noblesse, et que vous ne témoigniez ni hauteur, ni orgueil à personne ; soyez toujours prêt à obliger tout le monde ; évitez la médisance, le mensonge et l'envie, ce sont des vices indignes d'un Chrétien : soyez sobre, fidèle à votre parole, et sur-tout charitable pour les pauvres, et Dieu vous rendra abondamment ce que vous donnerez pour l'amour de lui : soulagez particulièrement les veuves et les orphelins autant que vous le pourrez : enfin, fuyez les flatteurs, et gardez-vous bien de l'être vous-même, c'est un caractère également odieux et pernicieux. La troisième chose que je vous recommande, c'est, encore une fois, la charité, elle n'appauvrit point ; et apprenez de moi que telle aumône que vous ferez pour l'amour de Dieu, vous sera infiniment profitable pour le corps et pour l'ame. Voilà tout ce que j'avais à vous dire : votre père et moi n'avons pas encore long-temps à vivre ; Dieu veuille qu'avant de mourir nous apprenions de vous des nouvelles qui nous fassent honneur et à vous, et je vous recommande à sa bonté divine.

Bayard répondit modestement : Madame, je vous rends grâces de tout mon cœur des bonnes leçons que vous venez de me faire, et j'espère, moyennant la grâce de celui à qui vous me recommandez, d'en conserver chèrement le souvenir, et de les pratiquer si exactement que vous en serez satisfaite, et je vous supplie, en prenant congé de vous, de me continuer vos bonnes grâces. Alors la Dame lui donna une bourse où il y avait sept écus d'or qui valaient alors 3 liv. 10 s. chacun, et elle chargea un Domestique de l'Evêque de deux autres écus d'or pour les présenter de sa part à l'Ecuyer du Duc de Savoie qui serait chargé du Chevalier, avec une petite malle pleine de linge à son usage. Cela fait, l'oncle et le neveu partirent, et prirent la route de Chambéri, où ils arrivèrent le même jour, Bayard n'ayant de sa vie ressenti tant de joie qu'il en avait de se voir à cheval.

Cette ville est de toute ancienneté du Diocèse de Grenoble, et l'Evêque y tient un Official et une Juridiction Ecclésiastique. Le Prélat attendit le lendemain pour se rendre à la Cour du Duc, qui apprit avec plaisir son arrivée, l'estimant et l'honorant comme l'un des plus vertueux et des plus respectables Prélats de son siècle. Ce Prince (*a*) tenait une Cour très-brillante, et fut toute sa vie fidèle allié de la France. Le lendemain donc, qui était un Dimanche, l'Evêque se rendit

---

(*a*) C'était Charles I, fils d'Amédée IX et d'Yolande de France, fille de Charles VII. Il avait succédé à son frère Philibert I.

de bonne heure chez le Duc, duquel il fut reçu avec toutes les démonstrations possibles de bonté et d'amitié; il l'accompagna et l'entretint jusqu'à l'Église où ils entendirent la messe, pendant laquelle l'Evêque lui présenta, suivant l'usage, l'Evangile et la Paix à baiser. En sortant de l'Eglise, le Duc lui tendit la main, et le retint à dîner avec lui. Pendant le repas, Bayard servait son oncle de si bonne grâce, que le Prince en fut frappé; il demanda à l'Evêque qui était cet enfant qui lui donnait à boire avec un air si sage et si modeste pour son âge. Monseigneur, répondit le Prélat, c'est un jeune Gentilhomme, mon neveu, que j'ai amené pour vous le présenter, si ses services vous sont agréables; mais ce ne sera qu'après le dîner de votre Altesse, et dans un état où il puisse lui plaire. Je l'accepte dès à présent, repartit le Duc, je l'ai déjà pris en amitié, et je serais bien difficile si je refusais un tel présent de votre main. Le Chevalier, charmé de ce qu'il venait d'entendre, et instruit par son oncle de ce qu'il avait à faire, ne s'amusa pas à dîner : il sortit dans l'instant, et alla se mettre en état de paraître avantageusement devant le Duc; il fit seller et parer son cheval, et vint au petit pas au Palais, où le Prince appuyé sur une fenêtre le vit entrer dans la cour, faisant bondir son cheval, et le maniant comme aurait fait un Ecuyer de profession. *Monseigneur de Grenoble*, dit le Duc, *je crois que c'est-là votre petit Mignon qui monte si bien à cheval ?* Oui, Monseigneur, répondit l'Evêque, c'est mon neveu lui-même ; il sort de bonne race, et sa famille a produit de braves Gentilshommes et de *vaillans Chevaliers* : son père accablé de vieillesse et couvert de blessures, n'a pu avoir l honneur de vous le présenter lui-même, il m'en a donné la commission. Je le reçois dès ce moment à mon service, dit le Prince ; le présent m'est cher, et je prie Dieu qu'il marche sur les traces de ses Ancêtres, dont je connais le nom et la bravoure. Aussitôt il fit appeler celui de ses Ecuyers en qui il avait le plus de confiance, le chargea du jeune Bayard, et le lui recommanda comme un enfant dont il concevait les plus grandes espérances. L'Evêque remercia le Prince en homme pénétré de ses bontés, et prit congé de lui. Le Duc passa encore quelque temps à Chambéri, d'où il se proposa d'aller dans peu à Lyon rendre ses devoirs à Charles VIII, Roi de France, qui y était alors.

Cependant Bayard, installé en sa qualité de Page, acquit en peu de temps l'estime et l'amitié de toute la Cour de Savoie : il s'attacha aux devoirs et aux exercices de son état avec tant d'application et de succès, qu'il l'emporta bientôt sur tous ses camarades, à la danse, à la lutte et au fait des armes, mais surtout à monter à cheval : il se rendit si officieux, si prévenant ; il obligeait avec tant de grâces les Seigneurs et les Dames, que le Duc et la Duchesse conçurent pour lui, en peu de temps, une amitié vraiment paternelle.

Six mois après ce qui vient d'être dit, le Duc de Savoie partit de Chambéri, et prit la route de Lyon. Charles VIII y était depuis un an avec sa Cour, et s'y amusait, entr'autres choses, à donner des Tournois, des Carrousels et des Bals aux Dames de la Ville ; il leur faisait même l'honneur de les admettre à sa table. Le Roi averti de l'arrivée du Duc de Savoie, envoya au-devant de lui le Comte de Ligny (*b*), l'un des principaux Seigneurs de sa Cour, avec nombre de Gentilshommes, et un détachement des *Archers* de sa Garde, qui le rencontrèrent à deux lieues de Lyon. Le Prince fit grand accueil au Comte de Ligny, au Seigneur d'Avesnes (*c*), et à tous les autres Seigneurs, et ils continuèrent la route en

---

(*b*) Louis de Luxembourg, fils de Louis, Comte de Saint-Pol, Connétable de France, qui eut le cou coupé à Paris, le 19 Décembre 1475, pour crime de félonie.

(*c*) Gabriel d'Albret, Seigneur d'Avesne, frère de Jean d'Albret, Roi de Navarre. Jean fut père de Jeanne d'Albret, mariée à Antoine de Bourbon Vendôme, desquels naquit Henri IV, en 1553.

causant ensemble. Le Comte aperçut le jeune Bayard parmi le cortége, et fut si charmé de sa bonne grâce à cheval, qu'il ne put s'empêcher d'en faire compliment au Duc : c'est, répondit ce Prince, un jeune Dauphinois, neveu de l'Evêque de Grenoble, qui me l'a donné il y a environ six mois encore tout enfant ; mais je n'en ai jamais vu de plus adroit à ses exercices, et de plus hardi pour son âge à dompter un cheval, ni qui ait plus de grâce à tout ce qu'il fait : il est d'une des meilleures Maisons de sa Province, et des plus fécondes depuis plusieurs siècles en grands hommes de guerre, et je ne doute pas qu'il ne fasse honneur à son nom. En même temps il ordonna au page de fournir une carrière : piquez, Bayard, lui dit-il, piquez. Bayard, qui ne demandait autre chose, la fournit, et au bout de la course il fit faire à son cheval quatre ou cinq courbettes, dont le Comte de Ligny et toute la compagnie furent charmés. Ce Seigneur en fit au Duc de nouveaux complimens, et ajouta que le Roi recevrait avec plaisir à son service un Gentilhomme qui donnait déjà de si belles espérances. Je suivrai votre avis, mon Cousin, repartit le Duc ; je ne puis donner à mon Page une plus grande marque de mon affection que de le placer dans une si bonne école, et dans la plus brillante et la plus glorieuse Cour du monde.

Sur ces entrefaites ils arrivèrent à Lyon, où les rues étaient pleines de peuple, et les fenêtres de Dames, pour voir le Prince, qui méritait bien cet empressement, étant beau, jeune et plein de grâces et de majesté ; il retint à souper avec lui le Comte de Ligny, le Seigneur d'Avesnes, et avec eux les autres Seigneurs et Gentilshommes Français qui étaient allés à sa rencontre.

Le lendemain le Duc étant prêt à sortir pour aller faire la révérence au Roi, reçut la visite du Comte de Ligny, du Seigneur d'Avesnes et du Maréchal de Gié (*d*), qui le conduisirent chez le Roi ; ils le trouvèrent au moment où il sortait pour aller à la messe à un Couvent de Cordeliers que lui et la Reine Anne de Bretagne, sa femme, avaient fondé depuis quelques années au faubourg de Vaize (*e*). Le Duc en abordant le Roi voulut s'incliner profondément ; mais le Roi le prévint et l'embrassa : soyez le bien arrivé, *mon Cousin, mon ami*, lui dit-il ; je désirais le plaisir de vous voir, et si vous n'eussiez pas pris la peine de venir jusqu'ici, j'étais résolu d'aller vous voir chez vous, où je

---

(*d*) Pierre de Rohan, Maréchal de France, favori de Charles VIII, mort en 1513.

(*e*) Le Roi et la Reine avaient fondé ce Couvent sous le nom de l'Observance, en considération d'un Religieux, nommé Frère Jean Bourgeois, qu'ils honoraient d'une estime singulière.

vous aurais peut-être causé de l'embarras. *Monseigneur*, repartit le Duc, vous ne sauriez me causer de l'embarras, si ce n'est que je n'eusse pu faire à Votre Majesté une réception digne d'un si grand Prince ; mais je vous prie de croire que moi et mes Etats sommes à votre service, et que je me regarde comme le moindre de vos Sujets. Le Roi rougit un peu du compliment, et lui répondit avec beaucoup d'amitié ; ensuite ils sortirent ensemble à cheval, en s'entretenant jusqu'à l'Eglise où ils entendirent la messe ; à l'offrande, le Duc présenta au Roi une pièce d'argent qu'il offrit à l'autel, suivant l'usage de ce temps-là. Les deux Princes s'en retournèrent ensemble, et le Roi retint le Duc à dîner, avec le Comte de Ligny et le Seigneur d'Avesnes.

Pendant le repas la conversation roula sur la chasse, les chevaux et les chiens ; on y parla de Tournois, de guerre et de galanterie : le Comte de Ligny en prit occasion de dire au Roi que le Duc de Savoie avait dessein de lui faire présent d'un Page qui n'avait pas encore quatorze ans, et qui à cet âge-là était aussi hardi Cavalier qu'il en eût jamais vu, et que si Sa Majesté voulait en avoir le plaisir, elle le verrait en allant à Vêpres à l'Abbaye d'Ainay. Le Roi y consentit, et demanda au Duc qui était ce joli Page ; Monseigneur, répondit le Duc, je le tiens de l'Evêque de Grenoble, son oncle; c'est un de vos Sujets, et il sort d'une Maison de votre Province de Dauphiné, qui a donné aux Prédécesseurs de Votre Majesté de grands Capitaines; mon Cousin de Ligny l'a vu avec plaisir, et vous en jugerez.

Bayard n'était pas présent à cette conversation, mais elle lui fut bientôt rapportée. Il en ressentit plus de joie, dit son Historien, *que si le Roi lui eût donné sa ville de Lyon*. Il courut aussitôt vers l'Ecuyer du Duc de Savoie, et lui dit: je viens d'apprendre, *mon cher Maître, mon ami*, que Monseigneur a parlé de moi au Roi, et que Sa Majesté veut me voir aujourd'hui sur mon cheval; je vous prie en grâce de le faire mettre en état de paraître devant les Princes; en même temps il lui présenta quelqu'argent, que cet Officier refusa. Il aimait Bayard comme son enfant: allez seulement, lui dit-il, vous mettre en état de paraître, et quant à votre cheval, c'est mon affaire; je souhaite que vous ayez le bonheur de plaire au Roi; il ne peut vous rien arriver de plus heureux, et avec l'aide de Dieu, vous pourriez devenir assez grand Seigneur pour me rendre service à moi-même. N'en doutez pas, mon cher Maître, répondit Bayard; j'ai reçu de vous de trop bonnes leçons depuis que je suis à son Altesse, pour en être ingrat, et si jamais j'ai du bien, vous vous en apercevrez.

Il alla tout de suite s'habiller et se parer de son mieux, en attendant l'heure de monter à cheval, et que le premier Ecuyer vint le prendre. Celui-ci, qui prévoyait que le Chevalier allait changer de Maître, lui dit avec amitié : mon cher Bayard, quelque satisfaction que je ressente de votre avancement, je n'en ai pas moins de regret de vous perdre de vue; j'apprends que vous allez passer au service du Roi de France : vous ne pouvez souhaiter rien de plus avantageux, ni de plus belle occasion de vous faire un nom et une fortune. Dieu le veuille, répondit Bayard, et qu'il me fasse la grâce de pratiquer les leçons de vertu que j'ai reçues de vous depuis que je suis sous votre gouvernement : j'espère qu'avec son aide vous n'aurez jamais de moi que de bonnes nouvelles ; et si je suis un jour en état d'être reconnaissant, je n'en perdrai pas l'occasion.

L'heure de partir venue, ils montèrent à cheval, celui de Bayard étant paré et ajusté comme pour le Roi même, et se rendirent dans les prairies d'Ainay. Les Princes et leurs Cours y arrivèrent par eau un moment après, et le Roi eut à peine mis pied à terre qu'il aperçut l'Ecuyer et le Page à cheval. Page, mon ami, s'écria-t-il, donnez de l'éperon ! Ce que Bayard fit à l'instant avec la grâce d'un homme qui aurait eu trente ans d'exercice ; et au bout de la carrière il fit faire trois ou quatre sauts à son cheval, et revint vers le Roi à bride abattue, et s'arrêta tout court devant le Roi avec une adresse admirable. Le Roi en fut charmé, ainsi que toute la campagnie ; et Sa Majesté voulant en avoir encore le plaisir, lui cria, *pique*, Page, *pique*. (Les autres Pages répétèrent, piquez, piquez ; de-là le surnom de *Piquet* lui est resté fort long-temps.) Cette seconde course fournie, le Roi dit au Duc de Savoie : mon Cousin, il est impossible de manier mieux un cheval ; je vois que le Comte de Ligny ne m'a rien dit de trop de votre Page ; je n'attends pas que vous m'en fassiez présent, c'est à moi à vous demander le Page et le cheval : *Monseigneur*, répondit le Duc, le Maître est à vous, le Page doit bien vous appartenir ; je souhaite qu'il ait un jour le bonheur de vous rendre de bons services. Il est impossible, reprit le Roi, qu'il ne devienne homme de bien : Comte de Ligny, je vous le remets, à la charge que son cheval sera à lui, et nourri avec les vôtres. Le Comte jugeait trop bien des rares qualités de Bayard, pour ne pas le recevoir avec plaisir, et ne prévoir pas l'honneur qu'il en aurait par la suite. Il le plaça parmi ses Pages, et à mesure que les vertus de l'enfant se développaient, le Maître conçut tous les jours plus d'amitié et de tendresse pour lui. Enfin, après trois ans de service, Bayard ayant atteint sa dix-septième année, le Comte le fit Homme d'Armes dans sa Compagnie, et Gentilhomme de sa Maison, aux gages de trois cents livres.

Le Duc de Savoie passa encore quelques jours à Lyon en plaisirs et en fêtes avec le Roi et toute la Cour, ensuite il prit congé de Sa Majesté, et retourna dans ses Etats. Le Roi ne s'en sépara pas sans peine ; et suivant son humeur généreuse, il le combla de magnifiques présens. Peu après il quitta lui-même la Ville de Lyon, pour continuer la visite de son Royaume, à quoi il employa près de trois années, et termina son voyage par se rendre dans la même Ville.

Pendant le séjour qu'il y fit, un Seigneur de la Comté de Bourgogne, nommé Claude de Vaudrey, bon Officier, et qui aimait les exercices militaires, demanda au Roi et obtint la permission de donner un Tournoi pour occuper la jeune Noblesse. Ce Tournoi devait consister en courses de chevaux, et en combats à pied et à cheval, à la lance et à coups de haches. Le Roi qui aimait tout ce qui était l'image de la guerre, l'ayant accordé, le Seigneur de Vaudrey fit attacher à un poteau ses Ecussons (*f*), où tout Gentilhomme qui voulait entrer en lice devait mettre la main, et ensuite donner son nom au Roi d'Armes du Tournoi. Bayard, fait Homme d'Armes depuis quelques jours, vint à passer avec un de ses camarades devant ces Ecussons, et s'arrêta tout pensif, violemment tenté de paraître dans la carrière : Hélas ! disait-il, si je savais où prendre de quoi me mettre en état de combattre ici, je toucherais bien volontiers à ces Ecussons. Ce camarade, nommé Bellabre (*g*), Gentilhomme comme lui du Comte de Ligny, surpris de son action et de le voir rêver, lui en demanda la cause : Ah ! mon ami, répondit Bayard, la main me démange de toucher là ; mais quand je l'aurai fait, qui me fournira des chevaux et des équipages convenables ? Bellabre, un peu plus âgé que lui et plus avisé, lui dit : te voilà bien en peine, camarade ; n'as-tu pas ici ton oncle, ce gros Abbé d'Ainay (*h*) ? Si tu veux m'en croire,

---

(*f*) Ses Armes étaient emmanchées de gueules et d'argent. Cette Maison, très-illustre dans la Comté de Bourgogne, portait pour devise : *J'ai Valu, Vaux et Vaudrai*, par allusion à trois Terres qu'elle possédait, Vaux Vallu et Vaudrey. J'ignore si elle subsiste encore.

(*g*) Pierre de Pocquières, Seigneur de Bellabre, du Limousin. Il fut toute sa vie ami de Bayard, et le suivit dans presque toutes ses campagnes. Il en sera parlé honorablement dans le cours de cette Histoire.

(*h*) L'Abbé d'Ainay n'était pas oncle de Bayard ; il

nous l'irons voir ensemble, et s'il te refuse de l'argent, je me charge de prendre Crosse et Mitre, et tout ce que je pourrai attraper. Non pas, mon ami, dit Bayard, respectons l'Eglise et ses Ministres. J'espère, reprit Bellabre, n'être pas à la peine d'en venir là ; quand ton oncle saura ton dessein, et que tu es aimé du Roi, il fera les choses généreusement. Bayard, rassuré par son ami, ne balança plus, et du même pas alla toucher aux Ecussons.

Le Roi d'Armes (Mont-Joye) qui était préposé pour recevoir les noms des combattans, fut surpris de la hardiesse du jeune homme, et lui dit : comment, *Piquet*, vous n'êtes encore qu'un enfant, et vous voulez vous jouer au Seigneur de Vaudrey, qui est un des *plus rudes Chevaliers* de la Chretienté ? Mont-Joye, reprit Bayard, si j'ai touché là, croyez que ce n'est ni par orgueil, ni par fausse gloire, c'est pour apprendre le métier des armes de ceux qui peuvent m'en donner des leçons ; et, Dieu aidant, j'espère m'en tirer à la satisfaction des Dames. Le Roi d'Armes sourit, en admirant tant de résolution et de sagesse dans un homme de dix-sept ans.

---

y avait entr'eux la distance du troisième au cinquième degré. Son nom était Théodore Terrail. Il posséda son Abbaye quarante-huit ans, et y mourut en 1505. Sa sépulture se voit encore au milieu de la Nef. *Voyez la Note* ( b ) *de la Généalogie.*

Bientôt toute la Ville sut que Bayard avait touché aux Ecussons du Tournoi : le bruit en alla au Comte de Ligny, qui, ne pouvant contenir sa joie, courut en faire part au Roi. Ce Prince n'en fut pas moins charmé, et répondit : *Mon Cousin, je vous ai donné-là un élève qui vous fera de l'honneur ; le cœur me le dit.* Je souhaite, Sire, répliqua le Comte, qu'il se tire bien de cette affaire-ci ; mais il est bien jeune pour se mesurer avec le Seigneur de Vaudrey.

Toucher aux Ecussons n'était pas le plus difficile : l'embarras était d'avoir de l'argent pour paraître avec éclat. Je ne sais, disait Bayard à Bellabre, comment aborder l'Abbé d'Ainay, si tu ne me sers d'introducteur : je suis bien assuré que si mon oncle l'Evêque de Grenoble était chez lui, je pourrais compter sur sa bourse, mais il est à son Abbaye de St-Saturnin, à Toulouse ; quand je lui écrirais, jamais la réponse ne pourrait venir à temps. Ne t'inquiète pas, répondit Bellabre, nous irons demain chez l'Abbé, et je fais mon affaire d'en tirer de l'argent. Le lendemain les deux amis se firent conduire à Ainay par la Saône, et à peine furent-ils débarqués, que le premier homme qu'ils aperçurent dans la prairie fut l'Abbé lui-même qui disait son Office avec un de ses Religieux. Ils l'abordèrent respectueusement ; mais l'Abbé déjà instruit que son neveu avait touché aux Ecussons, et qui sentit ce que cette visite signifiait, ne leur fit pas grand accueil, et portant la parole à Bayard : Qui vous a rendu si téméraire, lui dit-il, que d'aller toucher aux Ecus de Messire Claude de Vaudrey ? il n'y a que trois jours que vous étiez encore Page; à peine avez-vous dix-sept ou dix-huit ans : il vous conviendrait mieux d'avoir encore le fouet à l'école, que de montrer tant de vanité. Mon cher oncle, répondit modestement le Chevalier, je vous proteste qu'il n'entre point de vanité dans mon action; je n'ai point d'autre dessein que de me montrer digne de l'honneur que j'ai de vous appartenir, et d'être d'une Maison où la vertu est depuis long-temps héréditaire : ainsi, *Monseigneur*, je vous supplie, autant que je puis le faire, de m'aider de quelqu'argent, d'autant que je n'ai ici ni parent, ni ami à qui je puisse m'adresser, que vous seul. Ma foi, repartit assez brusquement l'Abbé, cherchez qui vous en prêtera; les biens d'Eglise ont été donnés pour faire prier Dieu, et non pas pour être dissipés en Tournois. Alors Bellabre prenant la parole, repartit : *Monseigneur*, sans le mérite et les vertus de vos aïeux, vous ne seriez pas Abbé d'Ainay; vous en avez obligation à la gloire qu'il ont acquise et à leur nom que vous portez; vous leur en devez de la reconnaissance, et vous ne sauriez mieux la témoigner qu'en faisant du bien à votre neveu : jusqu'ici il vous a fait honneur, il a les bonnes grâces du Roi et celles du Comte notre Maître, qui l'a déjà fait Homme d'Armes dans sa Compagnie ; le Roi même sait qu'il doit combattre, et vous devez être ravi de lui voir de l'émulation, et contribuer à son avancement ; peut-être vous en coûtera-t-il deux cents écus pour le mettre en équipage, et vous en aurez de l'honneur pour dix mille. L'Abbé ne manqua pas de répliquer, ni les Gentilshommes de répondre, si bien que l'oncle se rendit enfin, et consentit d'aider son neveu.

Il les conduisit chez lui, et ayant ouvert une armoire, il y prit une bourse de laquelle il tira cent écus qu'il remit à Bellabre, en lui disant : mon Gentilhomme, chargez-vous de cet argent, et d'acheter deux chevaux à ce brave Gendarme ; il a encore la barbe trop jeune pour que je m'en fie à lui : et je vais écrire un mot à Laurencin, pour qu'il lui fournisse les habillemens dont il pourra avoir besoin. Je vous remercie pour lui, et en mon particulier, dit Bellabre ; comptez sur notre reconnaissance, et que nous publierons vos bienfaits.

L'Abbé écrivit donc au marchand de fournir au jeune homme les étoffes qui lui
seraient

seraient nécessaires pour paraître honorablement au Tournoi, comptant que le tout ne passerait pas cent francs ; mais il se trompa étrangement à son calcul. Les deux amis prirent congé de l'Abbé, emportant son argent et son billet d'ordre, et fort contens du succès de leur voyage. A peine furent-ils dans leur bateau, que Bellabre dit à Bayard : sur mon ame, camarade, il me vient une bonne pensée ; c'est que quand Dieu nous envoie une bonne fortune, c'est à nous d'en profiter : tu sais que ce que l'on attrape à Moines porte bénédiction ; nous tenons le billet de l'Abbé, il n'a point limité l'ordre qu'il donne à Laurencin : crois-moi, doublons le pas avant que ton oncle se ravise, et prends des habits pour ce Tournoi-ci, et pour quatre Tournois encore, car aussi bien tu n'en auras autre chose de ta vie.

Bayard rit de bon cœur de la saillie de son ami : tu as raison, lui dit-il, faisons diligence, car si le bon homme fait ses réflexions, nous ne tenons rien ; il ne manquera pas d'envoyer ses ordres, et de fixer la somme qu'il veut dépenser. L'événement justifia leur prévoyance. Ils hâtèrent donc leur conducteur, et dans un moment ils se rendirent chez Laurencin, à qui Bellabre porta la parole : nous venons, dit-il, de chez l'Abbé d'Ainay, oncle de mon camarade, qui a fait une action bien généreuse ; il a su que son neveu a touché aux Ecussons du Seigneur de Vaudrey, et il a été charmé de le voir marcher sur les traces de ses ancêtres : comme il sait que nous logeons ensemble, il nous a envoyé chercher ce matin, et après nous avoir bien régalés, il a donné à son neveu trois cents beaux écus pour avoir des chevaux, et afin que personne ne paraisse avec plus d'éclat que lui au Tournoi, il lui a encore remis cette lettre adressée à vous, pour que vous lui donniez tout ce qu'il lui faut pour l'habiller; mais de grâce ne perdons pas un moment, car l'heure nous appelle à notre devoir. Laurencin prit la lettre, la lut, et leur dit : soyez les bien venus, Messieurs, tout est ici à votre service, et à celui de M. l'Abbé ; sa générosité ne m'étonne pas, je n'ai jamais connu d'homme plus raisonnable, ni plus judicieux ; j'ai eu affaire à lui pour de bonnes sommes, sans jamais aucunes difficultés.... Il allait étendre la conversation, lorsque Bellabre, qui n'était pas venu pour écouter les éloges de l'Abbé, l'interrompit : nous vous avons dit que nous sommes très-pressés, lui dit-il, ne nous retardez pas. Alors le Bourgeois, pour servir leur impatience, leur fit présenter tout ce qu'il avait de plus beau et de meilleur goût en velours, satins, étoffes d'or et d'argent, dont ils choisirent, avec toute la diligence possible, pour sept à huit cents livres, et les mirent entre les mains des Tailleurs, avec ordre d'y mettre les ciseaux à l'instant même.

Cependant l'Abbé s'applaudissait de s'être défait de son neveu à meilleur marché qu'il n'avait cru. Il se mit à table avec bonne compagnie qui dînoit chez lui, et pendant le repas il raconta l'aventure : j'ai eu ce matin, dit-il, une terrible étrenne : mon petit étourdi de neveu de Bayard n'est-il pas allé toucher aux Ecussons de Messire Claude de Vaudrey, et ne m'a-t-il pas fallu lui donner de l'argent pour se monter, et un ordre à Laurencin de lui fournir tout ce qu'il lui faudra pour *s'accoutrer?* Vous avez fait là une fort bonne action, *Monseigneur*, lui dit son Secrétaire ; votre neveu, tout jeune qu'il est, veut se distinguer comme ont fait tous ses ancêtres, et sur-tout votre aïeul ; mais une chose me choque ici, c'est que votre ordre à Laurencin est illimité, et que si votre neveu veut des étoffes pour deux mille écus, Laurencin les lui donnera. L'Abbé, après avoir un peu rêvé, s'écria : vous pensez juste, je n'ai pas borné la somme : appelez bien vite le Maître-d'Hôtel. Celui-ci venu, l'Abbé lui dit : il faut que vous alliez tout-à-l'heure chez Laurencin, lui dire de ma part que j'ai donné ce matin un billet d'ordre à mon neveu pour prendre chez lui des étoffes pour paraître au Tournoi, mais que je ne veux pas qu'il en donne au-delà de cent ou cent vingt livres ; allez vite, et revenez de même. Le Maître-d'Hôtel partit à l'instant, fit diligence, et s'acquitta de sa commission. Cela est déjà fait, dit le Marchand, sans lui donner le temps d'achever ; je vous assure que le neveu de M. l'Abbé est un aimable Gentilhomme, et que je lui ai donné de quoi faire honneur à son oncle. Et pour combien d'argent en a-t-il pris, répliqua le Maître-d'Hôtel ? Je vais vous le dire, reprit Laurencin. Aussitôt il ouvrit ses livres, et il trouva qu'il y en avait pour près de huit cents livres. *Par Notre-Dame*, s'écria l'autre, *vous avez tout gâté ;* je venais vous dire de n'en pas donner pour plus de cent ou de cent vingt livres. L'ordre ne porte pas cela, repartit Laurencin ; au contraire, il porte de donner ce que le jeune homme demandera, et s'il en eût voulu le double, je n'en aurais pas fait de difficulté. Le mal est fait, et sans remède, dit le commissionnaire ; et il reprit le chemin de l'Abbaye, où il trouva l'Abbé avec sa compagnie où il les avait laissés, c'est-à-dire, à table. Quand son Maître le vit arriver, il lui demanda compte de sa commission. Je suis allé bien vite, répondit-il, mais j'étais parti trop tard ; *votre neveu avait déjà fait sa foire : il n'en a pris que pour huit cents livres.* Sainte Marie, pour huit cents livres, s'écria l'Abbé, en élevant les bras par-dessus sa tête ! courez chez lui, et lui dites de reporter chez Laurencin ce qu'il a pris au-delà de cent vingt livres, autrement qu'il n'aura jamais rien de moi.

Bayard, de son côté, prévit ce qui pouvait arriver; il ne se tint pas chez lui, et chargea ses gens de donner de l'exercice à quiconque viendrait de la part de son oncle; en sorte que quand le Maître-d'Hôtel revint, on lui dit que Bayard était chez le Conte de Ligny : ne l'ayant pas trouvé-là, il revint sur ses pas, et on lui dit que le Chevalier était allé essayer des chevaux au-delà du Rhône; enfin on le fit courir pendant deux heures par-tout où Bayard n'était pas. Voyant donc qu'on se moquait de lui, il prit le parti de s'en retourner rendre compte à son Maître de son voyage et de son succès. C'est un petit fripon, dit l'Abbé, il s'en repentira. Cependant tout le mal qui lui en arriva, fut d'avoir des habits, des chevaux et de l'argent, et de laisser à son oncle le temps de s'en consoler.

Les deux amis, Bayard et Bellabre, ayant fait leur coup à leur grande satisfaction, eurent chacun trois habillemens uniformes pour le Tournoi; car Bayard voulut que son ami y parût avec ses livrées, n'ayant rien l'un et l'autre qu'ils ne partageassent.

Il ne s'agissait plus que d'avoir des

chevaux : l'occasion s'en présenta d'elle-même. Un Gentilhomme Piémontais, arrivé à Lyon depuis peu de jours, s'était cassé une jambe par une chute ; il avait deux chevaux de maître qu'il se détermina à vendre pour ne les pas nourrir à rien faire. Bellabre en fit la découverte, en parla à son ami, et le conduisit chez le Gentilhomme malade, avec lequel le marché fut aisé à conclure : il les leur donna à essayer, après quoi le prix fut accordé à cent dix écus pour les deux chevaux ; l'argent fut délivré, avec deux écus pour ses Valets, qui conduisirent les chevaux au logis de leurs nouveaux maîtres.

Le Tournoi étant indiqué à trois jours de-là, les deux Gentilshommes employèrent cet intervalle à faire panser et orner leurs chevaux avec tout le soin et la recherche possibles, comme firent tous ceux qui devaient combattre.

Suivant le ban qui avait été publié, avec la permission du Roi, le Tournoi commença le Lundi 20 Juillet 1494. Le Seigneur de Vaudrey, qui en était l'auteur, entra le premier dans la carrière, et s'essaya contre plusieurs braves Gentilshommes de la Maison ou des Troupes du Roi, entr'autres, Jacques Galyot de Genouillac, Seigneur d'Aster, Sénéchal d'Armagnac, qui fut depuis Grand-Ecuyer de France, et Grand-Maître de l'Artillerie ; Germain de Bonneval ; Louis de Hédouville, Seigneur de Sandricourt ; le Seigneur de Châtillon, de la Maison de Coligny ; le Seigneur de Bourdillon, et nombre d'autres, la plupart honorés de l'amitié particulière du Roi, et qui firent des merveilles. Or le ban portait, qu'après que chacun aurait fait sa charge, il ferait le tour de la lice à visage découvert, pour que les spectateurs jugeassent qui aurait bien ou mal combattu.

Le Chevalier Bayard, alors dans sa dix-huitième année, encore faible et délicat en apparence, se mit en rang à son tour, et fit là son coup d'essai, que l'on jugea un peu téméraire pour son âge. Cependant, soit que par cette même raison le Seigneur de Vaudrey voulût le favoriser, soit par son adresse et sa force, il emporta les suffrages, et tout le monde convint que personne n'avait si bien fourni la carrière tant à pied qu'à cheval. Les Dames sur-tout se récrièrent d'admiration, et quand il passa devant elles à visage découvert, elles le louèrent dans leur patois en termes singuliers : *Vey vos cesteu malotru, il a mieux fay que tous los autres.* Toute cette belle assemblée lui rendit le même témoignage, auquel le Roi voulut bien ajouter le sien propre, en disant au Comte de Ligny pendant son souper :
« *Par la foi de mon corps*, mon Cousin
» de Ligny, Piquet a montré aujourd'hui,

» pour son coup d'essai, ce qu'il doit
» être un jour ; c'est le plus beau pré-
» sent que je vous aie fait de ma vie.
» Sire, répondit le Comte, c'est à Votre
» Majesté que l'honneur en reviendra,
» et c'est à l'ardeur de lui plaire qu'il
» doit la gloire du Tournoi ; je ne suis
» inquiet que d'une chose, c'est de sa-
» voir la part que l'Abbé d'Ainay prendra
» au succès de son neveu. » Le Roi qui
savait déjà l'aventure, et qui en avait ri
de bon cœur, s'en divertit encore avec
toute sa Cour.

Environ un an après ce Tournoi, le Comte de Ligny prit Bayard en particulier et lui dit : Piquet, mon ami, vous avez trop bien commencé le métier des armes, pour ne le pas continuer ; ce métier veut être exercé : ainsi, quoique je vous aie fait Gentilhomme de ma Maison avec trois cents livres de gages, et trois chevaux entretenus, je vous ai encore mis dans ma Compagnie d'Ordonnance, et mon avis est que vous alliez joindre vos camarades. Vous trouverez d'aussi braves hommes qu'il y en ait en France, et qui s'exercent journellement aux Armes, Joutes et Tournois ; vous ne pouvez être mieux qu'avec eux, en attendant qu'il y ait de la guerre.

Bayard, qui ne souhaitait rien avec plus d'ardeur, l'en remercia comme de la plus grande grâce qu'il en eût reçue de sa vie. Monseigneur, lui dit-il, vous me prévenez ; j'étais dans le dessein de vous demander la permission de me rendre à la Compagnie, dont j'ai entendu parler avec éloge, et mon empressement est tel, que si vous le trouvez bon, je partirai dès demain, *et j'espère en valoir mieux toute ma vie.* J'y consens, répondit le Comte, mais je veux auparavant vous mener prendre congé du Roi après son dîner. Il l'y conduisit en effet au moment que le Roi sortait de table : Sire, lui dit le Comte, voici votre Piquet qui vient prendre congé de Votre Majesté ; il va joindre ses compagnons en Picardie. Bayard se mit à genoux devant le Roi avec un air modeste et assuré. Ce Prince le regarda gracieusement, et lui dit : *Piquet, mon ami, Dieu veuille continuer en vous ce que j'ai vu du commencement, et vous serez prud'homme ; vous allez dans un pays où il y a de belles Dames : faites tant que vous acquériez leurs bonnes grâces, et adieu, mon ami.* Bayard rendit grâces au Roi avec respect, et ensuite prit congé des Princes et Seigneurs, qui tous l'embrassèrent et lui témoignèrent le regret qu'ils avaient de le perdre, pendant que de son côté il n'avait jamais ressenti tant de plaisir, et qu'il eût voulu être déjà rendu à son quartier.

Le Roi fit appeler un de ses Valets-de-chambre qui gardait sa cassette, et lui ordonna de compter au Chevalier trois cents écus, et lui fit encore présent d'un de ses plus beaux chevaux. Bayard en reconnaissance donna trente écus au Valet-de-chambre, et dix à celui qui lui amena le cheval ; et ce premier trait de générosité augmenta encore l'estime de tous ceux qui en furent instruits.

Le Comte le ramena chez lui, et le soir il lui donna des conseils avec la tendresse d'un père, ne lui recommandant autre chose que la Religion, l'honneur et la vertu. Et l'embrassant enfin les larmes aux yeux, il lui dit : adieu, mon ami ; vous partirez demain avant que je sois levé, je vous souhaite toute prospérité et bon voyage. Bayard, un genou en terre, et lui baisant la main, qu'il mouillait de ses pleurs, prit son dernier congé, et se retira, suivi de tous les Gentilshommes et Officiers de la Maison, qui l'embrassèrent tendrement, et l'assurèrent du regret qu'ils avaient d'être séparés de lui. Dans le moment le Tailleur du Comte lui apporta de sa part deux riches habillemens complets, et un de ses gens lui apprit que ce Seigneur lui avait envoyé, par un Palefrenier, le plus beau cheval de son écurie tout harnaché. Le Chevalier surpris de tant de bienfaits ajoutés à ceux dont le Comte l'avait déjà comblé, chargea le Tailleur de lui en faire ses très-humbles rémercîmens, puisqu'il ne pouvait s'en acquitter lui-même, lui donna vingt écus pour lui, et dix pour le Palefrenier. Ensuite il fit ses malles pour que rien ne retardât son départ.

Dès qu'il fut jour, il fit partir ses meilleurs chevaux au nombre de six, beaux par excellence, après eux ses équipages, et lui-même les suivit avec cinq ou six autres bons chevaux qu'il avait encore. Bellabre, son ami et son compagnon ne put être du voyage, parce qu'il attendait une couple de beaux chevaux qui lui venaient d'Espagne, mais il le conduisit quelques lieues, et lui promit de le rejoindre dans peu.

Bayard marcha à petites journées pour ne point fatiguer ses équipages ; et quand il fut à trois lieues d'Aire en Picardie, où était la Compagnie du Comte de Ligny, il envoya un de ses gens pour lui préparer son logis. Dès que ses camarades le surent si proche, ils montèrent à cheval au nombre de cent vingt Gentilshommes, et vinrent à sa rencontre, croyant ne pouvoir faire trop d'honneur à un homme chéri du Roi et de leur Capitaine, et que depuis long-temps ils désiraient de posséder, sur la réputation qu'il s'était faite. Ils le joignirent à demi-lieue de la Ville, et l'abord se fit de part et d'autre avec de grands témoignages de joie, d'estime et d'amitié, et ils le conduisirent à la Ville, où son entrée avait l'air d'un triomphe, et où les Dames déjà aux fenêtres étaient impatientes de voir ce jeune Gentilhomme dont on leur avait tant vanté les vertus, la sagesse et la grandeur d'ame.

Tout ce beau cortége étant arrivé au logis du Chevalier, le souper se trouva prêt, suivant les ordres qu'il avait donnés; une partie de la compagnie y resta, et la conversation roula toute sur le Chevalier, particulièrement sur son succès au Tournoi du Seigneur de Vaudrey, et sur les bonnes grâces du Roi.

Messieurs mes compagnons, répondit modestement Bayard, je n'ai pas encore eu le temps de mériter les louanges que vous me donnez, mais avec l'aide de Dieu, et sur vos traces, j'espère valoir quelque chose un jour. Un de la compagnie, nommé Tardieu, homme de bonne humeur, et aimant le plaisir, interrompit la conversation, et s'adressant au Chevalier: Camarade, lui dit-il, vous n'êtes pas venu à la Garnison sans avoir la bourse bien garnie; je vous apprends que les Dames de cette Ville effacent toutes celles de la Province, et qu'en particulier celle chez qui vous êtes logé est une des plus belles; elle sera ici demain, vous en jugerez. Je suis d'avis que pour votre bienvenue vous fassiez parler de vous, et que vous donniez aux Dames un Tournoi dans huit ou dix jours : il y a long-temps qu'elles n'en ont vu ; elles vous en sauront gré, et moi en particulier je vous aurai obligation de la première grâce que je vous aurai demandée. Quand vous auriez souhaité de moi chose plus difficile, répondit Bayard, soyez assuré que je ne vous l'aurais pas refusée, à plus forte raison une chose qui me fait plus de plaisir qu'à vous-même ; chargez-vous seulement d'en avoir la permission de notre Commandant, et de m'envoyer le Trompette. Ne vous inquiétez pas de permission, répliqua Tardieu, le Capitaine Louis d'Ars (*i*) nous l'a donnée pour toujours : dans trois ou quatre jours il sera ici, et s'il y a du mal, je le prends sur moi. Cela étant, dit Bayard, vous serez satisfait dès demain. Cependant l'heure de se séparer vint, chacun se retira avec promesse de se rejoindre le lendemain de bonne heure au même endroit. Tardieu y arriva le premier, et débuta par dire : Camarade, voici notre Trompette que je vous amène, il n'y a plus à s'en dédire.

Quoique le Chevalier, fatigué d'une longue marche, eût eu besoin de repos, cependant la proposition que Tardieu

___

*(*i*) L'un des plus illustres Capitaines de son temps. Il était Dauphinois, parent et voisin de Bayard. On m'a assuré que sa Maison subsiste encore à quelques lieues de Grenoble, mais non pas, à beaucoup près, dans l'éclat où devrait être la postérité d'un si grand homme, et d'une si ancienne Noblesse.

lui avait faite de donner un Tournoi, ne lui avait pas permis de dormir un moment ; il avait passé toute la nuit à en disposer l'ordonnance, qui se trouva déjà dressée quand Tardieu entra. Elle portait que « Pierre de Bayard, Gentilhomme
» du Dauphiné, nouvellement initié au
» métier de la guerre, des Ordonnances
» du Roi, sous les ordres de haut et puis-
» sant Seigneur, Monseigneur le Comte
» de Ligny, faisait crier et publier un
» Tournoi au vingt de Juillet, hors et
» tout proche les murs de la Ville d'Aire,
» à tous venans, pour y combattre à
» trois coups de lance sans lice, à fer
» émoulu, et armés de toutes pièces, et
» douze coups d'épée, le tout à cheval ;
» dont le prix pour le mieux faisant sera
» un brasselet d'or émaillé de sa livrée,
» du poids de trente écus. Que le lendemain serait combattu à pied, à la
» lance, à une barrière de hauteur d'appui, et qu'après la lance rompue, il y
» aurait assaut à coups de hache, à la
» discrétion des Juges et des Gardes du
» camp, dont le prix pour le mieux faisant serait un diamant de la valeur de
» quarante écus. » Quand Tardieu eut lu cette Ordonnance, il s'écria : Mon compagnon, jamais Lancelot, Tristan, ni Gauvain ne l'eussent mieux dressée : Trompette, va crier cela par la Ville, et d'ici à trois jours dans toutes les Gar-

nisons de la Province, pour que tous nos amis en soient instruits. Or, il y avait alors en Picardie plusieurs Compagnies faisant ensemble sept à huit cents hommes d'armes : celles du Maréchal de Cordes (*k*), des Écossois, du brave et illustre Seigneur de la Palice (*l*), et plusieurs autres, qui toutes apprirent par le Trompette l'indication du Tournoi à Aire, à huit ou dix jours de là. Tous ceux qui voulurent se mettre sur les rangs, hâtèrent leurs équipages; et malgré la briéveté du terme, ils s'y rendirent au nombre de quarante ou cinquante.

Dans cet intervalle arriva le vaillant Capitaine Louis d'Ars, qui fut charmé d'être venu à temps pour assister au Tournoi. Dès que Bayard le sut arrivé, il alla lui rendre ses devoirs, et en fut accueilli avec toutes les démonstrations de joie possibles, comme un homme attendu, et comme un compatriote, et même un proche voisin. Pour surcroît de satisfaction au Chevalier, son bon ami Bellabre arriva aussi le jour d'après le Commandant, et eut de tout le monde une réception digne d'un ami de Bayard, et d'un camarade annoncé. Alors ce ne fut plus que plaisirs, fêtes et bals pour

---

(*k*) Philippe de Creyecœur, Seigneur Picard, mort en 1494.
(*l*) Jacques de Chabannes. *Voyez à la fin du Livre, Note première.*

les Dames, en attendant le jour désiré. Bayard fit voir par-tout tant de grâces, de sagesse et de générosité, que les Dames de la Ville et celles de la Province, venues pour la fête, ne pouvaient se lasser de le louer, ni s'empêcher de lui donner unanimement la préférence, sans que pour cela il conçût aucune vanité, ni ses compagnons aucune jalousie.

Enfin le jour indiqué arriva. On disposa l'ordonnance du Tournoi, et chacun se présenta en état de combattre. Les deux Juges du camp furent le Capitaine Louis d'Ars, et le Seigneur de Saint-Quentin, Capitaine des Ecossais. Le nombre des combattans se trouva de quarante-six, que les Juges du camp partagèrent au sort en deux bandes de vingt-trois contre vingt-trois. Cela fait, et les combattans étant prêts à entrer en lice, la Trompette sonna, et publia distinctement l'ordonnance du Tournoi.

Suivant cette ordonnance, le Chevalier parut le premier dans la barrière, et celui qui se présenta pour combattre contre lui, fut Aimond de Salvaing, Seigneur de Boissieu (*m*), son cousin, surnommé, par sobriquet, *Tartarin*, comme Bayard avait celui de *Piquet*, suivant la coutume de ce temps-là. Ils coururent l'un à l'autre si vivement, que Boissieu rompit sa lance

---

(*m*) *Voyez à la fin du Livre, Note seconde.*

à demi-pied du fer ; Bayard l'atteignit au haut du garde-bras, et mit la sienne en cinq ou six pièces. Aussitôt deux Trompettes sonnèrent pour annoncer ce bel assaut. Ils retournèrent à la seconde charge, et Tartarin atteignit Bayard si rudement au coude, qu'il faussa son garde-bras, et que tous les assistans crurent qu'il lui avait percé le bras de part en part. Le Chevalier frappa Tartarin au-dessus de la visière, et lui enleva un bouquet de plumes qu'il portait.

Enfin, la troisième charge fut aussi belle que les deux premières.

Après eux parut Bellabre, qui combattit contre un Capitaine des Écossais, nommé David de Fougas ; ils rompirent aussi chacun trois lances avec toute l'adresse possible, et à la satisfaction des spectateurs.

Ensuite le Chevalier Bayard revint au combat à l'épée, suivant l'ordre du Tournoi. Dès la première botte il fit trois morceaux de la sienne, et du tronçon il fournit le nombre des coups ordonnés avec un succès admirable. Les autres assaillans fournirent aussi leur assaut chacun à leur tour, de sorte que tous les assistans et même les deux Juges du camp avouèrent que l'on n'avait jamais vu pour un jour mieux courir la lance, ni combattre à l'épée ; et les suffrages se réunirent en faveur de notre Chevalier, de Tartarin, de Bellabre, du Capitaine David, du Bâtard de Chimay, Homme d'Armes dans la Compagnie du Maréchal de Cordes, et de Tardieu (*n*).

La journée faite, et chacun ayant rempli sa carrière glorieusement, on se rendit au logis du Chevalier, qui avait fait préparer un souper magnifique pour les combattans et nombre de Dames invitées, et que le bruit du Tournoi avait attirées de dix lieues à la ronde. Le repas fut suivi de danses et de plaisirs jusqu'à une heure du matin, que chacun se retira. Tout le monde combla de louanges l'auteur de la fête, et convint qu'il n'avait point d'égal dans les exercices, et qu'on ne pouvait voir un Gentilhomme plus accompli.

Suivant l'ordonnance du Tournoi rapportée ci-dessus, on se prépara le lendemain à recommencer. Tous les combattans se rendirent de bonne heure chez le Capitaine Louis d'Ars, où le Chevalier sans peur et sans reproche était déjà arrivé pour l'inviter à dîner avec le Seigneur de Saint-Quentin, et les mêmes Dames de la veille : le Capitaine le pro-

---

(*n*) Jean de Tardieu (du Rivail le nomme *Miles Rhutunensis*), Gentilhomme de Rouergue. Il était Homme d'Armes dans la Compagnie du Comte de Ligny avant Bayard, avec lequel on le retrouvera plusieurs fois dans cette Histoire. *Voyez les Notes* (*o*, *p*) *du second Livre.*

mit, et comme il était jour de Dimanche, ils allèrent ensemble à la messe, au retour de laquelle chaque Cavalier donnant le bras à sa Dame, on se rendit chez le Chevalier, où le dîner se trouva prêt, et où l'on fit encore meilleure chère que la veille. Le repas ne fut pas long, car à deux heures sonnantes la Trompette appela les combattans à la carrière pour fournir la seconde journée, ceux qui n'avaient pas remporté le prix du premier jour espérant être plus heureux le second.

Les Juges du camp, les Seigneurs et les Dames étant placés, Bayard entra le premier comme la veille, et eut pour adversaire un Gentilhomme du Hainaut, estimé fort brave, nommé Hannotin de Suker. Ils se portèrent par-dessus la barrière de si terribles coups, qu'en un instant leurs lances furent en pièces; ensuite ils firent assaut à la hache, qu'ils avaient apportée pendue à la ceinture, et leurs coups furent tels, qu'il semblait qu'ils se battissent à mort : enfin, Bayard en porta un à son homme sur l'oreille avec tant de force, qu'il le fit d'abord chanceler, puis tomber sur les genoux, et d'un seul coup par-dessus la barrière lui fit baiser la terre. Alors les Juges crièrent: *Holà ! holà ! c'est assez ; qu'on se retire.*

Après eux, entra en lice Bellabre contre un Gentilhomme de Gascogne, nommé Arnaulton de Pierreforade ; ils firent des merveilles, et dans un moment mirent leurs lances en éclats ; ensuite ils en vinrent à la hache si rudement, que celle de Bellabre fut rompue, et que les Juges les séparèrent. Ce fut le tour de Tardieu avec son adversaire David de Fougas, qui se firent admirer comme la veille ; et après eux tous les combattans parurent, et firent tous des prodiges de force et d'adresse, en sorte qu'il était plus de sept heures quand le Tournoi finit, et toute la compagnie avoua que pour un petit Tournoi, on n'avait jamais vu tant et de si habiles athlètes rassemblés.

Chacun se retira pour se désarmer, après quoi ils se rendirent tous chez le Chevalier pour souper, où étaient déjà le Capitaine Louis d'Ars, le Seigneur de Saint-Quentin, et toutes les Dames. Le repas surpassa les deux précédens ; et, comme on peut bien le penser, la conversation roula sur les faits d'armes des deux journées ; chacun en dit son avis, et après le souper, il fut question d'adjuger les deux prix. Les Juges allèrent aux opinions ; d'abord aux Dames, les sommant de dire franchement, et selon leur conscience, qui avait le mieux fait, *sans favoriser l'un plus que l'autre*. Tout le monde, tant les Gentilshommes que les dames, convint qu'en général on n'avait jamais vu si bien faire ; mais les avis se réunirent en faveur du Chevalier Bayard, et les prix des deux journées lui furent adjugés et remis pour les donner à qui bon lui semblerait. Les deux Juges contestèrent poliment à qui prononcerait ; mais le Capitaine Louis d'Ars en déféra si absolument l'honneur au Seigneur de Saint-Quentin, qu'il ne put s'en défendre ; et la Trompette ayant sonné pour faire faire silence : Messeigneurs, dit-il, qui êtes ici présens, tant ceux qui ont combattu, que ceux qui ont été spectateurs du Tournoi dont Messire Pierre de Bayard a donné les prix pour les deux journées, nous vous déclarons, et faisons savoir, qu'après nous être bien consultés et délibérés, Monseigneur Louis d'Ars et moi, en qualité de Juges par vous délégués pour adjuger les deux prix, et après avoir recueilli les avis des braves et illustres Gentilshommes et des belles et nobles Dames qui ont assisté au Tournoi, nous avons trouvé que chacun a très-bien et vaillamment fait son devoir : mais que, sans faire tort à aucun, toutes les voix sont que le Seigneur de Bayard a été *le mieux faisant des deux journées :* c'est pourquoi les Seigneurs et Dames lui défèrent l'honneur de disposer des deux prix ; ainsi, Seigneur de Bayard, c'est à vous à les distribuer à qui vous jugerez à propos. Le Chevalier rougit et demeura un peu interdit ; puis prenant la parole : Monseigneur, dit-il, je ne pense pas avoir mérité cet honneur, et je crois que beaucoup d'autres l'ont mieux mérité que moi : cependant, puisque les Seigneurs et les Dames veulent bien me l'accorder, je supplie tous mes compagnons, qui ont mieux combattu que moi, de trouver bon que je donne le prix de la première journée au Seigneur de Bellabre, et celui de la seconde au Capitaine des Écossais, le Seigneur David de Fougas. En même temps il les leur délivra, sans que personne s'en plaignît, et aussitôt les danses et les plaisirs commencèrent comme la veille.

Pendant les deux années qui s'écoulèrent depuis l'arrivée de Bayard en Picardie, jusqu'au départ du Roi pour le Royaume de Naples, le Chevalier donna fréquemment des Tournois, dans la plupart desquels il demeura vainqueur : il s'acquit l'estime et l'amitié de tout le monde, et sur-tout des Dames, qui ne pouvaient se lasser de louer sa sagesse, sa générosité et ses autres vertus.

(1494.) Charles VIII étant résolu de revendiquer par la force des armes les droits qu'il avait sur le Royaume de Naples, entra en Italie à la tête d'une armée nombreuse, la traversa toute entière, sans rencontrer d'obstacle ; et, le 31 Décembre, il fit son entrée à Rome, à la lueur des flambeaux, et la lance en arrêt, suivi de toutes ses troupes. Il y exerça aussitôt plusieurs actes de souveraineté, y fit planter ses Justices, fit faire quelques exécutions de criminels, et donna à d'autres des Lettres de grâces... Le Pape Alexandre VI, si connu par ses crimes, n'ayant pu s'opposer à l'entrée du Roi, s'était retiré dans le Château Saint-Ange, pour ne pas être témoin de cet événement et de ses suites. Le Roi le fit venir à composition, et le força à le couronner Empereur de Constantinople et Roi de Naples ; ensuite il partit pour soumettre ce Royaume, où il laissa pour Vice-Roi Gilbert, Comte de Montpensier, Prince du Sang. Le Comte de Ligny, qui suivit le Roi dans ce voyage, s'y fit accompagner par le Chevalier Bayard, tant pour avoir auprès de lui un jeune homme si brave, et qui lui était si cher, que pour lui donner occasion de se signaler. Puffendorf rapporte un trait de ce voyage, qui mérite sa place ici. Il dit que le Roi passant par la Toscane, voulut s'en rendre maître ; qu'il s'empara d'une partie des places de ce Duché, et qu'il tenta d'avoir le reste ; qu'après beaucoup de conférences avec les Etats, où on ne put convenir des conditions, un Seigneur, nommé Pierre Capponi, prit en présence du Roi le cahier des propositions, le déchira, et dit fièrement : *Puisque sa Majesté nous demande l'impossible, elle n'a qu'à faire battre le tambour, et nous ferons sonner le tocsin.* Le Roi, étonné d'un discours si hardi, rabattit beaucoup de ses demandes, et à la fin se désista totalement.

En passant à Grenoble, ce Prince avait choisi un nombre de gens du Parlement pour s'en faire un Conseil dans son voyage : Jean Palmier, Président à mortier ; Antoine Putod, Jean Fléard et Jean Rabot, Conseillers : il nomma Fléard Chancelier du Royaume de Naples, par Lettres du 20 Mai 1495. Ce grand et savant personnage mourut le 19 Octobre de l'année suivante, à Revero, proche de Mantoue, repassant en France avec tous ses Confrères, après la révolte de Naples, dont nous parlerons bientôt.

Le Roi, après sa glorieuse campagne, laissa une bonne partie de son armée pour la garde de ce Royaume, et reprit le chemin de la France avec moins de dix mille hommes. Etant proche de Fornoue, il fut inopinément attaqué par une armée de soixante mille hommes, tant des troupes du Pape, qui était l'auteur de l'entreprise, que des Vénitiens, du Duc de Milan, et d'autres Princes d'Italie. Leur dessein était de le surprendre, le défaire et l'enlever lui-même : il y avait un prix de cent mille ducats pour celui qui le rapporterait au camp mort ou vif, et six ducats pour chaque tête de Français : mais le Ciel en disposa autrement. Charles, forcé de combattre avec si peu de forces, et comptant sur la valeur de ses troupes et
de

de ses bons Officiers (*o*), remporta une victoire complète, mit dix mille des ennemis sur la place, sans perdre plus de sept cents des siens, et le carnage aurait encore été plus grand sans la crue subite d'une petite rivière qui empêcha le Roi de profiter de son succès (*p*). Les ennemis y perdirent presque tous leurs Chefs, sur-tout ceux des Vénitiens; plusieurs Seigneurs de la Maison de Mantoue y périrent; et le Marquis lui-même ne dut son salut qu'à ses éperons et à la bonté de son cheval. Bayard se trouva dans l'armée du Roi avec la Compagnie du Comte de Ligny; il s'y distingua plus que personne, et eut deux chevaux tués sous lui : il prit une Enseigne de cinquante Hommes d'Armes, et la présenta au Roi, qui, déjà instruit de l'ardeur avec laquelle il s'était comporté, lui accorda une gratification de cinq cents

---

(*o*) Parmi les Gentilshommes qui combattirent à Fornoue, on compte nombre de Seigneurs Dauphinois, avec leurs Compagnies, toutes composées de Noblesse de la Province : mais comme l'énumération en serait trop longue, nous ne nommerons que les Terrail, les Allemand, les Sassenage, les Clermont, les Miolans, qui firent des prodiges de valeur.

(*p*) La nuit qui survint força les combattans de se séparer, le Roi étant résolu d'achever le lendemain ce qu'il avait si bien commencé : mais dans cet intervalle un torrent, qui divisait les deux camps, s'accrut de la hauteur de sept pieds, et s'étant débordé, sauva, sans doute, les débris de l'armée combinée.

écus. Il se trouva encore à cette bataille un Gentilhomme Dauphinois, nommé Jacques de Cize de Chambaran, âgé de dix-neuf ans, dont toute la famille, tant les femelles que les mâles, était de taille gigantesque. Celui-ci était alors dans la Garde du Roi, et sa famille s'est éteinte sous le règne de Henri IV.

Charles, après cette glorieuse journée de Fornoue, s'avança jusqu'à Verceil, où il trouva un corps considérable de Suisses venus à son secours : il fit lever le siége de Novarre, où Ludovic Sforce, se prétendant Duc de Milan, tenait assiégé Louis, Duc d'Orléans, qui fut depuis le Roi Louis XII. La Noblesse Dauphinoise, qui avait fait tant de merveilles à la dernière bataille, se signala encore devant Novarre ; mais elle y perdit trois grands hommes, Pierre de Sassenage, Charles Allemand, oncle de Bayard, et Barachin Allemand, son cousin germain, Seigneur de Rochechinard, Chevalier de Malte et Grand-Prieur de Provence.

Le Roi, après ces expéditions, repassa en France et se rendit à Lyon, où se trouvèrent la Reine Anne sa femme, et la Duchesse de Bourbon sa sœur (*q*), venues au-devant de lui. De Lyon il alla avec toute sa Cour à Paris, et passa par

---

(*q*) Anne de France, femme de Pierre de Bourbon, Seigneur de Beaujeu.

Saint-Denis, où il visita les sépultures de ses ancêtres, comme s'il eût prévu qu'il ne devait pas tarder à les rejoindre, quoiqu'il n'eût alors que vingt-six ans. Ensuite il passa encore deux années à visiter son Royaume, pratiquant et donnant l'exemple de toutes sortes d'actes de vertus et de religion : enfin, il se rendit à Amboise, où il apprit la révolte générale du Royaume de Naples, la rentrée triomphante de Fréderic, la mort du Comte de Montpensier, et le retour forcé de ses troupes : il résolut de retourner en personne pour réduire ce Royaume, et partit au mois de Septembre 1497, pour Lyon; mais il ne passa pas Tours : il revint sur ses pas à Amboise passer l'hiver, et il y mourut subitement au mois d'Avril suivant, en regardant jouer à la paume, âgé de vingt-huit ans. Il avait eu d'Anne de Bretagne sa femme quatre enfans, morts avant lui.

*Fin du premier Livre.*

# HISTOIRE
## DU CHEVALIER BAYARD.

*LIVRE SECOND.*

### SOMMAIRE.

*Louis XII succède à Charles VIII. Il répudie la Reine Jeanne, et épouse la Reine Douairière. Il rend quelques offices vénaux. Il part pour la conquête du Duché de Milan. Il s'en rend maître en très-peu de temps, et y fait son entrée. Naissance de Madame Claude. Bayard va à la Cour de Savoie. Honneurs qu'il y reçoit. Il y donne un Tournoi à la prière d'une Dame qu'il y avait aimée autrefois. Il remporte le prix du Tournoi. Ludovic Sforce rentre dans Milan. Bayard avec cinquante hommes en défait trois cents. Il les poursuit jusque dans la Ville, et est fait prisonnier. Honneurs qu'il reçoit de Ludovic, qui le renvoie sans rançon. Ludovic se sauve de Milan, et est pris. Milan se soumet au Roi. Désintéressement admirable de*

Bayard. Le Roi envoie une armée à Naples. Mort du Comte de Ligny. Bayard défait un parti Espagnol, et prend Soto-Mayor, qu'il traite trop généreusement. Cet Espagnol se sauve, contre sa parole, et est repris. Il parle mal de Bayard, qui l'appelle en duel et le tue. Combat de treize Français contre autant d'Espagnols, où Bayard et d'Orose seuls soutiennent contre treize. Il surprend un Trésorier des ennemis, et lui enlève son trésor. Distribution qu'il en fait. Grand trait de sa générosité. Alarme donnée au camp Français. Bayard défend seul un pont contre deux cents Espagnols. Il est secouru, pris et délivré. Expédition en Roussillon. Mort de la Reine Jeanne, première femme du Roi. Maladie de Louis XII. Sa guérison. Mort de Fréderic, Roi de Naples, de la Reine Isabelle de Castille, et de Philippe d'Autriche son gendre. Ferdinand épouse Germaine de Foix, nièce du Roi. Caractère de cette Reine. Bologne soumis au Pape par les troupes du Roi. Ingratitude de Jules II.

CHARLES VIII étant mort sans enfans, Louis, Duc d'Orléans, son beau-frère (a),

───────────

(a) Il était alors âgé de trente-six ans, et était fils de Charles, Duc d'Orléans, dont le père, Louis I<sup>r</sup>

lui succéda, comme le plus prochain héritier de la Couronne. Il se fit sacrer à Rheims le 27 Mai 1498, et prit la Couronne à Saint-Denis le premier Juillet suivant.

Il avait épousé Jeanne de France, sœur de Charles et fille de Louis XI. C'était un mariage forcé, et qui ne s'était fait que par la volonté absolue de son redoutable beau-père, et mariage conséquemment nul, d'autant plus qu'il paraissait constant qu'elle ne pouvait être mère. Louis ordonna que les procédures pour leur séparation fussent commencées, et le Pape nomma des Commissaires (*b*) qui instruisirent le procès, et déclarèrent le mariage nul. Le Roi lui donna le Duché de Berry pour apanage : elle se retira à Bourges, y vécut encore sept ans, et mourut en 1505, en odeur de sainteté.

Cette affaire terminée, le Roi se maria, le 18 Janvier 1499, à la Reine Douairière, Anne de Bretagne (*c*), et ce fut alors qu'il rendit vénaux tous les Offices Royaux

---

frère de Charles VI, avait épousé Valentine de Milan, qui lui avait apporté ses droits sur ce Duché. La mère de Louis XII était Marie de Clèves.

(*b*) Philippe de Luxembourg, Evêque du Mans ; Louis d'Amboise, Evêque d'Alby, depuis Cardinal ; et Pierre, Evêque de Ceuta, Portugais.

(*c*) Son contrat de mariage avec Charles VIII portait cette clause singulière, qu'en cas qu'elle devînt veuve, elle ne pourrait se remarier qu'avec le successeur du Roi ; et cela, pour assurer plus solidement l'union de son Duché de Bretagne à la Couronne de France.

qui n'étaient pas Offices de Judicature, et en retira des sommes considérables, ne voulant point fouler son peuple par des augmentations de Tailles, ou par de nouveaux Impôts.

(1499). Dans ce temps-là le Duché de Milan était, comme nous l'avons dit, dans les mains de Ludovic Sforce, qui en jouissait au préjudice du Roi, auquel il appartenait du chef de son aïeule paternelle, Valentine Viscomti, femme de Louis, Duc d'Orléans, son aïeul, frère de Charles VI, mariée en 1386, à condition que faute de mâles de la Maison de Viscomti, le Duché tomberait à elle ou à sa postérité.

Louis conçut donc le dessein de rentrer dans ses droits, négligés tant à cause des guerres contre les Anglais, que par les divisions des Maisons d'Orléans et de Bourgogne; l'occasion s'en présentait, et il était en état de chasser l'usurpateur. Il se rendit à Lyon, où il fit son entrée le premier Juillet 1499, et envoya son armée par l'Astesan, sous la conduite de Jean-Jacques Trivulce (*d*) et du Seigneur d'Aubigny, tous deux grands Capitaines.

―――――――――――――――――――――――
(*d*) Trivulce et d'Aubigny furent tous deux dans la suite Maréchaux de France. Le premier était d'une des premières Maisons de Milan ; le second était de la Maison Royale d'Ecosse, et se nommait Berault Stuart. Trivulce mourut en 1518, à Milan, où il fut enterré dans le tombeau de ses Ancêtres, avec cette Epitaphe

Louis commença par s'assurer des Vénitiens, et leur abandonna Crémone, et tout le territoire compris entre les rivières d'Adda et de Serio, quoiqu'il ne fût encore le maître ni de l'une, ni de l'autre. L'armée débuta par le saccagement de deux petites Places, *Nona* et *la Rocca*; de-là elle mit le siége devant Alexandrie, qui fut bien défendue par ceux qui la tenaient pour Ludovic, mais qui fut enfin prise. Sitôt que la garnison de Pavie en fut avertie, elle remit la Place à l'armée du Roi. Ludovic, abandonné de ses Sujets, et ayant déjà perdu une partie de ses Villes, quitta Milan, emporta avec lui tous ses trésors, et s'enfuit en Allemagne auprès de l'Empereur Maximilien I.er, qui le reçut comme un ancien ami et allié. Après son départ, la garnison de Milan imita celle de Pavie, et abandonna la Ville à l'armée Française. Le Roi en ayant reçu la nouvelle, s'y rendit en diligence, y fit son entrée, et peu de jours après fut maître de la Citadelle par la lâcheté du Gouverneur, qui se laissa corrompre. C'était la dernière ressource de Sforce, qui espérait qu'elle lui servirait un jour à recouvrer les Places qui s'étaient soumises à la France : mais sa reddition

---

laconique : *Joannes-Jacobus Trivulcius, Magnus, qui nunquam quievit, quiescit, Tace.*

entraîna toutes celles qui lui restaient encore, en sorte que tout le Duché fut aussitôt réduit à l'obéissance du Roi, et peu après la Seigneurie de Gênes, dont fut fait Gouverneur Philippe de Clèves, Seigneur de Ravestin, proche parent de Louis XII.

Le 14 Octobre de la même année, naquit Madame Claude, fille du Roi et de la Reine Anne, qui fut dans la suite Reine de France, et femme de François I.er Peu après que Louis en eut eu la nouvelle, il partit de Milan pour retourner dans son Royaume, laissant pour Gouverneur de ses conquêtes Trivulce; la garde de la Citadelle au Seigneur d'Espi (e); et celle de la Roquette à un Ecossais, parent d'Aubigny. Avant de quitter Milan, Louis retrancha plusieurs impôts, en modéra quelques'autres, et partit chargé de lauriers et des bénédictions des peuples, qui venaient tous les jours en foule se soumettre à ses lois. Il se rendit à Lyon, de-là à Orléans, où il termina l'ancienne querelle des Ducs de Gueldres et de Juliers, et les réconcilia pour toujours.

Après le départ du Roi, les garnisons Françaises demeurées dans la Lombardie, sans ennemis à combattre, passaient le temps dans les plaisirs, entr'autres, à se

---

(e) Il fut dans la suite Grand-Maître de l'Artillerie.

donner des fêtes et des Tournois, selon l'usage de ces temps-là. Bayard profita de ce loisir pour aller voir ses amis en Savoie, dans la maison du Duc, où il avait été Page.

Charles I.er, son ancien Maître, dont le souvenir lui était encore cher, était mort. Sa veuve, Blanche Paléologue, héritière de Montferrat (fille de Guillaume VI, et d'Elisabeth Sforce), se tenait à Carignan en Piémont, qui lui avait été donné pour son douaire. C'était une Princesse très-vertueuse et très-généreuse, et qui n'avait pas eu pour Bayard moins d'amitié que le feu Duc son époux. Sa Cour était aussi brillante qu'aucune autre de l'Europe, et les Etrangers y étaient reçus avec une magnificence royale. Elle avait alors pour Surintendant de sa Maison, le Seigneur de Fluxas, dont la femme avait été avant son mariage et était encore favorite de la Princesse. Cette Dame était auprès d'elle en qualité de Demoiselle, lorsque le Chevalier entra Page du Duc, il y avait alors environ dix ans. Elle était belle, spirituelle, vertueuse et de bonne Maison : Bayard se trouvait doué des mêmes avantages, et cette conformité avait fait naître entr'eux une inclination qui devint bientôt amour ; en sorte que s'il eût dépendu d'eux, ils se seraient volontiers mariés : mais le voyage du Duc à Lyon, et l'entrée de Bayard au service du Roi de France les sépara, de façon que jusqu'au temps dont nous parlons, ils n'avaient eu des nouvelles l'un de l'autre que par lettres. Dans cet intervalle, la beauté et le mérite de cette Demoiselle lui procurèrent l'alliance du Seigneur de Fluxas, qui était riche et puissant, quoiqu'elle n'eût point de biens. Quand elle vit le Chevalier à la Cour de la Duchesse, elle le reçut avec tous les témoignages d'amitié que la bienséance pouvait lui permettre : elle avait été instruite de toutes les occasions où il avait acquis de l'honneur, du Tournoi du Seigneur de Vaudrey, de celui d'Aire, et de tous ceux qui les avaient suivis, sur-tout de la journée de Fornoue, où il avait été loué par le Roi même, et dont le bruit avait été grand en France et en Italie. Elle l'en félicitait, et ils se rappelaient encore avec plaisir leurs anciennes amours : enfin, lui dit-elle, puisque vous trouvez tant de plaisir et d'honneur dans les Tournois, je voudrais que vous en donnassiez le plaisir à la Princesse chez qui vous avez commencé à en apprendre le métier. Madame, lui répondit Bayard, vous savez que mes premiers sentimens ont été pour vous, que je vous ai toujours porté respect et obéissance, et que j'ai été aussi reconnaissant de l'amitié que vous avez eue pour moi, que de celle de la Duchesse même ; vous n'avez donc qu'à ordonner ce qui se pourra faire pour votre plaisir et pour le sien, et pour celui de toute sa Cour. Cela étant, mon cher Chevalier, dit la Dame de Fluxas, vous obligerez beaucoup la Princesse et moi, de lui donner un Tournoi : vous êtes dans ces environs tant de braves Officiers Français, qu'il est impossible que la fête ne soit belle : je vous le promets, repartit Bayard, et dans peu de jours ; et comme vous êtes la personne du monde dont les bonnes grâces me sont les plus précieuses, je vous honore trop pour vous demander d'autre faveur que votre main à baiser, et seulement un de vos brasselets ; la Dame le lui donna, et il le reçut gracieusement sans lui dire ce qu'il avait dessein d'en faire ; et l'heure du souper étant venue, il eut l'honneur de s'asseoir à la table de la Duchesse où il avait autrefois fait le service. Après le souper on dansa, et cette bonne Princesse lui fit encore l'honneur de s'entretenir avec lui, de lui faire raconter tout ce qui lui était arrivé depuis qu'elle ne l'avait vu, et de lui témoigner sa satisfaction de son avancement.

Bayard, retourné chez lui, ne pensa plus qu'à son Tournoi : c'était pour lui un plaisir, ou plutôt une passion : il ne s'occupa toute la nuit qu'à en rédiger l'ordonnance, en sorte que dès le lendemain matin, il envoya un Trompette en faire la publication dans toutes les Villes voisines où il y avait garnison, et déclarer aux Officiers et Gentilshommes qui voudraient s'y trouver armés de toutes pièces, qu'à quatre jours de-là, qui serait un Dimanche, le Chevalier Bayard donnerait dans la Ville de Carignan un Tournoi, dont le Prix serait un brasselet de sa Dame, où pendrait un rubi de la valeur de cent ducats, qu'il *délivrerait au mieux faisant à trois coups de lance sans lice, et douze coups d'épée.*

Le Trompette fit la publication, et rapporta les noms de quinze Gentilshommes qui avaient promis de s'y rendre. La Duchesse apprit avec beaucoup de joie la galanterie de Bayard, et ordonna que les échafauds fussent prêts dans la place d'armes pour le jour indiqué.

Le jour venu, le Chevalier s'y rendit avec le Seigneur de Mondragon, et deux autres, tous armés de pied en cap, et bientôt tous les combattans y arrivèrent. Les premiers qui entrèrent en lice furent Bayard et le Seigneur de Rouastre, adroit et vigoureux Gentilhomme, et Porte-Enseigne du Duc régnant, Philibert II. Celui-ci débuta par un beau coup dont il mit sa lance en trois ou quatre pièces, mais Bayard lui porta un si grand coup sur le haut de son grand buffle, qu'il l'abattit percé à jour, et mit sa lance en cinq ou six éclats. Ils coururent la seconde lance, et firent au moins aussi bien qu'à la première : Bayard lui porta la sienne si violemment à la visière, qu'il lui enleva son panache, et fit chanceler le Cavalier sans cependant le désarçonner. A la troisième lance, Rouastre croisa la sienne fort adroitement, et le Chevalier mit la sienne en pièces. Après eux combattirent les Seigneurs de Mondragon et de Chevron, qui furent admirés de tous les spectateurs ; tous les autres combattans parurent à leur tour, et tous firent des merveilles.

L'assaut à la lance fini, on en vint aux épées. Bayard au second coup rompit la sienne, et fit voler celle de son adversaire : ensuite les autres fournirent chacun leur carrière, et on convint que tous avaient parfaitement bien fait, et le Tournoi finit avec le jour. Alors la Duchesse ordonna au Seigneur de Fluxas d'inviter tous les Gentilshommes à souper avec elle, et comme elle était magnifique en tout, le souper se trouva digne d'elle et d'eux. Après le repas, et avant que les plaisirs et la danse commençassent, les Trompettes et Hautbois annoncèrent qu'il était temps de donner le Prix du Tournois à qui serait jugé l'avoir gagné. Les Seigneurs de Grammont et de Fluxas, Juges du camp, prirent la voix de la Princesse, et ensuite des spectateurs, des Dames, et des combattans mêmes, qui tous unanimement adjugèrent le Prix au Chevalier. Ce fut donc à lui que les deux Juges le présentèrent; il rougit, et le refusa; mais ne pouvant s'en défendre, il déclara que c'était à la Dame de Fluxas que l'honneur en appartenait; que l'ayant gratifié d'un de ses brasselets, c'était à elle à délivrer le Prix. Le Seigneur de Fluxas, assuré de la vertu de sa femme et de celle de Bayard, ne se formalisa point de la déclaration; il joignit cette Dame avec le Seigneur de Grammont, et celui-ci porta la parole : Madame, lui dit-il, Monseigneur de Bayard, à qui toute la compagnie a déféré le Prix du Tournoi, déclare que c'est vous qui l'avez gagné, par la faveur que vous lui avez faite de votre brasselet, qu'ainsi c'est à vous à en disposer, et je viens vous le présenter pour cela. La Dame reçut cette nouvelle galanterie du Chevalier avec ses grâces ordinaires, et le remercia de l'honneur qu'il lui faisait. Puisque vous dites, ajouta-t-elle, que mon brasselet vous a rendu vainqueur, je le garde pour moi, et le conserverai toute ma vie pour l'amour de vous ; mais le rubis qui vous appartient comme vainqueur, puisque vous le refusez, je crois devoir le remettre au Seigneur de Mondragon, qui a les voix après vous. Le Prix fut donc délivré, et le choix fut généralement applaudi. Après le prix donné, le Bal commença, suivant l'usage de cette Cour, où les plaisirs ne manquaient pas ; la Noblesse Française les fit durer encore cinq ou six jours, après lesquels chacun rejoignit sa garnison.

La Duchesse ne pouvait contenir sa joie, de voir son ancien Page aimé, estimé et honoré si généralement, qu'il ne faisait pas même de jaloux. Bayard alla prendre congé d'elle, l'assurant qu'après le Prince qu'il servait, personne au monde n'avait plus d'empire qu'elle sur lui, et qu'il serait toute sa vie à son commandement. De l'appartement de la Duchesse, il passa dans celui de ses premières amours, la Dame de Fluxas, de qui les adieux ne se firent pas sans larmes versées de part et d'autre. Cette belle inclination ne fut interrompue qu'à leur mort, sans que leur réputation en souffrît la moindre atteinte, et ils conservèrent toute leur vie l'habitude de s'envoyer des présens chaque année.

Pendant long-temps on ne parla à la Cour de la Princesse que du mérite de Bayard, et de ses rares qualités. Il y donna deux marques de sa reconnaissance, qui était en lui une vertu dominante, l'une à Pison de Chenas, dont nous avons parlé, et l'autre à l'Ecuyer sous lequel il avait commencé ses exercices. Il fit présent au premier d'un beau cheval, et le chargea d'envoyer au second une belle mule à Montcallier, où il s'était retiré et marié.

Peu de temps après ce qui vient d'être rapporté, Ludovic Sforce, qui s'était retiré en Allemagne, et qui avait emporté beaucoup d'argent, y avait levé une armée composée d'un bon nombre de Lansquenets, de Suisses et de Bourguignons, et d'un beau corps de Cavalerie Allemande. Avec ces troupes, il rentra en Lombardie, et le troisième jour de Janvier il surprit la ville de Milan par le moyen de quelques intelligences qu'il y avait conservées, et il en chassa les Français, la Citadelle tenant toujours pour le Roi. A l'exemple de la Capitale, la plupart des Villes conquises par Louis, se soumirent à Sforce, et particulièrement celles de la route de Gênes, comme Tortone, Voghère, et autres Places fortes. Quand le Roi eut apprit cet événement, il résolut de réduire de nouveau ces rebelles, et y envoya une puissante armée, sous les ordres du Comte de Ligny et de Trivulce.

Pendant le peu de temps que Ludovic occupa Milan, depuis qu'il l'eut surprise, jusqu'à ce qu'il en fut chassé de nouveau, Bayard était resté en Italie après le départ du Roi, et avec le congé du Comte de Ligny. Il ne doutait pas que la fuite de Ludovic auprès de l'Empereur Maximilien ne fût une feinte, et qu'il ne revînt bientôt avec des forces ; qu'ainsi son retour occasionerait plus d'affaires qu'à la première campagne, où il ne s'était passé aucune action. L'ardeur qu'il avait pour exceller dans le métier des armes, le tenait continuellement au guet pour chercher des occasions de se signaler et de servir son Prince. Il était en garnison alors à vingt milles de Milan, où il passait le temps avec ses camarades dans tous les exercices militaires. Il fut informé un jour qu'il y avait dans Binasco trois cents chevaux, qu'il serait facile de défaire ; il en parla à ses compagnons, qui aimaient trop ce jeu-là pour refuser la partie : ils sortirent donc de grand matin au nombre d'environ cinquante Maîtres pour tenter l'aventure. De l'autre côté, le Capitaine qui commandait dans Binasco, était brave et alerte, et s'appelait Jean-Bernardin Cazache. Il sut par ses espions qu'un parti Français devait venir l'attaquer, si bien que pour n'être pas surpris, il vint à leur rencontre, à la portée d'une carabine, en-deçà de ses barrières. Ce fut un plaisir pour lui de voir si peu de monde, comptant par l'avantage du nombre en avoir bon marché. Dès que les deux troupes s'aperçurent, elles fondirent l'une sur l'autre, criant d'un côté : *France, France*, et de l'autre : *More, More*. La charge fut vive, et il en fut de part et d'autre renversé à terre un grand nombre qui eurent bien de la peine à se remonter. Mais Bayard semblait un lion furieux ; il faisait voler des têtes et des bras avec une intrépidité sans pareille. Voyant qu'après une heure de combat, la victoire n'était pas encore décidée en sa faveur, il s'écria : Comment, mes compagnons, cette poignée de gens nous tiendra-t-elle ici tout le jour ? Si ceux qui sont dans la Place en étaient avertis, nous serions tous perdus ! Courage, mes amis, redoublons nos coups, et les renversons. Ces paroles ranimèrent sa troupe, chacun se sentit une nouvelle ardeur, et criant encore : *France, France*, ils tombèrent sur les ennemis avec une telle impétuosité, qu'ils leur firent quitter la place et reculer, en faisant cependant toujours bonne contenance. Les Français les suivirent de cette sorte quatre ou cinq milles vers Milan ; mais les Lombards se voyant près de la Ville, tournèrent bride, et s'y sauvèrent à toutes jambes, et les Français les chassaient toujours. Quand ceux-ci furent presque à la vue des murs, un des principaux et des plus expérimentés voyant le danger, s'écria : *Tourne, Homme d'Armes, tourne*. Chacun obéit, excepté Bayard qui était trop échauffé pour l'entendre : il poursuivait les fuyards avec tant d'ardeur, qu'il entra dans Milan avec eux, et les chassa jusqu'au Palais du Prince. Les croix blanches qu'il portait le firent bientôt reconnaître pour un Français, et tout le peuple cria après lui : *Piglia, Piglia :* il fut environné dans un moment, et fait prisonnier par Cazache, qui l'emmena chez lui et le fit désarmer. Il fut surpris de voir un homme de vingt-quatre ans, qui avait donné des marques d'une force et d'une bravouve si extraordinaires. Ludovic entendant le bruit que cette aventure faisait, en demanda la cause; on l'instruisit de la déroute du Capitaine Cazache, et de ce qu'un Français, d'une valeur merveilleuse, quoique très-jeune, avait suivi les fuyards jusque sous ses fenêtres. Il fut curieux de le voir, et commanda qu'il lui fût amené. On alla aussitôt dire au Capitaine Cazache d'envoyer son prisonnier. Cazache, qui était brave et généreux, craignant que Ludovic ne se livrât à sa fureur, et ne fît un mauvais parti au jeune Français, voulut le conduire lui-même au Palais, après l'avoir fait revêtir d'un de ses habits, et mis en état de paraître. Ludovic ne fut pas moins étonné de son air de jeunesse, que des louanges qu'il lui avait entendu donner. Mon Gentilhomme, lui dit-il, approchez-vous, et me dites ce qui vous a amené en cette Ville. Bayard, qui de sa vie ne s'était étonné de rien, lui répondit librement : en vérité, Monseigneur, je ne pensais pas y être entré seul ; je croyais être suivi de tous mes camarades, mais ils sont plus sages et plus au fait de la guerre que moi ; sans cela ils seraient prisonniers comme je le suis : cependant, dans ma disgrace, je loue le ciel de ce que je suis tombé en aussi bonnes mains que le Capitaine à qui je me suis rendu.

Ludovic lui demanda de combien était l'armée Française : Monseigneur, repartit Bayard, je vous jure que je ne pense pas qu'il y ait plus de quatorze ou quinze cents hommes d'armes, et seize à dix-huit mille hommes de pied ; mais ce sont tous gens d'élite, et résolus à soumettre cette fois et pour toujours le Duché de Milan au Roi notre maître : et pour vous, Monseigneur, je vous assure que vous seriez aussi bien et plus en sureté de votre personne en Allemagne qu'ici ; car vos gens ne sont pas capables de nous résister. Le Duc feignit de prendre plaisir à l'assurance avec laquelle Bayard parlait, mais elle ne laissa pas de lui donner à penser ; néanmoins, pour lui montrer que le retour des Français ne l'étonnait point, il lui dit en raillant : ma foi, mon Gentilhomme, je souhaite que l'armée du Roi de France et la mienne se rencontrent, pour que le sort d'une bataille décide entre lui et moi de la possession de ce Duché, car je ne vois pas qu'il y ait autre moyen de nous accorder. Bayard lui répondit sur le même ton : et moi, Monseigneur, je voudrais que ce fût plutôt demain que dans trois jours, pourvu que je fusse hors de prison. Qu'à cela ne tienne, dit le Prince, je vous rends libre dès ce moment, et demandez-moi tout ce que vous voudrez, je vous l'accorde. Le Chevalier qui ne s'attendait pas à tant de générosité, mit un genou en terre pour l'en remercier : toute la grâce que je vous demande, dit-il, Monseigneur, c'est de me faire rendre mes armes et mon cheval, et de me faire conduire à ma garnison qui est à vingt milles d'ici; voilà le plus grand bien que vous puissiez me faire, et dont je serai tellement reconnaissant, que *hors le service du Roi mon Maître, et mon honneur sauf, je serai toujours à votre commandement.* Je vous l'accorde, reprit le Prince, vous allez être content. Capitaine, ajouta-t-il, en se retournant vers Cazache, faites-lui rendre son cheval, ses armes, et tout ce qui lui appartient. Rien n'est plus aisé, dit Cazache, tout est chez moi : et en même temps il ordonna à deux ou trois de ses gens d'apporter à l'instant les armes de Bayard, et d'amener son cheval; ce qui étant fait, Ludovic le fit armer en sa présence, et le Chevalier, sans mettre le pied à l'étrier, se jeta en selle, ensuite il se fit donner une lance, et levant sa visière : je vous rends grâces de tout mon cœur, dit-il au Prince, du bienfait que je reçois de vous, et je regrette d'être incapable de le reconnaître.

Comme cela se passait dans une cour fort spacieuse, Bayard fit faire quelques courbettes à son cheval, et ensuite fournit une carrière qu'il finit par rompre sa lance en cinq ou six pièces. Ludovic ne fut pas à beaucoup près réjoui de ce qu'il venait de voir, au contraire, il ne put taire ce qu'il en pensait : si tous les Hommes d'Armes de France, dit-il, ressemblaient à celui-là, j'aurais un mauvais parti. Cependant il lui tint parole, et lui donna un Trompette pour le conduire à sa garnison ; mais il n'alla pas si loin : dans ce jour-là même l'armée Française s'était rapprochée de sept à huit milles, et savait déjà que la vivacité de Bayard lui coûtait sa liberté ; mais chacun excusait sa jeunesse et son ardeur.

A peine fut-il au camp, qu'il se rendit chez le Comte de Ligny, son Général, qui fut bien étonné de le voir. Eh ! comment, Piquet, lui dit-il, êtes-vous sorti de prison, avez-vous payé votre rançon ? J'étais prêt à envoyer un Trompette pour la payer et vous ramener. Monseigneur, répondit Bayard, je vous en remercie comme je dois ; le Seigneur Ludovic vous en a épargné la peine, et a fait aujourd'hui assaut de générosité avec vous, il m'a renvoyé sans rançon ; ensuite il lui raconta mot à mot ce qui lui était arrivé, en présence du Seigneur Trivulce et d'une foule d'Officiers que la joie de le revoir avait amenés. Trivulce lui demanda, si à juger de la contenance et des discours de Ludovic, il croyait qu'il risquât la bataille. Monseigneur, répondit Bayard, il ne s'est pas expliqué jusque-là avec moi, mais il ne m'a pas paru un homme facile à étonner, et peut-être avant peu vous en saurez des nouvelles. Quant à moi, je ne puis que me louer de lui; et tout ce que je sais, c'est que la plupart de ses gens sont dans Novarre, et qu'il doit les aller joindre, ou bien leur ordonner de s'approcher de Milan.

Nous avons dit que Ludovic était rentré dans Milan, et que la Citadelle était toujours restée aux Français : quand il vit l'armée du Roi si proche de lui, il craignit de se trouver enfermé entr'elle et la Citadelle; c'est pourquoi il s'échappa de nuit pour se retirer à son armée à Novarre avec presque tout son monde, laissant dans la Ville le Cardinal son frère avec peu de gens. Sur ces entrefaites, la Trimouille était arrivé à l'armée de France : il fut résolu entre lui, le Comte de Ligny et Trivulce, et tous les Lieutenans-Généraux, d'aller attaquer Ludovic dans Novarre : il ne manquait pas de troupes, mais elles étaient composées de Bourguignons, Suisses, Lansquenets et Cavalerie Allemande, et, par cette variété, difficiles à gouverner; aussi en peu de jours la Ville tomba-t-elle entre les mains des Généraux Français. Cela arriva le Vendredi avant Pâques fleuries.

On fit courir le bruit que le Prince n'était pas dans la Ville, et qu'il s'était une seconde fois retiré en Allemagne; mais soit qu'il fût trahi ou non, il fut

ordonné

ordonné que les gens de pied passeraient par-dessous la pique, et Ludovic y passant parmi les autres en habit de Soldat, fut reconnu et fait prisonnier, et le reste de son armée congédié, vies et bagues sauves (*f*). Ce qui est de certain, c'est que les Suisses s'étant mutinés, ou faute de payement, ou à l'instigation d'Antoine de Bessay, Grand-Bailli de Dijon (*g*), qui avait beaucoup de crédit chez eux, ou enfin parce que Ludovic avait moins de Suisses dans Novarre que le Roi n'en avait devant la Place, ils refusèrent de combattre les uns contre les autres, ce qui est arrivé souvent, et a décidé du gain ou de la perte d'une bataille. Quoi qu'il en soit, Ludovic méritait un sort plus heureux, s'il eût combattu pour une meilleure cause; il était brave, généreux et bienfaisant, mais ces bonnes qualités ne le garantirent pas des caprices de la fortune.

Quand le Cardinal son frère apprit qu'il était prisonnier, il fit promptement sauver

---

(*f*) Ludovic Sforce fut conduit prisonnier en France, d'abord à Pierre-Scise à Lyon, ensuite au Lys-Saint-Georges en Berry, et enfin au Château de Loches en Tourraine, où il mourut en 1510.

(*g*) Antoine de Bessay, Baron de Trichâtel, d'une ancienne et illustre Maison de la Comté de Bourgogne. Il était en grand crédit auprès des Cantons Suisses, et ce fut lui qui eut commission du Roi de lever chez eux un corps de quinze mille hommes pour la conquête du Milanès.

ses deux fils en Allemagne auprès de l'Empereur, et lui-même se sauva vers Bologne, avec une escorte de cinq ou six cents chevaux ; mais il fut arrêté en route par Severin de Gonzague, Capitaine des Vénitiens, qui le remit aux Français, et garda le butin, argent, meubles et bagages, que l'on estima deux cent mille ducats. Les révoltés de Milan et du Duché ne surent pas plutôt le sort de leur Prince, qu'ils se soumirent au Roi, s'attendant au pillage et au saccagement de leur Ville ; mais ils trouvèrent un Roi et des Généraux plus magnanimes qu'ils ne méritaient, et qui leur firent grâce entière.

Lors de la conquête de Milan, l'année précédente, par Louis en personne, ce Prince voulant récompenser ses grands Officiers, leur avait donné plusieurs places du Duché pour les tenir en fiefs relevant de lui : entr'autres, au Comte de Ligny, Tortone, Voghère, et quelques autres Places : elles avaient toutes suivi l'exemple de la Capitale, et s'étaient rendues à Ludovic. Le Comte en eut un si grand ressentiment, qu'il résolut d'aller les châtier ; il mena avec lui le fameux Capitaine Louis d'Ars, le Chevalier Bayard et plusieurs autres Officiers. Quand ses Sujets surent son dessein, et qu'il était déjà à Alexandrie, résolu, disait-il, de les mettre à feu et à sang (quoiqu'il n'en eût seulement pas la pensée), ils furent extrêmement alarmés, craignant une destruction qu'ils savaient avoir méritée. Ils choisirent vingt des plus qualifiés d'entr'eux, et les députèrent au-devant de leur Seigneur pour lui crier miséricorde. Ces députés vinrent à deux milles de Voghère, et se mirent en devoir de lui faire leur révérence; mais quoiqu'il les vît, et qu'on les lui montrât, il n'en fit pas semblant, et passa outre jusqu'au logement qui lui était préparé dans la Ville. Les Députés, plus effrayés qu'auparavant, l'y suivirent, s'adressèrent à Louis d'Ars, et implorèrent sa protection auprès de leur Seigneur justement irrité. Il la leur accorda avec sa bonté et sa générosité naturelles, et les remit au lendemain. Dans l'intervalle, il prévint le Comte de la grâce qu'on devait lui demander, et le pria de l'accorder à sa considération, ce qu'il n'eut pas grande peine à obtenir. Le lendemain donc après le dîner du Comte, cinquante des principaux de la Ville, nues têtes, se jetèrent à genoux devant lui en implorant sa miséricorde. L'un d'entr'eux, homme fort éloquent, le harangua en sa Langue: Monseigneur, lui dit-il, vous voyez à vos pieds les Députés de vos serviteurs et sujets, les habitans des Villes et Places qui vous appartiennent; nous venons reconnaître notre faute et en demander pardon au Roi notre Souverain, et à vous qu'il nous a donné pour Seigneur. Nous espérons l'obtenir, en vous remontrant très-humblement que nos Places ne sont pas capables de se soutenir contre telle Puissance qui se présente; nous vous protestons de n'avoir cédé qu'à la force, sans avoir cessé un moment d'avoir le cœur Français; et si vous croyez, Monseigneur, que la faute soit volontaire, ou l'effet de la faiblesse de nos esprits, nous vous en demandons grâce de tout notre cœur, en vous assurant qu'à l'avenir nous ne vous donnerons aucun sujet pareil d'être irrité contre nous; et si jamais ce malheur nous arrive, nous nous remettons dès ce jour, nous, nos femmes, nos enfans et nos biens à votre merci, et consentons qu'il ne nous soit fait aucune grâce; et pour gage de la fidélité et obéissance que nous vouons au Roi et à vous, nous prenons très-humblement la liberté de vous offrir un petit présent, moins proportionné à notre devoir qu'à nos forces : ce sont trois cents marcs de vaisselle d'argent, que nous vous supplions d'accepter pour marque que votre colère est apaisée. Alors cet Orateur montra au Comte deux tables couvertes d'argenterie de toute espèce, que ce Seigneur ne daigna pas regarder ; mais d'un air furieux et d'un ton à les faire trembler: Qui vous a rendus si hardis, leur dit-il, que de vous présenter à mes yeux, traîtres et misérables que vous êtes, après avoir eu la lâcheté de vous révolter sans y être forcés par aucune Puissance? Quelle confiance puis-je avoir désormais en tous vos sermens de fidélité ? A-t-il paru un ennemi devant vos Places ? Avez-vous essuyé un siége ou un assaut ? Avez-vous entendu un seul coup de canon ? Quelles excuses venez-vous donc me faire, quand je vois que vous vous êtes jetés volontairement dans les bras de l'usurpateur de ce Duché ? Fuyez de devant moi, et vous dérobez à ma colère avant qu'elle éclate, et craignez que je ne vous fasse tous pendre aux fenêtres de vos maisons.

Pendant ce terrible discours, les pauvres Députés étaient comme des gens qui attendent leur arrêt ; mais le sage Capitaine d'Ars, le bonnet à la main, et un genou en terre devant le Comte, prit la parole, et lui demanda leur grâce : Accordez-la-moi, dit-il, Monseigneur, pour l'honneur de Dieu et de la Passion de son Fils ; je me suis engagé à l'obtenir, faites honneur à la parole que je leur en ai donnée ; je vous promets pour eux qu'à l'avenir ils seront fidèles au Roi et à vous. Alors les Députés, sans attendre la réponse du Comte, se mirent à crier : Grâce, Monseigneur, grâce ! nous vous promettons d'exécuter ce que le Seigneur d'Ars vous a promis, et nous en renouvelons nos sermens. Le Comte à ce cri put à peine retenir ses larmes, la compassion s'empara de lui : Allez, leur dit-il, je vous pardonne à la considération du Capitaine d'Ars, dont je voudrais reconnaître les vertus par chose plus considérable ; mais gardez-vous d'y contrevenir : quant à votre argenterie, vous ne méritez pas que je l'accepte, remportez-la. Puis apercevant Bayard, il lui dit : *Piquet, prenez toute cette vaisselle, je vous la donne pour votre cuisine.* Et moi, je vous en remercie, répondit Bayard ; à Dieu ne plaise que ce qui vient de traîtres et de si mauvais sujets entre chez moi, il me porterait malheur. Cela dit, il prit la vaisselle pièce à pièce, et la distribua à ceux qui se trouvèrent là, sans en rien réserver pour lui : ensuite il sortit de la chambre, et les Députés le suivirent. Quand il fut dehors, toute la compagnie demeura dans l'étonnement d'une action si noble de la part d'un homme qu'on savait n'être pas riche. Avez-vous vu, dit le Comte, la générosité de Piquet, et son désintéressement ? C'est grand dommage que Dieu ne l'ait pas fait naître Roi, il se serait acquis tout l'univers par son grand cœur : je me promets de le voir un jour un des plus parfaits hommes du monde. Chacun en dit autant, et tous convinrent que c'était lui rendre justice. Le Comte pour le dédommager de sa générosité, ne voulant pas être en reste, lui envoya le lendemain un magnifique habillement de velours, doublé de satin broché, un cheval de grand prix, et une bourse de trois cents écus, qui ne lui firent pas grand profit, car ils furent bientôt partagés avec ses camarades. Peu de jours après, le Comte s'en retourna à Milan, où le Cardinal d'Amboise venait d'arriver en qualité de Lieutenant-Général pour le Roi en Lombardie, et de là repassa en France.

Nous avons rapporté le chagrin que le feu Roi Charles VIII avait eu en apprenant la révolte des Napolitains, de la perte de ce Royaume, et du retour de ses troupes. Cette perfidie ne serait pas demeurée impunie sans la mort de ce Prince. Louis XII, son successeur, commença ses projets par la conquête de son Duché de Milan, comme étant son patrimoine; ainsi sa vengeance sur Naples fut suspendue (*h*). Déjà Ferdinand, fils d'Alphonse,

---

(*h*) Ce fut pendant cette campagne de 1503, que Bayard, offensé par Hyacinthe Simonetta, homme de mérite, de valeur, et d'une grande Maison au Duché de Milan, mais arrogant jusqu'à l'insolence, l'appela en duel, et le tua. On ne trouve ce trait d'histoire que dans Alcyat, Jurisconsulte Milanais, qui même n'en rapporte ni la cause ni les circonstances. Voici ses termes : *Cognovi strenuos equites, dum nimium elegantiæ student, in armis conclusos, victoriam è manibus emisisse : ex quibus vel maxime insignis fuit Hyacinthus Simonetta, Mediolanensis, Bayardo Gallo congressus, quo tempore primùm Franci in Italiam prorupere ; manifestum, calamitatis Sfortiacæ, quæ mox subsecuta est præsagium.* J'ai vu, dit-il, de braves Chevaliers, qui, pour trop affec-

en faveur de qui s'était fait la révolte, était mort, et Fréderic, son oncle, lui avait succédé.

Pendant que Charles tenait le Royaume, il avait fait épouser au Comte de Ligny, son parent, une Dame du premier rang dans ce pays, Eléonore de Baux, Princesse d'Altemore, de la Maison de Baux, très-ancienne et très-illustre en Provence, jadis Souveraine d'Orange, et qui avait passé dans le Royaume de Naples : le départ du Comte lui fut si sensible, qu'elle en était morte de douleur. Par sa mort et par les bienfaits de Charles, ce Seigneur possédait dans ce Royaume un grand nombre de Terres et de Places, particulièrement dans la Pouille, comme Venoze, Canoze, Modervine, Bezeille, et autres. Louis ayant résolu de remettre le Royaume de Naples sous son obéissance, le Comte de Ligny avait compté d'aller y commander l'armée du Roi ; mais son projet fut rompu deux fois, et on a cru que ce fut le dépit qu'il en eut qui occasiona sa mort quelque temps après, le 31 Décembre 1503.

Le Roi nomma pour commander son

---

ter le bon air et la bonne grâce sous les armes, ont laissé échapper la victoire. Tel fut principalement Hyacinthe Simonetta, Gentilhomme Milanais, contre Bayard, Capitaine Français, pendant les premières irruptions des Français en Italie. Ce fut un présage manifeste de la déroute des Sforces, qui arriva peu après.

armée, Berault Stuart, Seigneur d'Aubigny, brave et sage officier, alors Capitaine de la Garde Ecossaise (*i*). Cette armée était belle et nombreuse, tant en infanterie qu'en cavalerie ; la Compagnie du Comte de Ligny en était, sous les ordres de son Lieutenant le Capitaine Louis d'Ars. Bayard n'eut garde de ne pas suivre, mais il eut bien de la peine à obtenir le congé du Comte, qui l'avait tellement pris en amitié, qu'il ne pouvait se résoudre à s'en séparer. Ce bon Maître le vit partir avec regret, et semblait pressentir qu'ils ne se reverraient plus.

Aubigny marcha droit au Royaume de Naples, et fit si grande diligence, que Fréderic, pris au dépourvu, d'ailleurs peu aimé de ses Sujets, se trouva hors d'état de se défendre, et n'eut d'autre ressource que d'abandonner le Royaume aux meilleures conditions qu'il put. Il fit son traité avec le Général Français, par lequel il fut dit qu'il serait conduit en France, lui, sa femme et leurs enfans (*k*), et

---

(*i*) Le Président Hénaut (Abrégé Chron.) et l'Abbé l'Avocat (Dict. Hist.) le nomment Robert Stuart ; mais son vrai nom était Berault. Il mourut en 1543. La Seigneurie d'Aubigny est en Berry, et fut érigée en Duché-Pairie par Lettres non vérifiées, du mois de Janvier 1685, en faveur de Louise-Renée de Penencourt de Plœuc, favorite de Charles II, Roi d'Angleterre, et de Charles Lenos, Duc de Richemont, leur fils ; et de sa postérité, qui en jouit encore.

(*k*) Fréderic maria une de ses filles à Louis de la

qu'il aurait pour apanage la jouissance à vie du Duché d'Anjou. Il fut reçu du Roi avec les honneurs dus à sa dignité, et le traité fut exactement observé tant qu'il vécut ; mais après sa mort, arrivée en 1504, sa veuve fut tellement négligée, qu'elle tomba dans une véritable indigence et dans la misère.

La conquête de Naples faite, les garnisons furent distribuées dans les Places, et la Compagnie du Comte de Ligny eut pour quartiers les terres de ce Seigneur, et le Capitaine d'Ars donna à Bayard le gouvernement de quelques Terres, où il s'en acquitta à la satisfaction générale.

Dans le même temps il fut fait un autre traité avec Ferdinand, Roi d'Arragon, mari d'Isabelle de Castille, père de Jeanne la folle, et aïeul de Charles-Quint. Ferdinand avait des prétentions sur une partie du Royaume de Naples, laquelle le Roi lui céda, et par ce traité la paix fut faite entre les deux Princes, et avec l'Empereur Maximilien ; elle fut publiée à Lyon l'année même. Le médiateur fut l'Archiduc Philippe, fils de l'Empereur, et gendre de Ferdinand ; mais ce fut une paix masquée. Le traité fait par l'Archiduc, comme Plénipotentiaire de son beau-

---

Trimouille. C'est de là que cette Maison prétend avoir des droits sur la Couronne de Naples, et que les fils aînés portent le nom de Princes de Tarente.

père, fut bientôt violé ; et pendant que Louis se reposait sur la foi du Roi d'Arragon, celui-ci envoya très-promptement, et avant que Louis pût s'y opposer, une puissante armée à Fernand Gonsalve, dit le grand Capitaine, alors son Lieutenant dans les Places qui lui avaient été cédées. Ces troupes entrèrent dans le Royaume de Naples, par les intelligences du Pape Alexandre VI, s'emparèrent de la Capitale, et chassèrent les Français de presque tout le Royaume. Aubigny les soutint le plus long-temps qu'il put ; mais enfin, forcé de céder au nombre, il se retira dans la Pouille, où il tint encore long-temps, et jusqu'à l'année 1504, qu'après avoir donné grand nombre de batailles, gagné les unes, perdu les autres, les Français furent obligés de quitter le pays. Comme cet événement n'est pas de notre sujet (*l*), nous ne nous y étendrons pas, et nous raconterons ce qui arriva à notre Héros pendant le séjour des Français dans la Pouille.

Etant en garnison à Monervine, il s'ennuya de rester dans l'oisiveté, et de ne pas faire quelqu'action digne de lui. Il en parla un jour à ses camarades, et leur fit observer que, d'un côté, l'inaction les rendait paresseux et efféminés, et que de

---

( *l* ) On peut en voir le détail dans la Vie du Cardinal Ximenès, par Marsollier. *Paris*, 1739.

l'autre, les ennemis en prendraient avantage, et s'imagineraient peut-être que les Français les craignaient assez pour n'oser se mettre en campagne : c'est pourquoi, ajouta-t-il, j'ai dessein de faire demain une course vers Andres ou Barlette ; peut-être rencontrerai-je de leurs coureurs, et je le souhaite, pour nous mesurer ensemble. On applaudit à son projet, et chacun voulut être de la partie. Ceux qui en devaient être se disposèrent dès le soir même, eux et leurs chevaux, et ils sortirent de la garnison au point du jour, au nombre de trente jeunes Gentilshommes, résolus de ne pas y rentrer sans avoir vu l'ennemi de près.

Ce jour-là même, et dans le même dessein, un Officier Espagnol, proche parent du grand Capitaine Gonsalve, nommé Dom Alonzo de Soto-Mayor, brave et expérimenté Capitaine, était sorti de la Ville d'Andres, pour aller chercher les Français, à la tête de quarante ou cinquante Gentilshommes d'élite. Il serait difficile de juger lequel eut plus de plaisir de lui ou de Bayard, quand ils se découvrirent à la portée d'un canon, et qu'ils virent que leur nombre était à peu près égal. Dès que le Chevalier eut reconnu les Espagnols à leurs croix rouges: Allons, amis, dit-il à sa troupe, voilà ce que nous sommes venu chercher, il y a ici de l'honneur à acquérir ; faisons tous notre devoir, et si vous ne me voyez faire le mien, tenez-moi toute ma vie pour un homme sans cœur. Chargeons, répondit toute la compagnie, ne leur donnons pas l'honneur de nous attaquer. Alors la visière baissée, et prenant le galop en criant : *France, France,* ils tombèrent sur la troupe Espagnole, qui, de son côté, se mit à crier : *Espagne, Espagne, Sant-Jago,* et à pointe de cheval, et la lance baissée, les reçut vigoureusement. Dès le premier choc, il y en eut bon nombre de renversés de part et d'autre, que leurs compagnons eurent bien de la peine à remonter. L'affaire ayant duré environ une demi-heure indécise, et chacun voulant en avoir la gloire, la seconde attaque fut de côté et d'autre plus rude que la première ; mais enfin Bayard anima tellement les siens par son exemple et par ses discours, qu'il détermina la victoire, et que les Espagnols furent rompus. Il en demeura sept sur la place, et autant de prisonniers ; le reste prit la fuite, et leur Commandant Soto-Mayor comme les autres. Bayard le poursuivit l'épée dans les reins, en lui criant : *Tourne, Homme d'Armes, tourne,* et ne te laisse pas tuer par derrière. Soto-Mayor, préférant la défense à une mort honteuse, se retourna et fondit sur Bayard. Ils se portèrent, dans un instant et sans relâche, cinquante coups d'épée ; mais enfin le cheval de Soto-

Mayor, rendu de lassitude, succomba, ne pouvant davantage seconder l'ardeur de son maître. Alors Bayard lui cria : *Rends-toi, Homme d'Armes, ou tu es mort.* A qui me rendrai-je ? dit Soto-Mayor. Au Capitaine Bayard, répondit le Chevalier. Dom Alonzo, ne voyant plus d'autre parti que de se rendre ou de mourir, et déjà instruit par la renommée des beaux faits de son vainqueur, lui remit son épée, après avoir fait tout ce que l'on pouvait attendre d'un brave Officier; et si ses compagnons avaient combattu comme lui, la victoire aurait coûté cher aux Français, au lieu qu'ils ne perdirent pas un homme, et qu'ils en furent quittes pour cinq ou six blessés, et deux chevaux tués. En revanche, ils avaient des prisonniers qu'ils emmenèrent à leur garnison. Le Chevalier, qui dans la route s'était informé du nom et de la qualité du sien, lui fit donner une des plus belles chambres du Château, et lui envoya des habits et tout ce qui pouvait lui être nécessaire. Il porta même la générosité jusqu'à lui dire : Seigneur Dom Alonzo, je suis informé de votre naissance, mais j'estime encore plus le renom de brave et vaillant Officier que vous vous êtes acquis; je ne veux point vous traiter en prisonnier, donnez-moi votre parole de ne point sortir de ce Château sans mon congé, je vous le donne tout entier pour prison; il est grand, et il y a bonne compagnie, qui se fera honneur de votre société, jusqu'à ce que vous traitiez de votre rançon, pour laquelle je vous promets que vous me trouverez de bonne composition. Capitaine, répondit Dom Alonzo, j'accepte votre offre gracieuse, et vous donne ma parole de ne point sortir d'ici sans votre congé.

La rançon de Soto-Mayor ayant été accordée, entre lui et Bayard, à mille écus, il resta environ quinze jours au Château avec les officiers Français, de qui il recevait tous les bons traitemens possibles, avec une liberté entière, personne ne le croyant capable de violer sa parole. Cependant un jour, soit mauvaise foi, soit ennui de sa captivité, et de n'avoir point de nouvelles des siens, il suborna un Soldat de la garnison, nommé Théode, Albanais de nation, et lui promit que s'il pouvait l'aider à se sauver, il lui donnerait de quoi vivre à son aise le reste de ses jours. Il ne faut, lui dit-il, que me tenir prêt demain au point du jour un bon cheval hors les portes du Château, et un pour toi; je suis libre, comme tu le vois, nous partirons ensemble, et en quatre heures nous serons à la garnison, qui n'est qu'à quinze ou vingt milles d'ici : tu en seras bien récompensé, et de plus je te donnerai cinquante écus. L'Albanais qui aimait l'argent, accepta le parti, après lui avoir pourtant fait observer qu'il était prisonnier sur sa parole, et que Bayard n'était pas homme à le lui pardonner. Je ne veux pas lui manquer de foi, répliqua Dom Alonzo ; il a mis ma rançon à mille ducats, je les lui enverrai, et ne suis pas obligé à davantage. En ce cas, dit l'Albanais, comptez sur moi ; demain à l'ouverture des portes je vous *attendrai à cheval*, avec un autre pour vous ; feignez de vous promener et de prendre le frais, et sortez. La chose fut exactement exécutée. Le portier, averti que Dom Alonzo était sur sa parole, le laissait aller et venir librement, de sorte qu'il fut bientôt à cheval, et piqua des deux. Bayard, toujours vigilant, vint faire sa ronde dans la cour, et demanda où était son prisonnier, avec qui il se promenait et causait tous les matins. Personne ne pouvant lui en donner des nouvelles, il s'adressa au portier, qui ne put lui en dire autre chose, sinon qu'il avait paru près de la porte au point du jour. Il fit aussitôt sonner le tocsin, mais ni Dom Alonzo, ni l'Albanais ne parurent. Il est impossible d'exprimer la colère et l'indignation de Bayard ; il fit en toute diligence monter à cheval un de ses Soldats, nommé le Basque, avec dix autres, et leur ordonna de courir vers Andres à toute bride, et à quelque prix que ce fût, de ramener Dom Alonzo, mort ou vif, de tâcher aussi de prendre l'Albanais pour le payer de ses peines aux créneaux du Château. Le Basque fut à cheval dans un instant, et l'éperon dans le ventre prit le chemin d'Andres, sans regarder s'il était suivi ou non, quoique ses camarades fussent en effet sur ses pas. Ils n'eurent pas fait deux milles, qu'ils aperçurent Dom Alonzo qui était pied à terre et resanglait son cheval ; il voulut remonter, mais le Basque ne lui en donna pas le temps, il fondit sur lui et l'arrêta. Quant à Théode, il se garda bien de se laisser prendre : il gagna Andres à bride abattue, et Dom Alonzo fut ramené à Monervine. Quand le Chevalier le vit, il ne put contenir ses reproches : Est-ce là, lui dit-il, l'action d'un Gentilhomme, de fuir d'une prison où il est libre sur sa foi ? J'avais la vôtre de ne pas sortir d'ici sans mon congé, et vous l'avez violée, je ne dois plus me fier à vous. Je n'ai point eu dessein de vous faire tort, répondit l'Espagnol ; nous sommes d'accord de mille écus pour ma rançon, dans deux jours vous les auriez eus, et ma parole aurait été dégagée ; mais je me suis ennuyé de n'avoir aucunes nouvelles de chez moi, et j'allais en chercher. Bayard était trop irrité pour se payer de telles excuses ; il le fit conduire dans une tour, où il le tint quinze jours renfermé, sans cependant lui faire mettre les fers aux pieds, comme il aurait pu, et du reste le fit traiter comme auparavant. Au bout de ce terme arriva un Trompette avec un Valet de Dom Alonzo, chargé de sa rançon, qui fut délivrée au Chevalier, et l'Espagnol remis en liberté. Il partit donc, après avoir pris congé d'assez bonne grâce de Bayard et de tous les Officiers, et avoir vu en sa présence son argent distribué jusqu'au dernier sou à la garnison.

Dom Alonzo, retourné à Andres, fut reçu avec tous les témoignages possibles de joie et d'amitié : chacun le félicita de son retour, et le consolait de sa disgrâce. Ensuite on le questionna sur Bayard, et sur la façon dont il avait été traité. Je vous jure, répondit à cela Dom Alonzo, que quant au Seigneur de Bayard, je ne crois pas qu'il y ait dans le reste du monde un homme plus vigilant et plus intrépide; s'il n'est aux champs, il n'en est pas plus tranquille, non plus que sa troupe; il la tient dans un exercice continuel, soit à la lutte, soit à jeter la barre, ou autres images de la guerre : il n'a pas son pareil pour la générosité, j'en ai vu plusieurs exemples ; mais en dernier lieu il a, en ma présence, distribué à ses Soldats l'argent de ma rançon, sans en réserver un ducat; enfin, s'il vit, ce sera un des plus grands hommes que l'on ait jamais vu. Cependant je ne puis me louer du traitement que j'ai reçu de lui pendant ma prison, ni ne puis croire que ses ordres aient été suivis, mais ses gens ne m'ont pas traité en Gentilhomme, et je m'en ressentirai tant que je vivrai. Chacun en dit son avis :

les uns disaient qu'il n'y a pas de belles prisons; d'autres ne reconnaissaient pas Bayard aux plaintes de Dom Alonzo; d'autres enfin blâmaient Dom Alonzo lui-même, et ne pouvaient l'en croire.

Le Chevalier fut informé quelques jours après des discours de l'Espagnol par un Officier de Monervine, prisonnier à Andres, et rançonné : il en fut surpris, et sur l'heure assembla toute sa garnison, à qui il dit : J'apprends que Dom Alonzo se plaint parmi les siens que je l'ai traité le plus mal que j'ai pu ; vous en avez été témoins, et je ne crois pas qu'un prisonnier puisse prétendre plus d'agrémens qu'il en a eu ici avant son évasion, et même depuis, sinon qu'il a été plus resserré ; je ne pense pas qu'il ait à se plaindre de moi, ni de personne, et si cela était, je lui en ferais satisfaction. Je vous prie donc tous de me dire franchement s'il s'est passé quelque chose à mon insçu qui ait pu le fâcher. A cela tout le monde répondit unanimement, que quand il eût été le plus grand Seigneur d'Espagne, il n'aurait pu espérer un traitement plus honorable, et qu'il avait grand tort de se plaindre. Cela étant, dit Bayard, quoique la fièvre me tienne, je veux lui écrire que s'il soutient les discours qu'il a faits, je lui soutiendrai le contraire de lui à moi, à pied ou à cheval, à son choix. Aussitôt il fit appeler son secrétaire, et lui dicta la

lettre suivante : « Dom Alonzo, j'ai ap-
» pris qu'après votre retour de ma prison,
» vous vous êtes plaint de moi, et avez
» semé parmi vos gens que je ne vous ai
» pas traité en Gentilhomme. Vous savez
» bien le contraire ; mais pour ce que si
» cela était vrai, me serait gros déshon-
» neur, je vous ai bien voulu écrire cette
» lettre, par laquelle vous prie rhabiller
» autrement vos paroles devant ceux qui
» les ont ouies, en confessant, comme la
» raison veut, le bon et honnête traite-
» ment que je vous ai fait ; et en ce fai-
» sant ferez votre honneur, et rhabillerez
» le mien, lequel, contre raison, avez
» foulé ; et où seriez refusant de le faire,
» je vous déclare que je suis délibéré le
» vous faire dédire par combat mortel de
» votre personne à la mienne, soit à pied
» ou à cheval, ainsi que vous plairont
» les armes. Et adieu. *De Moncrvine, le*
» 10 *Juillet.* » La lettre fut envoyée par
un Trompette qui appartenait à Chabannes la Palice. Dom Alonzo l'ayant reçue, y répondit par le même Trompette
en ces termes, et sans avoir pris l'avis de
personne : « Seigneur de Bayard, j'ai vu
» votre lettre que ce porteur m'a baillée ;
» et, entr'autres choses, dites dedans
» icelle, avoir été semé paroles devant
» ceux de ma nation que ne m'avez pas
» traité en Gentilhomme, moi étant
» votre prisonnier, et que si je ne m'en

» dédis, êtes délibéré de me combattre.
» Je vous déclare que oncques ne me
» dédis de chose que j'ai dite, et n'êtes
» pas homme pour m'en faire dédire : par
» quoi du combat que me présentez de
» vous à moi, je l'accepte entre ci et
» quinze jours, à deux milles de cette
» ville d'Andres, ou ailleurs que bon
» vous semblera. » Le Trompette rapporta cette réponse au Chevalier, qui n'aurait pas donné cette bonne fortune pour dix mille écus, quoique bien malade ; et il lui renvoya par le même son acceptation du défi, avec parole de n'y pas manquer. L'accord fait de part et d'autre, Bayard en donna avis au Seigneur de la Palice, pour avoir de lui la permission, comme Lieutenant pour le Duc de Nemours, Vice-Roi, et il choisit pour son Guidon son ancien ami Bellabre.

Le jour pris pour le combat, Dom Alonzo écrivit au Chevalier pour le prier d'être demandeur, et trouver bon que lui Dom Alonzo se portât comme défendeur. Cette proposition était irrégulière, et ne tendait qu'à se rendre maître du choix des armes, et de la manière de combattre. Bayard accorda tout ce que l'Espagnol voulut, disant : *sur une bonne querelle peu me chaut d'être demandeur ou défendeur*. Dom Alonzo, devenu maître des conditions, et sachant que Bayard était l'homme du monde le plus redoutable à cheval, ou plutôt qu'il y était invincible, décida qu'ils combattraient *à pied, armés de toutes armes, réservé d'armet et de bavière, à visage découvert, avec l'estoc et le poignard.* Le jour venu, Chabannes avec une escorte de deux cents Maîtres, suivant l'accord des deux Champions, amena Bayard, bien monté et vêtu de blanc *par modestie.* Dom Alonzo n'étant pas encore arrivé, le même Trompette qui avait porté les lettres et fait les sommations, alla le hâter. L'Espagnol, sachant que Bayard était à cheval, se récria sur ce que c'était à lui à choisir les armes, et à Bayard le lieu, et lui envoya dire qu'il voulait se battre à pied : la vérité était qu'il doutait que le Chevalier malade, et affaibli par la fièvre, pût accepter le combat à pied ; il aurait même bien voulu n'avoir pas porté la bravade si loin, mais le vin était tiré, il fallait le boire. Le Trompette ayant rapporté cette réponse, Bayard demeura étonné un petit moment, parce qu'alors la fièvre le tenait ; mais revenu à lui, il répondit courageusement au Trompette : Ami, va le hâter, et dis-lui que pour si peu de chose il ne différera pas plus long-temps à réparer l'injure qu'il m'a faite, et si le combat à pied ne lui plaît pas, je consens encore qu'il se ravise. Cela fait, Bayard fit dresser son camp, qui ne fut que quelques grosses pierres mises les unes sur les autres, et se plaça lui-même à l'un des deux bouts, accompagné de nombre de Seigneurs des plus qualifiés, tels que Chabannes, d'Oroze, d'Humbercourt, Fontrailles, Baron de Béarn, et plusieurs autres, qui tous faisaient des vœux pour lui. Dom Alonzo cependant ayant reçu la réponse du Chevalier, et voyant qu'il n'y avait plus à reculer, s'avança accompagné de Seigneurs de sa nation, le Marquis de Licite, Dom Diégo Quignonès, Lieutenant du grand Capitaine, Dom Pedro de Valdès, Dom Francisco d'Altemeze, et nombre d'autres. Arrivés sur le champ de bataille, il envoya à Bayard deux estocs et deux poignards à choisir ; mais celui-ci ne s'amusa pas à choisir, et se contenta d'être armé comme Soto-Mayor, de secrette et de gorgerin. Après les sermens faits et les cérémonies accoutumées, il entra dans le camp par un bout, accompagné seulement de Bellabre pour son Parrain, et du Seigneur de la Palice pour Juge du camp. Il était à visage découvert, et tenait l'estoc nu à la main droite, et le poignard à la gauche. Par l'autre bout entra Dom Alonzo avec Dom Quignonès son Parrain, et Altemeze pour Juge du camp, et il avait l'estoc nu à la main, et le poignard à la ceinture. Bayard, dès qu'il fut dans le camp, fit sa prière à genoux, baisa la terre, et se releva en faisant le signe de la croix, puis marcha à son ennemi avec autant d'assurance et de tranquillité que s'il fût allé à quelque partie de plaisir. Dom Alonzo vint droit à lui avec la même intrépidité, et lui dit : *Seigneur de Bayardo, que me quieres?* Bayard lui répondit : *Dom Alonzo de Soto-Mayor, je quiers défendre contre toi mon honneur, dont faussement et mauvaisement m'as accusé.* Alors, comme deux lions animés, ils fondirent l'un sur l'autre à grands coups d'estocs, de l'un desquels Bayard blessa son homme au visage; le combat n'en devint que plus vif, chacun cherchant le défaut de son adversaire. L'Espagnol, grand et vigoureux, observait Bayard pour le prendre en flanc, et le saisir au corps; mais le Français avait l'œil par-tout, et parait tout. Le combat fut long, et le danger bien balancé par l'adresse et l'égalité de la force des combattans. Les spectateurs tremblaient chacun pour leur parti; les Français pour Bayard, qui, quoiqu'affaibli par la fièvre, n'en frappait pas moins souvent et moins vigoureusement; les Espagnols pour Dom Alonzo, que, tout fort et puissant qu'il était, ses amis auraient mieux aimé voir à Sarragosse que là. Enfin, après qu'ils eurent bien cherché le défaut l'un de l'autre, Bayard usa d'adresse; il prit le temps que l'Espagnol levait le bras pour le frapper, il leva aussi son épée et la soutint en l'air sans porter

son

son coup, et l'épée ennemie étant rabattue sans l'avoir touché, il porta la sienne avec une vîtesse et une adresse merveilleuse droit au gorgerin, et avec tant de force, que malgré la bonté de cette armure, il la perça, et l'épée entra de quatre bons doigts dans la gorge de Dom Alonzo, en sorte qu'il eut peine à l'en retirer. Celui-ci perdant son sang avec abondance, devint furieux et enragé. Il fit les plus grands efforts pour joindre son homme et le saisir au corps; mais Bayard parait ses coups, et l'évitait si adroitement, que, quoiqu'ils fussent assez proches l'un de l'autre pour que de la main ils se fussent touché au visage, néanmoins il lui donna le temps de s'affaiblir par la perte de son sang; alors se jetant sur lui à corps perdu, le poignard à la main, il l'embrassa et le serra si fort, qu'ils tombèrent tous les deux et se débattirent quelque temps par terre; mais Bayard porta un dernier coup de poignard à Dom Alonzo si vigoureusement entre le nez et l'œil gauche, qu'il le fit entrer jusque dans le cerveau, et lui cria : *Rendez-vous, Dom Alonzo, ou vous êtes mort.* L'Espagnol étendu sur la poussière n'avait garde de répondre, il était mort. Son Parrain Quignonès voyant cela, s'écria aussitôt : *Segnor Bayardo, ja es muerto, vincido aveis;* et de fait il ne remua plus. Le Chevalier aurait voulu, pour tout ce qu'il avait au monde, le vaincre vif, et non l'avoir tué; il en ressentit la plus grande douleur, mais il n'était plus temps.

Il se jeta à genoux pour remercier Dieu de lui avoir donné la victoire, et se releva après avoir baisé la terre trois fois. Ensuite il tira le corps hors du champ, et le rendant au Parrain, il lui dit : Seigneur Dom Diego, en ai-je assez fait ? *Tropo, Segnor Bayardo, per l'onnor d'Espagna*, répondit tristement Dom Diego. Je vous le remets donc, répliqua Bayard, quoique le corps soit à ma disposition, mais je voudrais de bon cœur vous le rendre vivant. Alors les Espagnols l'emportèrent en faisant des plaintes et des lamentations, et les Français reconduisirent le vainqueur à la garnison au son des trompettes, hautbois et autres instrumens. Sa première action fut d'aller à l'Eglise rendre une seconde fois grâces à Dieu, et ensuite il donna une fête magnifique aux Officiers ses camarades. Et ce combat contribua encore à étendre, tant dans les deux armées, que par tout le Royaume, la réputation de notre Héros (*m*).

Après cet événement, il y eut entre les armées de France et d'Espagne une trève

─────────
(*m*) On peut le voir amplement rapporté dans Champier, Histoire de Louis XII ; dans Paul Jove, *in vitâ Magni Gonsalvi*, *Lib.* 2 ; et dans du Rivail, Conseiller au Parlement de Grenoble, en son Histoire des Allobroges. Il était contemporain et ami de Bayard.

de deux mois. Les Espagnols étaient inconsolables de la mort de Soto-Mayor, ils croyaient que l'honneur de toute leur nation y était intéressé, et ne respiraient que vengeance. Pendant cette trève, les Officiers de part et d'autre allaient souvent se promener jusqu'auprès de leurs garnisons réciproques, et il semblait que les Espagnols cherchassent à braver les Français. Ils se trouvèrent un jour entr'autres au nombre de treize Hommes d'Armes, tous braves et bien montés, proche la Place de Monervine, d'où Bayard et son bon ami d'Oroze étaient sortis ensemble pour prendre l'air; ils rencontrèrent à demi-lieue de la Ville les Espagnols, et les saluèrent : ceux-ci leur rendirent le salut, et lièrent la conversation. Un des Espagnols, nommé Diego de Bizagna, qui avait été de la compagnie de Soto-Mayor, et ne pouvait pardonner sa mort à Bayard, d'ailleurs brave et hardi Capitaine, prit la parole: Seigneur Français, dit-il, il y a huit jours que la trève est commencée, et déjà elle nous ennuie : je ne sais si elle ne vous ennuie pas aussi. Si vous vouliez, pendant qu'elle dure, faire avec nous une partie de dix contre dix, vingt contre vingt, plus ou moins en nombre égal, sur le sujet qui met la guerre entre nos Maîtres, je me fais fort de trouver de mon côté de quoi vous soutenir, en convenant que les vaincus demeureront prisonniers des vainqueurs,

A cette proposition les deux amis se regardèrent. Seigneur d'Oroze, dit Bayard, que vous en semble ? Je sais bien, dit d'Oroze, quelle réponse j'y ferais, mais je vous prie de la faire vous-même. Puisque vous le voulez, répondit le Chevalier, je vais donc y répondre. Seigneur, dit-il à l'Espagnol, nous acceptons avec grand plaisir, mon camarade et moi, votre proposition. Vous voilà treize Hommes d'Armes, promettez-nous de vous trouver d'aujourd'hui en huit jours à deux milles d'ici, nous nous y rendrons en même nombre, et nous verrons qui en aura l'honneur. Les Espagnols le promirent, et chacun s'en retourna de son côté. Les deux amis arrivés à Monervine, firent part à leurs compagnons de la rencontre des Espagnols, et du rendez-vous donné. Chacun voulut en être ; mais on s'accorda, et on forma le nombre de treize, qui se trouvèrent à jour nommé au lieu dont on était convenu, et où les Espagnols se rendirent pareillement. Les uns et les autres y vinrent accompagnés de nombre d'amis attirés par la curiosité. On fit les conditions, qui furent que la limite réglée ; quiconque la passerait demeurerait prisonnier et ne combattrait plus du jour ; que qui serait mis à terre ne combattrait plus pareillement, et que si la nuit venait sans que la victoire fût décidée, n'en restât-il qu'un à cheval de chaque côté, le combat serait terminé ; que chacun se retirerait et emmènerait ses compagnons, avec pareil honneur de part et d'autre. L'accord fait, les deux partis se mirent en présence, et la lance en arrêt, piquèrent leurs chevaux. Les Espagnols dans le combat ne visaient point aux hommes, mais à tuer les chevaux, et y réussirent jusqu'au nombre de onze, en sorte que Bayard et d'Oroze se trouvèrent seuls à cheval. Ce stratagème, qui était un vrai abus des conditions faites, ne réussit pas aux Espagnols, car leurs chevaux ne voulurent jamais passer sur le corps des autres, quoiqu'ils fussent crevés de coups d'éperons. Bayard et son ami d'Oroze profitaient de l'aventure, et les chargeaient fort et souvent, et quand le gros de la troupe les attaquait, ils se retiraient derrière leurs chevaux morts, et s'en faisaient un rempart. Enfin les Espagnols furent les plus maltraités, et quoique treize contre deux, ils ne purent jamais gagner le champ des Français, qui les soutinrent jusqu'à ce que la nuit forçât les deux partis à se séparer, suivant les conditions, sans aucun avantage, sinon que les deux Français en eurent l'honneur, ayant soutenu seuls contre treize, pendant plus de quatre heures.

A quelque temps de-là, et la trève expirée, Bayard sut par ses espions qu'il y avait à Naples un Trésorier qui changeait de l'argent en or, pour l'apporter au grand Capitaine Gonsalve, et qu'il ne pouvait manquer de passer à trois ou quatre milles de sa garnison. A cette nouvelle, il ne dormit plus qu'il ne sût l'heure et le moment du départ de ce Trésorier, sa route et le lieu de ses séjours. Enfin, il apprit qu'il était au gîte dans une petite Place occupée par les Espagnols, à quinze milles de Monervine, et que le lendemain au point du jour il devait en partir pour se rendre auprès de Gonsalve, avec une escorte de quelques Cavaliers.

Bayard, résolu de mettre la main sur l'homme et sur son Trésor, partit deux heures avant le jour, et alla, accompagné seulement de vingt Maîtres, s'embusquer entre deux monticules, et il envoya Tardieu, l'un de ses Hommes d'Armes, d'un autre côté, avec vingt-cinq Albanais, afin que si le Trésorier échappait à l'un, l'autre ne le manquât pas. Or, sur les sept heures du matin, les espions du Chevalier entendirent le bruit des chevaux, et vinrent le lui annoncer. Il était tellement caché par ces deux rochers, que l'on aurait pu passer sans le découvrir, ce qui arriva en effet à l'escorte du Trésorier, lequel était dans le milieu avec un homme à lui, chargés tous deux de l'argent en valise. Dès qu'ils eurent passé l'embuscade, Bayard fondit sur eux avec ses gens, criant : *France, France, tue, tue.* Les Espagnols bien étonnés, et croyant avoir toute une armée à leurs trousses, s'enfuirent à Barlette sans regarder derrière eux. Ils ne furent suivis que jusqu'à ce que le Trésorier et son Caissier furent atteints, car on n'en voulait qu'à eux, et ils furent conduits à Monervine. En y arrivant, Bayard fit prendre leurs valises, et voulut compter les beaux ducats qu'elles contenaient: *Non conta eis, Segnor*, dit le Trésorier, *sono quinze milia ducados*; ce qui fit plaisir au Chevalier, qui peut-être ne croyait pas avoir fait un si bon coup de filet.

En ce moment arriva Tardieu, qui fut ébloui de ces belles médailles, et qui n'en regrettait que mieux que la fortune ne lui eût pas donné la préférence sur Bayard; cependant il lui dit : Mon camarade, j'ai ma part là-dedans, comme ayant été de l'entreprise. Vous avez été de l'entreprise, répliqua Bayard, mais non pas de la prise; et pour se divertir à ses dépens, il ajouta : et même quand vous en auriez été, n'êtes-vous pas sous mes ordres ? Je vous ferai la part qu'il me plaira, et vous vous en contenterez. Tardieu devint furieux à cette réponse, et jurant qu'il en aurait raison, alla porter ses plaintes au Général Français, lequel manda à Bayard de se rendre chez lui; là chacun plaida sa cause en présence de ce Seigneur et de nombre d'Officiers qui méconnaissaient le Chevalier à la discussion d'une question pécuniaire, et qui, après avoir entendu les raisons des deux Parties, jugèrent que Tardieu n'y avait rien, dont il eut bien du dépit ; cependant faisant de nécessité vertu, il tourna la chose en plaisanterie, et dit en riant : « *Par le sang de Saint* » *Georges*, je suis bien malheureux ; mais ». mon camarade, c'est tout un, vous me » nourrirez toute la campagne. » Bayard se mit à rire, et cette querelle ne les empêcha pas de marcher jusqu'à la garnison.

Quand ils furent arrivés, Bayard voulut en avoir encore le plaisir, il se fit apporter les valises et mettre en monceau les ducats sur une table, en disant à Tardieu: Camarade, voilà de belles dragées, qu'en dites-vous ? Je dis, répondit-il avec un grand soupir, qu'elles sont belles, mais que je n'en tâterai pas; cependant la moitié de cela m'aurait bien accommodé, et me mettrait à mon aise pour toute ma vie. Ne tient-il qu'à cela, mon ami, reprit Bayard, pour que vous soyez heureux le reste de vos jours ? Ne regrettez pas de n'avoir pas mis la main dessus plutôt que moi : ce que le hasard ne vous a pas adressé, je vous le donne de bon cœur, la moitié de cela est pour vous. Tardieu croyait que le Chevalier continuait encore à le badiner ; mais quand il vit compter et partager l'argent, et que Bayard lui en eût mis la moitié entre les mains, il ne fut pas maitre de son premier mouvement : Hélas ! mon cher Maître, mon ami, s'écria-t-il, en se jetant aux genoux du Chevalier, et versant des larmes de joie, hélas ! comment reconnaîtrai-je le bien que vous me faites? Jamais Alexandre ne fut si généreux. Ne parlez pas de si peu de chose, mon compagnon, répondit Bayard, c'est le moins que je voulusse faire, et que je ferais pour vous, si j'en avais la puissance. Cependant le bienfait se trouva si considérable pour Tardieu, qu'il en fut riche toute sa vie, et qu'il épousa dans le Rouergue, sa patrie, une héritière de trois mille livres de rente, fille d'un Gentilhomme, nommé Saint-Martin; et leur postérité subsiste sous le même nom, et avec titre de Marquis de Malessie (*n*).

Cette moitié du trésor partagée, Bayard fit de l'autre des portions inégales qu'il distribua à la garnison, suivant la qualité de chacun, et toujours, selon sa coutume, sans se réserver rien. S'il eût été homme à jouir de cet événement dans toute son étendue, il avait encore le Trésorier entre les mains, dont il pouvait tirer une rançon considérable, outre sa dépouille qui valait plus de cinq cents ducats; mais il eut la générosité de le renvoyer sans lui faire le moindre tort en

---

(*n*) Cette branche se transporta au Comté d'Eu, il y a environ deux siècles : elle avait deux Chevaliers de Malte, vivans en 1610.

ce qui lui appartenait personnellement, offrant de le faire conduire avec sureté de sa personne en telle Place qu'il voudrait. Cet homme comprenant à peine tant de grandeur d'ame, remercia de son mieux son bienfaiteur, et fut reconduit à Barlette par un Trompette du Chevalier, qu'il récompensa honnêtement, rendant grâces au ciel d'être tombé en si bonnes mains.

Sur la fin de la guerre dont nous avons parlé jusqu'ici, les Français étaient campés d'un côté de la rivière de Garillan, et les Espagnols de l'autre. Parmi ceux-ci étaient, aussi bien que chez les Français, de très-braves officiers, et en grand nombre, sur-tout le fameux Fernand Gonsalve; mais le plus extraordinaire était un petit homme qui n'avait que deux coudées de hauteur, si bossu, si contrefait, que la tête de son cheval le dérobait à la vue; on le nommait Pedro de Pas, et malgré sa difformité, il était un des plus hardis et des plus entreprenans de toute l'armée. Il voulut un jour donner une alarme au camp des Français, et pour cela il prit avec lui cent ou cent vingt Hommes d'Armes, portant chacun un Fantassin en croupe, tous armés d'arquebuses, et leur fit passer le Garillan à un gué qu'il connaissait. Son dessein était d'y attirer toute l'armée, et de faire dégarnir le pont, dont cependant les siens s'empareraient. Il réussit si bien que l'armée Française se crut attaquée par toute celle d'Espagne, et courut du côté où était l'alarme. A ce bruit, Bayard, qui s'était logé tout proche du pont, comme à l'endroit le plus intéressant, se leva et s'arma, et avec lui un Ecuyer Cavalcadour du Roi, nommé Pierre de Tardes, et par sobriquet le Basque, brave et hardi Gentilhomme. Dès qu'ils furent à cheval, courant du côté où était l'alarme, Bayard aperçut un gros de cavalerie Espagnole de deux cents hommes, qui venaient droit au pont pour s'en emparer, ce qu'ils auraient fait sans peine ; et s'ils eussent réussi, c'en était fait de toute l'armée Française. Il s'écria à l'instant : Ami Basco, courez chercher du secours, s'ils se rendent maîtres de notre pont, nous sommes tous perdus; courez, vous dis-je, pendant que je vais les occuper de mon mieux. Tandis que le Basque exécute cet ordre, Bayard, la lance au poing, se poste sur l'autre bout du pont, avant que les Espagnols y arrivassent, et comme un lion furieux porte de si terribles coups, qu'il renversa d'abord quatre Hommes d'Armes, dont deux tombèrent dans l'eau, et ne reparurent plus. Les Espagnols, animés par la perte de leurs camarades, attaquent Bayard avec fureur, et l'environnent ; mais lui, l'épée à la main, les soutient tous, et s'acculant tout à cheval à la barrière du pont, leur donne tant d'affaires, qu'ils croyaient avoir un diable à combattre, et non pas un homme, et que le Basque eut le temps de venir avec environ cent hommes, et de le dégager. Ce secours sauva le pont, et il était temps, car sans doute Bayard eût succombé sous le nombre, et ses forces se seraient épuisées, et toute l'armée était perdue. Les Espagnols quittèrent d'abord la partie, et les Français les chassèrent un grand mille ; mais un corps de sept à huit cents chevaux qu'ils virent venir au secours des fuyards, les arrêta, et le Chevalier leur dit : Nous avons assez gagné pour un jour, d'avoir sauvé notre pont, retirons-nous en escadron carré, et serrons-nous ; chacun fut de son avis, et tous reprirent le chemin du camp, Bayard allant toujours le dernier pour soutenir la retraite, comme il allait toujours le premier à l'attaque.

Cependant le travail excessif qu'il avait fait faire à son cheval, lui attira une disgrâce ; car comme sa troupe marchait en bon ordre, elle fut tout-à-coup chargée par un autre détachement des ennemis : il y eut même quelques-uns des siens renversés, et Bayard sentant que son cheval était outré, l'accula contre un fossé ; mais il fut bientôt environné de vingt ou trente hommes, qui lui criaient : *Rende, Segnor, rende.* Il se défendit encore, mais enfin il se rendit, en disant : Il le faut bien, je ne suis pas pour résister à tous moi seul. Ses compagnons ne s'étant pas aperçu de sa chute, allaient regagner le pont en question, le croyant parmi eux, lorsque l'un d'entr'eux, Pierre de Guiffrey, Dauphinois, et d'une très-grande Maison, s'écria tout-à-coup : Eh ! mes compagnons, mes amis, nous avons tout perdu, le brave Bayard nous manque, il est mort ou prisonnier ! Je fais vœu à Dieu d'en avoir des nouvelles, dussé-je y aller tout seul, et y perdre la liberté ou la vie ! Abandonnerons-nous un homme qui a rendu de si grands services à toute l'armée, et qui nous a fait à tous acquérir tant de gloire ? Chacun sentit, comme Guiffrey, l'importance de la perte qu'ils avaient faite, et tous ayant resanglé leurs chevaux, se mirent au grand galop après les Espagnols, qui en effet tenaient Bayard, et l'emmenaient sans l'avoir désarmé, sinon de sa hache d'armes. Ils lui avaient demandé son nom, mais il savait trop que s'il s'était nommé ils l'auraient massacré, pour le leur apprendre ; c'est pourquoi il se déguisa comme il put, sans dire autre chose, sinon qu'il était Gentilhomme. Sur cela les Français les joignirent, criant : *France, France ; tournez, Espagnols, ainsi n'emmènerez-vous pas la fleur de Chevalerie*. Les Espagnols, quoiqu'en grand nombre, furent étourdis de cette saillie Française ; cependant ils se retournèrent en bonne contenance pour la soutenir, mais du premier choc plusieurs des leurs furent renversés; Bayard qui était encore armé, et à qui il ne manquait qu'un cheval capable de le seconder, profita de l'événement; il fut bientôt à terre, et laissant le sien, il sauta sur un beau coursier qui se trouva-là, et dont le maître (Salvador de Borgia, brave soldat, et Lieutenant de la Compagnie du Marquis de la Padule) avait été renversé par l'Ecuyer le Basque. Quand le Chevalier se trouva si bien monté, il redoubla de courage, et fit des prodiges de force, en criant, pour insulter les Espagnols : *France, France; Bayard, Bayard, que vous laissez aller.* Quand ceux-ci l'entendirent se nommer, et qu'ils sentirent les deux fautes qu'ils avaient faites, l'une de ne l'avoir pas désarmé, l'autre de ne pas prendre sa foi, qu'il n'aurait jamais faussée, le cœur leur manqua à tous; ils se dirent entr'eux, retirons-nous, nous ne ferons rien de bon d'aujourd'hui, après ce que nous venons de perdre. En effet, ils tournèrent le dos au grand galop, et les Français se contentèrent de les regarder courir, tant parce que la nuit approchait, que parce qu'ils s'estimaient trop heureux d'avoir tiré de leurs mains *leur vrai guidon d'honneur.* Ils regagnèrent leur camp, où il fut long-temps parlé d'une journée si extraordinaire par les événemens, et en particulier par les exploits de notre Chevalier.

Il est temps de reprendre le fil de l'histoire. On a vu plus haut que l'armée Française qui tenait le Royaume de Naples, avait été forcée de l'abandonner par les perfidies multipliées de Ferdinand, Roi d'Arragon, lequel avait violé tous les traités, et qu'elle avait repassé les monts en assez mauvais état, et après avoir perdu la plus grande partie de ses Chefs. Alexandre VI (*o*) était mort, et Jules II, de la maison de la Rouere, occupait le Saint-Siége, lorsque ce débris d'armée traversa l'État Ecclésiastique; il fit aux Français le meilleur traitement qu'ils pussent espérer; mais c'était une amitié de renard, qu'il fit dans la suite payer bien cher, ayant été toute sa vie ennemi juré du Roi de France et de toute la nation.

(1505.) Après le départ de l'armée Française, l'illustre Capitaine Louis d'Ars et Bayard son ami et son bras droit, demeurèrent dans la Pouille, en dépit de toute l'armée d'Espagne; ils y tenaient plusieurs Places, entr'autres, Venouze, et s'y seraient maintenus long-temps, si le Roi ne leur eût donné ordre absolu de revenir eux et leurs gens, ce qu'ils firent armet en tête, enseignes déployées et la

---

(*o*) Rodrigue Borgia, Espagnol, l'un des plus méchans hommes de son siècle.

lance en arrêt (*p*). Au retour de Bayard à la Cour, le Roi lui donna une place d'Ecuyer de son Ecurie, en attendant qu'il vaquât une compagnie d'Hommes d'Armes de ses Ordonnances.

La même année fut marquée par trois événemens. Le premier fut la mort de Jeanne de France, première femme du Roi, en la ville de Bourges. Le second fut la maladie du Roi, qui fut réduit à la dernière extrémité à Blois. Les Médecins l'abandonnèrent, et ce fut peut-être ce qui lui sauva la vie, avec les vœux et les prières de son peuple, dont il était adoré. Et le troisième fut la mort de Fréderic d'Arragon, Roi de Naples, en la ville de Tours. Il tenait cette Couronne de ses ancêtres, qui l'avaient usurpée, et ceux qui la reprirent sur Louis XII n'y avaient pas plus de droits que Fréderic.

(1506.) L'année suivante fut aussi signalée par deux morts considérables. La première fut celle de l'incomparable Isabelle, Reine de Castille, femme de Ferdinand, Roi d'Arragon, Princesse accomplie, et douée des vertus qui font les grands hommes. La seconde mort fut celle de son gendre, Philippe-le-Beau,

---

(*p*) Champier et Dubellay parlent de ce retour de Louis d'Ars et de Bayard, comme d'une expédition hardie et glorieuse, et qui mérite d'être conservée.

Archiduc d'Autriche, fils de l'Empereur Maximilien I et de Marie, héritière de Bourgogne et des Pays-Bas. Il avait épousé, en 1498, Jeanne, fille aînée d'Isabelle: après la mort de celle-ci, il fut reconnu Roi d'Espagne, conjointement avec sa femme, dont il eut deux fils, Charles, Duc de Luxembourg, qui fut depuis l'Empereur Charles-Quint, et Ferdinand I, qui succéda à son frère après qu'il eut abdiqué la Couronne Impériale. Philippe mourut presque subitement pour avoir bu à la glace en jouant à la paume.

Ferdinand devenu veuf, se remaria la même année avec Germaine de Foix, nièce de Louis XII, et sœur du Duc de Nemours, dont il sera grande mention dans cette histoire. Cette Princesse élevée à la cour de France, tendrement chérie du Roi son oncle, et de la Reine Anne de Bretagne, changea de cœur en changeant de climat, et devint une ennemie jurée de sa Patrie et de la Maison Royale.

Dans le même temps le Roi envoya un corps d'armée en Italie sous les ordres de Charles d'Amboise, Seigneur de Chaumont, neveu du Cardinal, pour aider le Pape Jules II à conquérir Bologne sur les Bentivoglio, ce qui réussit, et cette ville et son territoire furent mis entre les mains du Saint-Père, qui n'attendait plus que ce bienfait pour faire éclater sa haine contre la France. Non-seulement il traversa toute sa vie les Français; mais où il n'était pas assez fort pour leur faire la guerre, il leur suscitait des ennemis, et pour arrêter leurs opérations, il fortifia toutes ses Places qui pouvaient leur servir de passage. Nous en rapporterons des traits remarquables dans la suite.

*Fin du second Livre.*

# HISTOIRE
## DU CHEVALIER
# BAYARD.

*LIVRE TROISIÈME.*

SOMMAIRE.

*Rebellion des Génois. Louis XII les réduit. Exploit de Bayard. Entrevue des Rois de France et d'Espagne à Savonne. Traitemens honorables faits par les deux Rois réciproquement à leurs Officiers. Trivulce donne au Roi une fête superbe. L'Empereur attaque les Vénitiens. Louis les secourt. Ils traitent secrètement avec l'Empereur pour de l'argent. Ligue de Cambrai contre eux. Suite et exécution de ce Traité. Les Vénitiens reprennent Trevi et la brûlent. Le Roi s'en venge sur Rivolta. Bataille d'Agnadel, où les Vénitiens sont dé-*

*faits*, *et leur Général prisonnier. Deux Nobles Vénitiens pendus. La Lombardie est soumise. Padoue est surprise par les Vénitiens. Fureur de l'Empereur à cette nouvelle. Le Roi lui donne du secours. Les Vénitiens prennent Vicence. Etat de l'armée de l'Empereur. Ordonnance du siège de Padoue. Prise de Montselles. Défaite des Vénitiens sur le Pô. Etat de la ville de Padoue. Bayard force quatre barrières. Deux traits de sa hardiesse. Parallèle des barricades forcées par le Prince de Conti en 1744. Disposition du siège de Padoue. Punition d'un traître. L'armée de l'Empereur est harcelée par Luc Malvèze. Bayard va à sa rencontre, et le défait. Autre exploit du même genre. Escarmouche où Bayard défait un parti ennemi. Trait de valeur d'un Français âgé de dix-sept ans. Moyens employés par Bayard pour s'emparer d'un Château. Bravade d'un Officier Vénitien, et sa lâcheté. L'Empereur veut faire donner l'assaut à Padoue. Indécente proposition qu'il fait aux Français : rejetée par l'avis de Bayard qui en fait une autre. Les Impériaux ne la goûtent point. L'assaut est différé. L'Empereur mécontent quitte son armée secrètement. Il mande qu'on lève le siège. Inhumanité des Lansquenets. Les armées se séparent. Embuscade dressée à Bayard, qui y est fait prisonnier, et délivré par les siens. Il fait une belle retraite. Il est repris et délivré. Il taille en pièces plus de cinq cents hommes. Trahison pour le surprendre, découverte. Il pardonne à l'espion, et profite de la découverte; bat les Vénitiens, et met en pièces* 2000 *hommes d'infanterie. Il renvoie l'espion à son Maître, qui le fait pendre. Le Duc de Nemours arrive en Italie. Honneurs qu'il fait à Bayard. Siége et prise de Lignago. Mort et éloge du Cardinal d'Amboise. Arrivée d'un secours d'Espagne. Grotte de Longara; cruel malheur qui y arrive. Rage d'un Officier Allemand contre son parent, qu'il fait massacrer avec tous les siens. Siége et prise de Montselles, où la garnison est égorgée.*

L<small>E</small> premier mauvais service que le Pape rendit au Roi, pour reconnaître ses bienfaits, fut de faire soulever les Génois, par des intelligences et des moyens détestables. La populace animée contre les Nobles, les chassa tous de la Ville, et ensuite élut pour Doge un nommé Paul de Novi, Teinturier de profession. Il y avait huit ans qu'ils étaient soumis au Roi; cependant ils égorgèrent la garnison du Château, contre la capitulation, par laquelle il était dit qu'elle sortirait librement.

Le Roi en fut instruit par Jean-Louis Fiesco (de Fiesque), Comte de Lavagne, d'une des premières Maisons de l'Etat, et par d'autres Nobles affectionnés à la France. Irrité de cette rebellion, dont il sentait les conséquences, il résolut de passer les monts en personne, avec toute la diligence et les forces que la circonstance demandait.

Bayard était alors à Lyon, très-incommodé, tant de la fièvre quarte, qui l'a tenu plus de sept ans, que des suites d'une blessure qu'il avait autrefois reçue, et qui avait pensé lui coûter le bras gauche : c'était un coup de pique dont la plaie avait dégénéré en ulcère, dont cependant il eut le bonheur de guérir avec le temps.

Malgré son indisposition, il se serait cru déshonoré s'il n'ayait suivi le Roi dans cette expédition : dans deux jours ses équipages furent prêts, et sans considérer à quoi il s'exposait, il se mit en marche, et fut encore des premiers dans les gorges des Alpes. L'armée fit une telle diligence qu'elle se trouva tout proche de Gênes, pendant que les habitans la croyaient encore de-là les monts ; en sorte qu'ils n'eurent pas le temps de recevoir les secours que le Pape et quelques autres Princes d'Italie devaient leur envoyer, entr'autres huit mille Bresignels, qu'on estimait les meilleures troupes du pays, et les plus entreprenans.

Néanmoins les Génois se préparèrent à faire une belle défense, et les Français furent bien étonnés de trouver au haut de la dernière montagne, par où il leur fallait passer pour arriver à la Ville, un Fort nouvellement construit, avec une bonne garnison, et beaucoup d'artillerie. Sur cela le Roi tint conseil de guerre, pour savoir ce qu'il y avait à faire. Les avis furent partagés : les uns pensaient que ce Fort pouvait couvrir un corps d'armée considérable, qu'ainsi il était dangereux de s'engager, et que l'on pourrait y perdre bien du monde, et être forcé de reculer; d'autres soutenaient que ces troupes ne pouvaient être que des canailles ramassées, qui fuiraient au premier choc. Le Roi regarda Bayard, et lui demanda ce qu'il en pensait. En vérité, Sire, répondit-il, je serais bien embarrassé d'en juger, mais il n'y a qu'à aller voir ce qu'ils font là-haut; et si Votre Majesté veut m'en charger, avant qu'il soit une heure je lui en rendrai bon compte, si je ne suis pas pris ou tué. Je vous en prie, lui dit le Roi, je ne puis en remettre la commission en meilleures mains. Bayard partit aussitôt avec cent ou cent vingt de ses amis, des principaux de l'armée, dont les noms méritent d'être cités, Chabannes, d'Aubigny, lieutenant-Généraux; Maugiron, François de Crussol, Seigneur de Baudiner; le Vicomte de Rhodès, de la

Maison de Foix; Odet de Foix, Seigneur de Bardassan; André son frère, Seigneur de Lespare; le bâtard de Luppe, et plusieurs autres. Le chevalier leur donna l'exemple de grimper la montagne avec les pieds et les mains, et quand ils furent en haut, la fatigue les força de s'arrêter pour prendre haleine; ensuite ils marchèrent au bastion, dont ils trouvèrent les avenues garnies de fortes avant-gardes, qui leur donnèrent beaucoup d'affaires; cependant les Génois plièrent et s'enfuirent. Les Français voulaient les poursuivre, mais Bayard les arrêta en criant: Ne les suivons pas, camarades, allons droit au Fort, il y a peut-être dedans des gens qui nous mettraient entre deux feux: voyons ce qui en est. L'avis était trop sage pour n'être pas suivi, et l'événement le justifia. Il s'y trouva trois cents hommes, qui firent d'abord bonne contenance, et se défendirent assez bien, mais qui enfin prirent la fuite, et descendirent la montagne précipitamment pour gagner la Ville, laissant beaucoup des leurs sur la place. Ainsi le Fort demeura à Bayard, et sa prise effraya tellement les Génois, que le courage leur manqua d'abord, et qu'ils se soumirent à la clémence du Roi. Louis y fit son entrée, leur fit payer tous les frais de la guerre, fit construire à leurs dépens une forte Citadelle qui commandait la Ville, et qu'il nomma Godefa.

Il fit trancher la tête au nouveau Doge Paul de Novi, et à un Noble de la Maison de Justiniani : il ôta à la Ville tous ses priviléges, leur donna un Gouverneur en son nom, auquel il les obligea de prêter serment, et ordonna qu'à l'avenir la monnaie serait marquée à ses armes avec celles de la Ville ; après quoi il leur donna amnistie du passé.

De Gênes le Roi se rendit à Savone, où il eut une entrevue avec Ferdinand, Roi d'Arragon, qui s'y trouva revenant de Naples avec sa nouvelle femme Germaine de Foix, laquelle, dit un Historien, tenait une *merveilleuse audace*. On a déjà dit qu'en changeant d'air elle avait changé de cœur : elle ne se déguisa point à l'entrevue des deux Rois, et témoigna un mépris insolent à la Noblesse Française, sans en excepter l'illustre Gaston, Duc de Nemours son frère. Son mari, au contraire, fit grand accueil à Louis d'Ars et à Bayard, et alla jusqu'à dire au Roi en leur présence : *Monseigneur mon frère, bien est heureux le Prince qui nourrit deux tels Chevaliers.* Le Roi, de son côté, ne fit pas moins d'amitié au grand Capitaine Gonsalve, l'un des héros de son siècle et de sa nation, et dont les vertus donnèrent une telle jalousie à Ferdinand, qu'il fit exprès le voyage de Naples pour le ramener avec lui, de crainte que de Vice-Roi qu'il était, il ne s'en rendît le

Souverain, ou que la nation même, rendant justice à son mérite, ne le couronnât. Pour récompense de ses services, Ferdinand le relégua dans ses terres, où il lui fit passer une triste vieillesse. Mais après sa mort, ce Prince machiavéliste l'en dédommagea, en faisant rendre à sa mémoire, par toute l'Espagne, les honneurs qui ne s'étaient jamais rendus qu'aux Rois.

Après quelques jours passés en conférences entre Louis et Ferdinand, ils se séparèrent. Celui-ci continua sa route vers l'Espagne, et Louis se rendit dans son Duché de Milan, où Trivulce, depuis peu Maréchal de France, lui donna une fête plus digne de la magnificence d'un Souverain que de celle d'un sujet : il avait rassemblé six à sept cents personnes du premier rang des deux sexes, et pendant trois jours les plaisirs furent variés, en festins, bals, comédies et tout ce qui peut s'imaginer ; ensuite de quoi le Roi partit et se rendit dans ses Etats.

(1508.) L'année suivante, l'Empereur Maximilien entra en armes sur les terres des Vénitiens, alliés de Louis, à qui ils demandèrent du secours par la voix d'Antoine Gondelmar, leur Ambassadeur. Louis le leur accorda, et donna ordre au même Trivulce de leur mener promptement six mille hommes de pied, et six cents chevaux. Cette armée se rendit en diligence dans une petite place nommée la *Pedra-di-qua*, où était déjà celle de l'Empereur, prête à passer outre sans l'arrivée de Trivulce, qui l'arrêta et l'empêcha de faire aucuns progrès. Les Vénitiens eurent recours à la négociation, et sachant que la plus grande maladie de l'Empereur était une grande disette d'argent, ils traitèrent secrètement avec lui, et moyennant une bonne somme qu'il reçut d'eux, il se retira avec son armée. Trivulce, à l'insçu duquel le traité fut fait, en fut piqué, et dit au Provéditeur de la République (*a*), que le Roi son Maître ne serait pas content d'un pareil procédé ; et de fait, quoique la chose restât quelque temps dans le silence, le Roi en tira vengeance peu après.

L'orgueil de cette République étoit alors monté à un excès qui méritait d'être réprimé. Elle s'égalait aux Têtes couronnées, et semblait même les braver. Louis XII, par le ministère du Cardinal d'Amboise, et Maximilien, par celui de Marguerite d'Autriche, Gouvernante des Pays-Bas, formèrent à Cambrai une ligue, où entrèrent le Pape et le Roi d'Espagne, pour mettre la dernière main à un traité qui établit pour une bonne-fois les intérêts

―――――――――――――――――――

(*a*) C'est une dignité au-dessous de celle des Procurateurs ; elle revient à-peu-près à celle de nos Intendans d'armée ou de Provinces.

et les droits des uns et des autres (*b*). Le Seigneur de Chaumont, neveu du Cardinal, y assista aussi de la part du Roi, avec les Ambassadeurs des autres Puissances. Les affaires qui les avaient assemblés étant terminées, il fut fait entre ces quatre Princes un traité d'alliance, offensive et défensive, pour renverser sans ressource la République de Venise. Il était dit que Louis passerait les monts en personne, immédiatement après Pâques de l'année suivante, et se trouverait sur les terres de Venise quarante jours avant qu'aucun des autres se mît en campagne. Il est difficile de concevoir une clause si bizarre, et de comprendre comment elle put être accordée par les Ministres Français : il ne semble pas qu'elle ait pu avoir d'autre objet que de mettre l'armée de France à la bonne ou mauvaise aventure ; de profiter de la bonne, si le Roi avait eu l'avantage, ou de tomber sur lui-même, s'il eût eu du dessous. Quoi qu'il en soit, Louis eut tout le succès et l'honneur de l'affaire, mais ses alliés partagèrent avec lui le profit. Cet événement mérite d'autant mieux sa place ici, que le Chevalier y eut grande part.

Dès la fin de l'année, c'est-à-dire, au mois de Mars 1508, le Roi fit passer dans

---

(*b*) L'Histoire de la Ligue de Cambrai a été donnée au Public par l'Abbé Dubos. *Paris*, 1728. Elle mérite d'être lue.

le Duché de Milan sa Gendarmerie et sa Cavalerie légère ( autrement aventuriers, qui faisaient un corps de quinze mille hommes). Il en donna le commandement à de grands Capitaines, tels que Molart, d'Aubigny, la Cropte-Daillon, le Comte de Roussillon, Bâtard de Bourbon : Odet d'Aydie (c), Georges de Durfort (d), et plusieurs autres, qui tous y menèrent des Compagnies de gens d'élite. Le Roi manda notre Chevalier, et lui dit : Bayard, vous savez que je vais repasser les monts pour avoir raison des Vénitiens, et reprendre quelques Places qui m'appartiennent, et qu'ils occupent sans aucun droit, comme Crémone, Ghiera d'Adda, et quelques autres. On m'a annoncé la mort du Capitaine Châtelart, que je regrette beaucoup : je vous donne sa Compagnie, mais je vous en donne encore une de gens de pied, que je veux que vous commandiez ; et votre Lieutenant, le Capitaine Pierrepont (e),

---

(c) On le nommait simplement le Capitaine Odet. Il était de la Maison de Riberac, en Saintonge.

(d) C'était le frère cadet du Seigneur de Duras, lequel était l'aîné de toute cette illustre et ancienne Maison en Gascogne, aujourd'hui très-nombreuse.

(e) Son nom était Pierre du Pont-Dali, Gentilhomme Savoyard, fils de Marie Terrail, sœur de Bayard, et il fut un excellent Officier. On le verra par-tout avec son oncle, qu'il suivit dans toutes ses expéditions, d'abord en qualité de son Porte-Enseigne, ensuite de son Lieutenant dans la Compagnie de cent Hommes d'Armes du Duc de Lorraine, que Bayard commandait, puis dans

en qui j'ai toute confiance, commandera vos Hommes d'Armes. Sire, répondit Bayard, je n'ai qu'à obéir ; mais combien Votre Majesté veut-elle me donner de gens de pied ? Mille hommes, dit le Roi, personne n'en a davantage. A cela Bayard répliqua : Je vous supplie, Sire, que je n'en commande que cinq cents, un plus grand nombre serait au-dessus de mes forces ; mais je vous promets de les choisir si bien qu'ils vous rendront bon service, et je crois la charge assez forte quand un Capitaine veut faire son devoir. Le Roi s'y accorda, et lui dit de se rendre promptement en Dauphiné, pour être à la fin de Mars à Milan. Tous les autres Capitaines eurent le même ordre, et s'y trouvèrent rassemblés au commencement d'Avril.

(1509.) L'armée du Roi n'était au plus que de trente mille hommes, y compris six mille Suisses et deux mille chevaux. Déjà les Vénitiens avaient reçu la déclaration de guerre par le Héraut d'Armes Mont-Joye-Saint-Denis ; et sachant l'état des troupes Françaises, ils levèrent une

---

les deux Compagnies d'Hommes d'Armes d'ordonnance de son oncle, l'une de cinquante hommes, que Louis XII lui donna, l'autre de cent qu'il eut peu de temps avant sa mort, de François I. Pierrepont, après la mort de Bayard, reçut du Roi un Office d'Ecuyer de son Ecurie, et mourut peu après à la bataille de Pavie, près de la personne de François I, et en le défendant.

belle armée de trente mille hommes de pied, et de deux mille chevaux, dont ils donnèrent le commandement à Nicolas des Ursins, Comte de Pétiliane; et firent Général de leur infanterie Barthelemi d'Alviane, lequel en son particulier avait bon nombre de Bresignels des plus hardis, portant ses couleurs de blanc et rouge.

Le Roi arrivé à Milan, apprit qu'une petite Place sur l'Adda, nommée Trévi, prise dès l'arrivée de ses troupes par le Grand-Maître de Chaumont, secondé par Molart, la Cropte, Richemont et Bayard, avait été reprise par les Vénitiens, et qu'après l'avoir brûlée, pour la punir de s'être rendue à eux, ils avaient fait prisonnier de guerre le Capitaine Fontrailles qui y commandait, avec sa garnison composée de Gendarmes, et les Officiers qui s'y trouvèrent, entr'autres le Capitaine de la Porte, le Seigneur d'Estançon, deux Capitaines de gens de pied, Antoine d'Arces, Dauphinois, dit le Chevalier Blanc, et le Capitaine Imbault (*fg*). Le Roi irrité de cette barbarie, marcha droit à Cassano, et fit construire deux ponts sur l'Adda; la cavalerie défila par l'un, et l'infanterie par l'autre, et lui-même armé de toutes pièces les vit passer. Dès le lendemain il surprit une petite Ville nommée

---

(*fg*) Voyez à la fin du Livre, Note troisième.

Rivalta, et la fit saccager. A deux jours de-là (le 14 de Mai), les armées Française et Vénitiennes se rencontrèrent près d'un Village nommé Agnadel, qui touchait à un autre qui se nommait Pandin. La République avait expressément défendu à ses Généraux de livrer bataille, mais de se contenter de garder leurs Places et Forteresses, pour gagner du temps et fatiguer les troupes Françaises. Cependant d'Alviane, plus hardi ou plus téméraire que le Comte de Pétiliane, s'imagina que quelque succès qu'il eût, c'était toujours assez d'honneur pour lui d'avoir combattu une armée Française commandée par son Roi en personne. Il engagea l'action le premier, avec grand carnage de part et d'autre. Les Vénitiens firent d'abord des merveilles; mais d'Alviane voyant l'arrière-garde Française, où était Bayard, qui venait à travers les marais, ayant de l'eau jusqu'à la ceinture, et qui s'avançait à grands pas pour le prendre en flanc, la frayeur s'empara de lui et de toute son infanterie; aussitôt l'armée entière fut rompue et défaite, ses Bresignels demeurèrent tous sur la place, et lui-même blessé de plusieurs coups, fut forcé de se rendre au Seigneur de Vandenesse (*h*).

---

(*h*) Jean de Chabannes, frère cadet de la Palice. Il fut tué dans la même occasion que Bayard, et regretté comme un Officier d'un rare mérite.

Le Comte de Pétiliane voyant la défaite de l'infanterie, se retira avec sa cavalerie, peut-être plutôt qu'il n'aurait dû. Il ne fut pas poursuivi ; les Français acharnés sur les gens de pied n'en tinrent aucun compte. Cette victoire fut complète pour les Français, à qui elle coûta très-peu, au lieu que du côté des ennemis le nombre des morts passa quinze mille. D'Alviane fut conduit au logis du Roi, qui, pour éprouver si ses troupes se tenaient en état en cas d'alerte, fit donner, après son dîner, une fausse alarme ; et quelqu'un ayant demandé à d'Alviane ce que ce pouvait être : Il faut, répondit-il, que vos gens veuillent se battre ensemble, car pour les nôtres, je vous promets sur ma vie qu'ils n'y reviendront de long-temps.

Le Roi passa deux jours sur le champ de bataille, pendant lesquels un mauvais château, nommé Cavatas, se fit battre à coups de canon, et fut emporté en deux heures ; il ne s'y trouva que quelques Paysans qui furent d'abord accrochés aux crénaux. Cet exemple intimida tellement les autres, que ni Places, ni Châteaux ne résistèrent plus, excepté celui de Peschiera, dont la garnison fut rigoureusement traitée. Il s'y trouva entr'autres un Provéditeur de la Seigneurie et son fils, qui offrirent une grosse rançon ; mais leurs offres et leur dignité ne leur servirent de rien, et ne les garantirent pas d'être pendus au premier arbre. Ils s'étaient rendus à un Gentilhomme nommé le Lorrain, Officier distingué, qui avait leur parole, et leur avait donné la sienne. Il eut à leur sujet de très-grosses paroles avec le Général (le Grand-Maître); mais pour cela il ne put leur sauver la vie.

Le Roi se logea dans Peschiera, après avoir soumis toutes les Places qu'il avait projeté de conquérir, Crémone, Crème, Bressia, Bergame, et un très-grand nombre d'autres, qui furent réduites en cinq ou six jours, excepté le Château de Crémone, qui l'arrêta un peu, mais qui se rendit comme les autres. Les Villes de Vérone, Vicence et Padoue lui présentèrent leurs clefs : il les remit à l'Empereur qui les réclamait. Il eut encore la bonté de faire la part du Pape, malgré l'expérience qu'il avait de son ingratitude : il lui rendit Ravenne, Forli, Imola et Faënza en Lombardie, Brindes et Otrante dans le Royaume de Naples. Il n'eut pas grand profit de sa générosité : l'Empereur reperdit bientôt ses Places, et le Pape n'en devint que plus dangereux ennemi, comme on le verra dans peu.

Ce qui resta de l'armée Vénitienne s'enfuit jusqu'au Trévisan et au Frioul, sans s'arrêter, croyant avoir toujours les Français à sa suite, ce qui n'était pas, de quoi l'Empereur n'eût pas lieu d'être satisfait.

Ce Prince avait promis au Roi de se rendre à Peschiera, pour conférer avec lui. Il était convenu entr'eux qu'il viendrait sur un bâtiment par le lac qui mouille cette Place d'un côté, et qu'il aurait telle escorte que bon lui semblerait. Le Roi envoya au-devant de lui, jusqu'à Rouvray, le Cardinal d'Amboise, pour le recevoir et l'accompagner ; mais ce Ministre ne put jamais le résoudre à venir. Le Cardinal revint auprès du Roi, et avec lui l'Evêque de Gurtz (*i*), avec qualité d'Ambassadeur de l'Empereur, pour complimenter le Roi, et lui donner des raisons telles quelles, de ce que son Maître n'était pas venu selon sa parole : peu après le Roi s'en retourna à Milan au commencement de Juillet.

Dans ces circonstances, la Ville de Padoue, qui venait d'être rendue à l'Empereur, retomba par sa faute dans les mains des Vénitiens. Il n'y avait mis pour garnison que huit cents Lansquenets, ce qui était trop peu de chose pour une Place qui avait alors six milles de tour. Elle fut surprise par l'adresse de deux Nobles Vénitiens, André Gritti, et Luc Malveze, qui avaient toujours entretenu des intelligences dans la Place, où la domination Vénitienne était chère, à cause de l'exacte

---

(*i*) Raimont Béraut, Cardinal, Evêque de Gurtz (aujourd'hui Goritz), né à Surgeres en Saintonge, d'une famille obscure.

justice que la Seigneurie rend à ses Sujets.

Ces deux Nobles, dans le commencement de Juillet, qui est en Italie la saison des seconds foins, s'embusquèrent à un trait d'arbalète de la Ville, dans un lieu rempli d'arbres épais qui bouchaient entièrement la vue, et y cachèrent sans peine quatre cents hommes d'armes et deux mille fantassins. Or, les environs de Padoue sont très-abondans en foins, et les voitures pour le transport tellement larges, qu'elles remplissent les portes de la Ville. Ils dressèrent sur cela leur projet, et dès le point du jour, les quatre premières charrettes étant entrées, ils firent suivre la cinquième par six Cavaliers, ayant chacun un fantassin en croupe, armé d'arquebuse, et parmi eux un Trompette pour sonner l'alarme, quand le moment en serait venu.

D'un autre côté, les Lansquenets qui composaient la garnison de la Ville, étaient fort vigilans; ils ne tenaient que deux portes ouvertes, et toujours à chacune trente hommes de garde. La Seigneurie avait, comme nous l'avons dit, plusieurs intelligences dans la Ville, entr'autres un Gentilhomme, nommé Geraldo Magurin, qui avait le secret, et devait au premier son de trompette paraître en armes avec ceux du parti. La cinquième charrette étant donc entrée à la suite des quatre autres, les six hommes d'armes qui la suivaient de près, se mirent à crier : *Marco*, *Marco* ; les fantassins qu'ils avaient en croupe mirent pied à terre, et firent feu si adroitement et de si près, qu'ils tuèrent chacun leur homme : la trompette sonna, et le gros des Vénitiens fondit tout-à-coup en faisant des cris terribles de *Marco*, *Marco*, *Italia*, *Italia*. Ils furent secondés par Magurin, qui avait pratiqué assez de monde, pour que dans un instant il sortît des maisons plus de deux mille habitans armés de piques et de javelines. Les Lansquenets bien étonnés de la première décharge, se mirent promptement en défense, et sonnèrent l'alarme ; mais quand ils virent la révolte générale, et qu'il fallait périr, ils se rendirent sur la Place, et se formèrent en bataillon carré, résolus à se battre vigoureusement, et vendre leurs vies bien chères. A peine y furent-ils, qu'ils se virent attaqués de deux ou trois côtés à la fois : jamais on ne vit une si belle défense ; ils soutinrent deux heures sans se rompre ; à la fin le grand nombre l'emporta, ils furent rompus et défaits, sans qu'il fût fait quartier à un seul. Mais en revanche ils firent bien payer leur défaite aux vainqueurs, ils en mirent plus de quinze cents sur la place, tant des habitans que des assaillans, et ainsi la Ville retourna à la Seigneurie, et le Comte de Pétiliane y étant entré, la répara et la fit fortifier en diligence, connaissant de quelle conséquence elle était pour ses Maîtres.

Quand l'Empereur apprit la révolte de Padoue, et le massacre de sa garnison, il entra dans une fureur difficile à exprimer; il jura de s'en venger, et d'aller en personne la punir. Louis ne fut pas moins sensible à cet événement, dont il accusait la négligence de l'Empereur, et la foiblesse d'une garnison de huit cents hommes dans une si grande Place. Cependant Maximilien lui demanda cinq cents Hommes d'Armes pendant trois mois pour réduire les Vénitiens; il les accorda, et chargea le brave Chabannes de choisir ce nombre parmi les plus vaillans, gens sur qui il pût compter, et de les mener à l'Empereur. Chabannes qui ne respirait que la guerre, et n'en souhaitait que les occasions, fut bientôt prêt à partir; et comme il sortait des portes du Château de Milan, il rencontra Bayard, à qui il dit : *Mon compagnon, mon ami, voulez-vous pas que que nous soyons de compagnie ?* Bayard, qui n'en demandait pas d'autre, accepta d'abord la partie, et se joignit à la troupe : on a peu vu d'expéditions qui aient attiré tant d'hommes du premier ordre par leur naissance et leur valeur. Tels furent le Baron de Béarn, qui y mena une partie de la Compagnie du Duc de Nemours;

le Baron de Conty (*k*), Capitaine de cent Hommes d'Armes; Théodore Trivulce (*l*), Jules de Saint-Séverin, Humbercourt (*m*), la Clayette, la Cropte Daillon, Lieutenant du Marquis de Mont-Ferrat; Bayard et autres. Avec eux partirent encore plus de deux cents Gentishommes volontaires, parmi lesquels étaient Bussy d'Amboise, cousin du Grand-Maître; le Seigneur de Bonnet, Breton; et de Mipont, Bourguignon, intimes amis de Bayard, et braves comme lui. Chabannes ayant rassemblé toute sa troupe, qui doublait et au-delà le secours que l'Empereur avait demandé, marcha droit à Peschiera, et le Roi prit la route de son Royaume, laissant son Duché de Milan et les Places conquises en toute sureté.

Dès que les Vénitiens se furent emparé de Padoue, ils se présentèrent devant

---

(*k*) Fréderic de Mailly. Il laissa une fille unique, Magdelaine de Mailly, Dame de Conty, qui épousa Charles de Roye, Comte de Roucy; et ne laissa pareillement qu'une fille, Eléonore, Dame de Conty, mariée à Charles de Bourbon, Duc de Vendôme, dont elle eut Louis, premier Prince de Condé, cousin germain de Henry IV.

(*l*) Il était neveu du Maréchal; il fut aussi Maréchal de France, et mourut en 1531, à Lyon, dont il était Gouverneur.

(*m*) Officier distingué, et d'une très-grande Maison de la Comté de Bourgogne. Il était petit-fils de Guy de Humbercourt, qui, commandant en chef les troupes du Duc de Bourgogne, prit et brûla la ville de Liège en 1467.

Vicence, qui n'étant pas une Place fortifiée, se rendit d'abord. De-là ils voulurent aller de même s'emparer de Vérone, et s'ils l'eussent prise, le secours des Français aurait été inutile, parce que la Place est bonne, et qu'elle est traversée par une rivière fort rapide (*n*). Chabannes en ayant eu avis, partit deux heures avant le jour; il fut le premier aux portes de Vérone, et s'en rendit maître, autrement il ne l'aurait pu avoir qu'avec de grosse artillerie. Les Vénitiens prévenus et effrayés retournèrent promptement d'où ils venaient. A cette expédition, Bayard conduisait les avant-coureurs, au nombre seulement de trente Hommes d'Armes, mais c'étaient tous gens capables et dignes de commander chacun une Compagnie de cent hommes.

Ce fut à la tête de cette brillante troupe que Chabannes entra dans Vérone, où il fut reçu avec de grandes démonstrations de joie par l'Evêque de Trente pour l'Empereur. Il y séjourna deux jours, pendant lesquels les habitans, revenus de leur frayeur, lui donnèrent, et à tous les Français, tous les plaisirs qui étaient en leur pouvoir, comme festins, bals et autres; après quoi la troupe prit le chemin de Vicence, où elle n'eut pas grande peine

---

(*n*) L'Adige; cette rivière n'est d'une grande rapidité que dans le temps de la fonte des neiges.

à entrer, les gens de la Seigneurie ayant pris la fuite dès qu'ils surent la marche des Français. On demeura cinq ou six jours dans Vicence à attendre des nouvelles de l'Empereur, qui, disait-on, était déjà en campagne. Cependant il n'arriva qu'au commencement d'Août, avec tous ses équipages, au Château de Bassano, au pied d'une montagne que son train mit huit jours à passer, quoique ce fût peu de chose. Dans cet intervalle, le camp Français reçut un renfort de quelque cavalerie Bourguignone, et un autre de six mille Lansquenets, conduit par le Prince Rodolphe d'Anhalt ; moyennant ces deux renforts, et les troupes de l'Empereur, l'armée se trouva une des plus belles que l'on eût vues depuis un siècle. L'Empereur arriva au camp près de la ville d'Est. Il fit grand accueil à Chabannes et à tous les Seigneurs et Officiers Français.

S'il s'était fait attendre long-temps, sa présence et ses forces réparèrent bien le temps perdu ; il avait amené cent six pièces de canons sur leurs affûts, et six mortiers, tellement pesans qu'on ne pouvait les monter, et que pour les tirer il fallait les mettre à terre, et les soulever plus ou moins pardevant avec des madriers pour diriger leur portée, et les arrêter solidement en arrière pour les empêcher de reculer ; on ne les chargeait que de pierres, parce que des bombes à leur mesure auraient été trop pesantes, encore ne les tirait-on que quatre fois par jour.

Il avait avec lui près de cent vingt Princes, Ducs, Comtes ou Seigneurs des premières Maisons d'Allemagne, environ douze mille chevaux, et cinq à six cents Lances de Bourgogne et du Hainaut, et un nombre prodigieux de Lansquenets et de gens de pied, c'est-à-dire, près de cinquante mille. Le Cardinal de Ferrare (o) vint joindre l'Empereur au nom de son frère le Duc Alphonse I.er, et amena cinq cents chevaux, trois mille fantassins et douze pièces d'artillerie ; et le Cardinal de Mantoue amena à-peu-près les mêmes forces : en sorte que l'on estimait que, compris les Français, l'armée était de cent mille combattans. Mais le service de l'artillerie avait été mal entendu ; la plus grande partie avait été amenée par charrois, encore en si petit nombre, que l'on en voiturait une partie, et on retournait chercher l'autre : et il fallait que les troupes perdissent leur temps à garder tant celle qui était transportée que celle qui roulait, et celle qui restait attendait son tour. Ce fut pour ces troupes un très-grand inconvénient, outre qu'elles étaient très-fatiguées des longues traites que leur Maître leur faisait faire depuis le point

---

(o) Hyppolite d'Est, fils d'Hercule I, et frère du Prince régnant.

du jour jusqu'à deux et trois heures après midi, *ce qui n'était pas*, dit l'Historien, *vu la saison, pour rafraîchir le Gendarme sous l'armet.*

Le premier campement de l'Empereur fut à huit milles de Padoue, proche le Palais de la Reine de Chypre. (*p*). Il y arriva encore un autre renfort de mille ou douze cents Aventuriers Français, tous gens d'élite et d'escarmouche, sous la conduite de Jacques d'Alègre, Seigneur de Millaut, bien digne de les commander. Ce fut dans ce camp que l'Empereur proposa le siége de Padoue, et tint un Conseil de guerre pour en régler les opérations. Il y fut décidé que les Gendarmes Français avec les Lansquenets du Prince d'Anhalt, comme la plus belle troupe Allemande de l'armée, feraient la pointe; mais qu'avant tout il fallait s'emparer de Montselles, petite Place sur le chemin de Padoue, avec un fort Château, dont la garnison Vénitienne aurait pu incommoder la marche des troupes, et encore plus les convois de vivres et de munitions.

Le lendemain matin l'armée délogea, et vint à demi-mille de Montselles, qui se rendit d'abord, n'étant d'aucune défense; mais le Château qui était bon et capable de tenir fort long-temps, inquiétait les Généraux; cependant, par la lâcheté

---

(*p*) *Voyez à la fin du Livre*, Note quatrième,

de ceux qui étaient dedans, on en fut bientôt maître. On commença à le battre, et à peine y eut-on fait une fort petite brèche, que l'on sonna l'alarme pour aller à l'assaut. Il y avait un bon jet d'arc à monter ; mais les Aventuriers Français du Capitaine d'Alègre y furent dans un moment, et semblaient voler. La garnison qui n'étaient composée que de canailles, fit quelque résistance, mais dans un quart d'heure la Place fut emportée, et ils furent tous mis en pièces. Les Aventuriers y firent beaucoup de butin, entr'autres, cent cinquante chevaux de prix. La Ville et le Château furent remis au Duc de Ferrare qui les réclamait, mais à la charge d'un prêt d'argent à l'Empereur de trente mille ducats. Le Cardinal d'Est en prit possession pour son frère, et y mit bonne garnison ; pendant que le Duc, d'un autre côté, faisait la guerre aux Vénitiens, à qui la même année il défit une espèce d'armée navale ( si ce nom peut se donner à une affaire passée sur le Pô ), et ne leur fit guère moins de mal, que le Roi leur en avait fait à la bataille d'Agnadel : Voici le fait. Les Vénitiens, pour saccager la Polésine de Rovigo, qui fait partie du Ferrarois, avaient mis sur le Pô une quinzaine de galères, chargées de trois à quatre mille hommes, et firent descendre cette flotte depuis Chiosa jusqu'à Francolino. Le Duc, de son côté, avait fait construire sur les deux bords du fleuve, et vis-à-vis l'un de l'autre, deux bons Forts, le premier à la Tour de Loiselin, et le second au lieu nommé *Ilpopos*, et les avait garnis de quatre mille hommes de ses meilleures troupes; il avait encore au même lieu quatre bonnes galères bien armées et bien équipées; en cet état il sut que ses ennemis étaient débarqués; il alla les attaquer, et les défit si complètement qu'il n'en échappa pas un seul homme. Tout de suite avec ses quatre galères et d'autres fortes barques, il attaqua les galères ennemies qui étaient dénuées de troupes, il en coula deux à fond, et en prit six avec tout leur équipage, trente pièces de canon de fonte, et quantité d'armes et de munitions.

Cette journée fut bien chère pour les Vénitiens, et coûta peu au vainqueur, si ce n'est la perte du Comte Ludovic Pic de la Mirandole, tué d'un coup d'arquebuse. Reprenons le fil de notre histoire.

L'Empereur, que nous avons laissé dans son camp devant Montselles, n'eut pas plutôt rendu cette Place à son vrai Souverain, qu'il marcha droit à Padoue, et s'en approcha à un mille. Ce n'était pas une petite entreprise que de l'avoir par un siége: la Place était bonne et bien fortifiée, et outre cela défendue par un habile homme (le Comte de Pétiliane), qui avait avec lui mille Hommes d'Armes, douze mille de pied, et deux cents pièces de canon.

L'Empereur, campé à un mille des murs, tint Conseil de guerre pour délibérer de quel côté il formerait le siége, et y appela ceux d'entre les Français qu'il honorait de son estime et de sa confiance. Le résultat fut que le quartier de l'Empereur serait vers la porte qui va à Vicence, et qu'il aurait les Français avec lui ; que le Cardinal de Ferrare serait à une autre porte plus haut avec les Gendarmes de Bourgogne et de Hainaut, et dix mille Lansquenets ; qu'à une autre porte, au-dessous du quartier de l'Empereur, serait le Cardinal de Mantoue et Jean son frère, avec les Lansquenets du Prince d'Anhalt, afin qu'en cas de besoin, ces divisions fussent secourues par le gros de l'armée. Les opérations ainsi réglées, il n'y eut plus qu'à marcher.

Bayard, à qui on réservait toujours les bonnes occasions, ou plutôt les plus périlleuses, fut chargé de faire les premières approches, où il fut accompagné du jeune Bussy d'Amboise, de la Cropte Daillon, de la Clayette, etc. Or, il y avait un grand chemin tiré au cordeau, allant droit à la porte de Vicence, sur lequel, de deux cents en deux cents pas, on avait construit quatre fortes barrières, garnies d'hommes et d'armes à feu, et de chaque côté ce grand chemin était bordé de fossés larges et profonds, suivant l'usage d'Italie ; en sorte qu'on ne pouvait les attaquer que par devant. Les murailles de la Ville étaient garnies d'une nombreuse artillerie qui dominait sur ce chemin, et qui, par-dessus les barrières, et sans incommoder ceux qui les gardaient, pleuvait sur les Français comme la grêle. Cependant Bayard et ses compagnons attaquèrent la première barrière, qui fut vivement défendue ; néanmoins à travers les arquebusades, ils la forcèrent, et chassèrent les ennemis jusqu'à la seconde. Si l'affaire avait été chaude à la première barrière, elle le fut bien autrement à celle-ci : le jeune Bussy y eut le bras percé d'un coup de feu, et son cheval fut tué sous lui ; mais pour cela il ne quitta pas la partie, au contraire, il n'en devint que plus furieux. Il vint à leur secours à cette seconde attaque le Capitaine d'Alègre, avec cent vingt de ses Aventuriers de son choix, qui étaient plutôt des lions que des hommes. Ces opérations se faisaient à midi, ainsi il était aisé de voir qui faisait bien son devoir et qui le faisait mal.

Après une demi-heure de combat, la seconde barrière fut forcée et prise, et les ennemis chassés et poursuivis de si près, qu'ils n'eurent pas le temps de se loger à la troisième, et que même ils furent heureux de gagner la quatrième. Celle-ci était à un jet de pierre des remparts de la Ville, et gardée par mille ou douze cents hommes, avec trois ou quatre fauconneaux, qui faisaient un feu terrible

sur le grand chemin, mais qui ne firent (chose incroyable) que tuer deux chevaux. Les fuyards réunis à cette barrière avec ceux qui la gardaient, reprirent courage à l'abri des murs de la Place, et l'attaque ayant duré une heure au milieu des coups de piques et d'arquebuses, Bayard s'ennuya d'une si longue résistance, et cria aux siens : Compagnons, ceci dure trop, mettons pied à terre, et forçons la barrière ; ce qu'ils firent au nombre de trente ou quarante, et la visière levée et la lance basse, donnèrent dans la garde Vénitienne. Auprès de lui combattaient le Prince d'Anhalt, Jean le Picard, et le Capitaine Maulevrier, qui firent rage. Mais Bayard voyant que les ennemis se relevaient de moment à autre, et qu'il avait continuellement affaire à des gens frais, s'écria une seconde fois : Compagnons, ils nous tiendront ici tant qu'ils voudront, donnons-leur l'assaut, et que chacun fasse comme moi, et sonne Trompette ; ce qui fut fait avec une force et une fureur de lion de sa part. Ses compagnons le secondèrent si bien, que les ennemis reculèrent de la longueur d'une pique : alors Bayard, sans balancer, franchit la barrière, en criant encore : Amis, ils sont à nous, avançons. Les mêmes qui avaient mis pied à terre, sautèrent après lui et trouvèrent à qui parler. Ceux qui étaient restés à cheval voyant le danger où leurs
camarades

camarades s'étaient mis, les imitèrent, en criant : *France, France ; Empire, Empire.* Alors la charge redoubla, et fut telle, que les ennemis quittèrent la place, et s'enfuirent en désordre dans la Ville. Ainsi les quatre barrières furent emportées en plein midi, à la grande gloire des Français, et sur-tout de notre Héros, à qui tous unanimement en donnèrent l'honneur (*q*).

( *q* ) Ce trait m'en rappelle un autre de nos jours, qui peut lui être mis en parallèle, et je me fais un devoir d'en orner mon Ouvrage, avec d'autant plus de plaisir, qu'il mérite d'être conservé à la postérité. Je parle du passage des Barricades par le Prince de Conti, le 19 Juillet 1744, où je me suis trouvé.

La Provence est separée du Piémont par de hautes montagnes : dans une gorge, entre deux roches en pic à perte de vue, distantes par le pied de vingt-cinq à trente toises, étaient trois digues de terre, peu éloignées l'une de l'autre, larges de douze pieds et de pareille hauteur, renforcées par de gros pilotis et de grosses pierres, et liées ensemble par un pont fort étroit sur un courant d'eau, et sur chaque digue une forte grille de fer pour fermer le pont. On convenait que cinq cents Français auraient arrêté là, et détruit une armée de cinquante mille hommes. Le Prince fit une manœuvre digne de lui : il commença par une fausse attaque en devant, pendant que deux détachemens pénétraient par des gorges, l'un à droite, l'autre à gauche, pour aller prendre les Piémontais à dos, et les mettre entre trois feux. La garnison, instruite par des montagnards de la marche de ces deux détachemens, ne les attendit pas, et se retira précipitamment à Démont. Ainsi ce passage, qui naturellement aurait pu coûter cinq ou six mille hommes, se fit librement par un trait de sagesse digne d'Annibal, et ne coûta pas une goutte de sang.

G

Cette expédition faite, l'artillerie fut aussitôt amenée sur le bord du fossé, et les quartiers distribués de façon qu'ils formaient trois camps, comme il avait été déterminé. L'armée et les suites de l'armée étaient si nombreuses, qu'elles couvraient une étendue de plus de quatre milles, dans un pays si abondant en vivres, blés, viandes, fourrages, vins et avoine, et tout le nécessaire pour les hommes et pour les chevaux, qu'à la levée du siége, qui dura environ deux mois et demi, il en fut brûlé pour cent mille ducats, qu'on ne put emporter.

Dès le lendemain de la prise des barrières, l'artillerie commença à jouer, et à faire un feu continuel, si terrible, qu'il fut tiré des trois camps, en huit jours, plus de vingt mille coups de canon, et la Ville les leur rendit avec usure. Il fut fait trois brèches, dont bientôt on n'en fit qu'une, qui était de quatre à cinq cents pas, et par conséquent plus que suffisante pour donner l'assaut.

Pendant le service de l'artillerie, il fut surpris un Canonnier de l'Empereur, qui, au lieu de tirer contre la Place, tirait sur le camp même. Son procès fut bientôt fait : on le mit sur un mortier en guise de bombe, et on l'envoya en pièces dans la Ville. On accusa de cette trahison un des Généraux de l'Empereur, son favori, qui le gouvernait absolument, et qui lui fit faire de très-grandes fautes ; il se nommait le Seigneur Constantin (r), Grec de nation. On le soupçonna d'avoir corrompu ce Canonnier, et même d'avoir des intelligences dans la Ville avec le Comte de Pétiliane, à qui il rendait compte de tout, l'instruisant chaque jour de ce qu'il avait à faire pour sa défense. Chabannes le lui reprocha publiquement, le traita de traître et de lâche, et l'appela au combat ; mais l'autre refusa l'appel, et se défendit en homme que sa conscience trahissait ; et l'Empereur, pour en prévenir les suites, les réconcilia.

Le Comte de Pétiliane, instruit ou non, avait si bien fortifié sa Place, que cinq cent mille hommes ne l'auraient pas emportée. Il avait fait derrière la brèche un fossé à fonds de cuve de vingt pieds de profondeur, et d'autant de largeur, où il avait mis plusieurs couches de fagots et de vieux bois tout couverts de poudre à canon, et de cent en cent pas il avait pratiqué un boulevart chargé d'artillerie qui commandait sur la longueur du fossé. Au-delà de cette insurmontable tranchée était une belle esplanade, où l'armée Vénitienne, tant cavalerie qu'infanterie, pouvait se ranger en bataille, au nombre de vingt mille hommes, et derrière cette esplanade, il avait élevé des plate-formes,

---

(r) Il était oncle de la Marquise de Montferrat, fille du Roi de Servie.

garnies de vingt pièces de canon chacune, pointées sur la brèche par-dessus la tête de sa garnison.

Quand il tombait dans les mains du Comte de Pétiliane quelques Officiers Français faits prisonniers aux escarmouches, qui se rachetaient par rançon, il ne faisait nulle difficulté de leur faire voir ses retranchemens, pour qu'ils en rendissent compte à leurs Généraux, sur-tout à Chabannes, et qu'ils les instruisissent du danger certain qu'il y aurait pour eux de hasarder l'assaut : car, leur disait-il en les congédiant, j'espère que la République rentrera tôt ou tard dans les bonnes grâces du Roi de France; et sans la considération que j'ai pour votre Nation, et pour ceux qui sont avec l'Empereur, je vous assure que dans demain je lui ferais lever le siége honteusement. Tout cela fut rapporté aux Généraux Français; mais le Roi les ayant donnés à l'Empereur pour auxiliaires, ils ne voulurent rien prendre sur eux.

Cependant l'Empereur se détermina à donner l'assaut; mais avant que de raconter ce qui en arriva, il est à propos de mettre ici deux aventures de notre Chevalier, puisque c'est son histoire que nous écrivons.

Pendant ce siége de Padoue, les assiégés incommodaient fréquemment le camp de l'Empereur par leurs sorties; la garnison de Trévise, autre bonne Place, à vingt ou vingt-cinq milles de là, en faisait autant; elle était commandée par Luc Malvèse (s), excellent Capitaine, et par d'autres Officiers. Ce Commandant ne manquait pas deux ou trois fois la semaine de venir donner alerte au camp Impérial; et quand l'occasion se trouvait bonne, il en profitait; si, au contraire, il trouvait de la résistance, il se retirait. Il fit long-temps cette manœuvre, mais si sagement, qu'il ne perdit jamais un seul des siens, en sorte qu'il s'y était rendu redoutable. Bayard s'en ennuya, et en parla à deux de ses particuliers amis avec qui il logeait, la Cropte-Daillon et la Clayette. Ce Capitaine Malvèze, leur dit-il, nous donne souvent le réveille-matin, et fait trop parler de lui; j'ai regret qu'il ne nous connaisse pas pour ce que nous sommes : si vous voulez me seconder, nous irons demain au-devant de lui, et comme voilà deux jours qu'il n'a paru, j'espère que nous le rencontrerons.

Bayard avait des espions qu'il payait si bien, qu'au péril de la vie ils ne l'auraient pas trahi : l'un d'eux l'avait instruit de la route et des forces de Malvèze. Ayant fait son plan sur cela, et ses deux

---

( s ) C'est le même qui surprit Padoue avec le Comte de Pétiliane, comme on l'a vu. Il était d'une des meilleures Maisons de Bologne.

amis ayant accepté la partie, il leur dit de faire armer à deux heures après minuit chacun trente Hommes d'Armes des plus hardis : et moi, ajouta-t-il, je mènerai ma Compagnie, avec quelques-uns de nos bons compagnons, Bonnet, Mypont, Cossé, Brezon et autres, et nous monterons à cheval sans bruit et sans trompettes : fiez-vous à moi, j'ai un guide sur qui je compte. La chose s'exécuta de point en point : à deux heures du matin, au mois de Septembre, tout le monde fut à cheval, et l'espion marchait devant, escorté de quatre soldats. Bayard, trop prudent pour se livrer sans précaution à de pareilles gens, lui avait promis bonne récompense s'il faisait son devoir; mais en cas de trahison, les quatre soldats avaient ordre de le poignarder. Celui-ci le servit bien, et mena la troupe environ dix milles : quand le point du jour parut, ils se trouvèrent proche d'une belle et grande maison de plaisance, qui avait un grand jardin et un parc entouré de murs. L'espion la montra à Bayard, et l'assura que si le Capitaine Malvèze devait ce jour-là venir donner l'alarme au camp, il passerait nécessairement par là; que ce château étant abandonné à cause de la guerre, il était aisé que la troupe s'y embusquât; qu'on le verrait passer, et qu'il ne les verrait pas. L'avis fut trouvé bon; on entra dans ce château, et on fut près de deux heures sans voir aucun mouvement. Enfin, ils entendirent un grand bruit de chevaux, et c'était justement ce qu'ils étaient venu chercher.

Bayard avait avec lui un vieux soldat nommé Monart, homme de confiance, et consommé dans le métier de la guerre. Il l'avait mis en sentinelle dans le colombier de la maison, pour examiner ce qui passerait et juger du nombre. Ce soldat vit de loin et reconnut le Seigneur Malvèze, avec sa troupe, qu'il jugea être de cent Hommes d'Armes, l'armet en tête, et environ deux cents Albanais, commandés par le Capitaine Scanderbec, tous bien montés, et ayant l'air de gens à faire un coup de main. Cette troupe ayant passé l'embuscade Française d'un trait d'arc, la sentinelle descendit et fit son rapport, dont tout le monde fut content. Alors Bayard ordonna de resangler les chevaux, ce que chacun fit soi-même, parce qu'il n'avait pas voulu qu'on amenât des valets; ensuite il dit à sa troupe : Amis, il y a dix ans qu'il ne s'est présenté si bonne aventure, et si chacun de nous fait son devoir, le nombre ne doit pas nous étonner ; ils sont deux contre un, mais c'est peu de chose que cela, et marchons. Tous ayant répondu: *Allons, marchons*, la porte fut ouverte, l'on se mit au grand trot sur les traces des ennemis: après avoir marché un mille, ils les découvrirent sur le grand chemin, et Bayard ordonna au Trompette de sonner. Les Vénitiens, bien étonnés d'entendre la trompette, crurent que c'étaient des leurs qui venaient se joindre à eux ; cependant ils s'arrêtèrent pour le savoir, et furent bientôt détrompés. A leur surprise se joignit la frayeur de se voir enfermés entre la troupe qui venait à eux et le camp de l'Empereur, et de n'avoir aucune issue pour s'échapper ; mais ils se rassuraient sur le peu de gens qu'ils voyaient.

Le Capitaine Malvèze encourageait les siens, les exhortait à bien faire, en leur remontrant qu'il fallait vaincre ou périr, qu'il ne leur restait aucuns moyens de fuir, le chemin étant bordé de fossés si larges et si profonds, que jamais cavalier ne se hasarderait à les franchir ; ensuite il fit sonner la trompette, et celle des Français y répondit. Quand ils furent à un trait d'arc les uns des autres, ils commencèrent à se charger, criant d'une part : *France, France ; Empire, Empire* ; et de l'autre : *Marco, Marco*. Cette première charge fut vive, il y en eut un grand nombre de renversés ; le Capitaine Bonnet perça d'un coup de lance un Gendarme de part en part, et des deux côtés il fut très-bien combattu. Les Albanais laissèrent leur Gendarmerie aux prises avec les Français, et pensant les surprendre par derrière, ils s'écartèrent du grand chemin. Bayard s'en aperçut, et dit à la Cropte-Daillon : Ayez l'œil sur eux pour qu'ils ne nous enferment pas, je me charge de ceux qui sont devant nous. La Cropte le fit, et quand les Albanais crurent tomber sur les Français, ils furent si bien reçus, qu'il en resta une douzaine des leurs par terre, et que les autres prirent la fuite à toutes jambes. La Cropte ne les poursuivit pas, il revint au gros de l'affaire, mais l'action était finie, et les Vénitiens entièrement rompus, et déjà les vainqueurs saisissaient les prisonniers. Le Capitaine Malvèze, avec vingt ou trente des mieux montés, franchit le fossé, et ils s'en retournèrent d'où ils étaient venus. On ne se mit pas à leur suite, leurs chevaux allaient trop bien, et eux-mêmes avaient bon courage à les éperonner.

Les Français reprirent la route de leur camp avec plus de prisonniers qu'ils n'étaient d'hommes pour les conduire ; car ils en avaient au moins cent soixante-dix, qu'ils désarmèrent de leurs épées et de leurs masses ; ils les firent marcher au milieu d'eux, et dans cet état ils rejoignirent le camp. Dans ce moment-là l'Empereur se promenait avec sa Cour : il aperçut au loin un gros nuage de poussière, et envoya, pour savoir ce que c'était, un Gentilhomme Français, Officier à son service, nommé Louis du Peschin. Cet officier lui rendit compte de l'affaire, et lui dit que c'étaient les Capitaines Bayard, la Cropte et la Clayette qui venaient de faire le plus beau coup de main qui eût été fait depuis cent ans, et qui avaient plus de prisonniers qu'ils n'avaient mené de monde avec eux. L'empereur ne put contenir la joie qu'il en ressentit; il s'avança au-devant de la troupe, à laquelle il en fit des complimens en général; ensuite il félicita chaque Capitaine en particulier sur le succès d'une si belle journée; puis il s'adressa à Bayard, et lui dit: Chevalier, le Roi mon frère et votre maître est bien heureux d'avoir un homme comme vous à son service; je voudrais avoir une douzaine de vos pareils, et qu'il m'en coûtât cent mille florins par an.

Jamais expédition ne fit tant de bruit que celle-là; ni tant d'honneur à un Capitaine qu'elle en fit à Bayard; mais avec sa modestie ordinaire, il en attribuait la gloire à ses amis et à la troupe, et jamais à lui-même.

Peu de jours après cette course, il apprit par ses espions que le Capitaine Scanderbec, avec ses Albanais et quelques autres gens de cheval, s'étaient retirés dans le château de Bassano, et que de là ils faisaient tous les jours des courses sur ceux qui venaient au camp, et sur les gens de pied qui s'en retournaient en Allemagne avec leur butin et les bestiaux qu'ils avaient pris sur les ennemis;

que même, depuis quelques jours, ils en avaient défait plus de deux cents, et repris sur eux quatre ou cinq cents bœufs ou vaches, qu'ils avaient avec eux dans ce château ; en sorte, ajoutait l'espion, que si vous voulez que je vous mène à un défilé qui est au pied d'une montagne, ils vous tomberont entre les mains. Bayard, qui avait toujours trouvé cet homme véritable, et qui toujours aussi l'avait bien payé, résolut de le suivre sans en faire part à personne, comptant bien qu'avec ses trente Hommes d'Armes, sa Compagnie d'Archers, et huit ou dix Gentilshommes qui lui étaient attachés, et qui servaient comme Volontaires et seulement pour apprendre l'art militaire sous lui, il déferait aisément deux cents chevaux-Légers Albanais, qui avaient pour chef Renault Contarini, Padouan, et Noble Vénitien.

Il conta donc son projet à ses amis et à sa troupe, qui tous en furent ravis, ne demandant que pareille fête. Leur disposition faite, ils partirent une heure avant le jour, un Samedi du mois de Septembre, et firent, avec leur espion, une traite de quinze milles, avant que d'être au défilé où il devait les mener, et où ils arrivèrent si heureusement, qu'ils ne furent vus de personne ; ils s'y embusquèrent à une portée de canon de ce château, et un instant après ils entendirent un Trompette qui, du château, sonnait tout à cheval. Bayard, fort content de son voyage, demanda à l'espion quel chemin il croyait que ces Albanais dussent prendre : il lui répondit que quelque chemin qu'ils voulussent prendre, il leur fallait nécessairement passer à un petit pont de bois qui était à un mille de là, et que deux hommes seuls pourraient garder ; et quand ils l'auront passé, envoyez quelques-uns de vos gens se saisir du pont, pour qu'ils ne puissent le repasser, et je vous conduirai par une gorge que je connais dans la montagne, jusqu'à une plaine proche le Palais de la Reine de Chypre, où vous les rencontrerez infailliblement. Il fut alors question de savoir qui garderait le pont ; le Seigneur de Bonnet prit la parole, et dit : Capitaine, si vous le trouvez bon, nous le garderons mon camarade Mypont et moi, avec quelques hommes que vous me donnerez. Bayard y consentit, et leur donna six Hommes d'Armes avec dix ou douze Archers.

Pendant qu'ils prenaient cet arrangement, ils entendirent le bruit de la troupe Albanaise qui descendait du château, comme s'ils allaient à une noce, comptant faire quelque bonne capture, selon leur coutume ; mais il y eut à décompter.

On les laissa passer le pont, et tout de suite Bonnet alla avec ses gens s'en saisir, pendant que Bayard et sa troupe suivirent l'espion dans le défilé de la montagne ;

ils furent si bien conduits, qu'en moins de demi-heure ils se trouvèrent dans une plaine où on aurait vu un cavalier de six mille pas. Alors ils virent, à une grande portée de canon, leurs ennemis qui prenaient le chemin de Vicence, où ils comptaient faire leur coup. Bayard ordonna à son Guidon, le Bâtard du Fay, de prendre vingt hommes et d'aller escarmoucher, d'engager l'action, et de fuir comme effrayé du grand nombre : amenez-les, dit-il, par ici, je vous attends au pied de la montagne, et vous verrez beau jeu. Du Fay ne s'en fit pas dire davantage, il était trop habile pour ne pas apercevoir tout l'événement. Il alla donc aux ennemis assez proche pour se faire reconnaître à ses croix blanches : alors Scanderbec et les siens, glorieux de la rencontre, se mirent à les charger en criant *Marco*. Du Fay fit l'épouvanté, et s'enfuit de toutes ses forces avec les siens vers la montagne, et fut tellement poursuivi, que les ennemis se précipitèrent d'eux-mêmes dans l'embuscade de Bayard, qui les y attendait de pied ferme, l'armet en tête et l'épée au poing. A l'instant il parut avec ses gens, qui, comme autant de lions, fondirent sur la troupe ennemie en criant : *Empire*, *France*, et du premier choc mirent plus de trente hommes par terre. Les Albanais et les Arbalétriers soutinrent quelque temps, mais enfin ils furent obligés de plier et de se sauver au grand galop du côté du pont par où ils avaient passé il n'y avait qu'une heure, pour de là gagner Bassano. Ils étaient si bien montés, que Bayard aurait perdu sa proie, si le pont ne se fût trouvé barré par Bonnet, My-pont et leurs gens, qui en défendirent le passage. Cette seconde surprise mit Scanderbec dans la nécessité de combattre ou de fuir à l'aventure. Le plus grand nombre prit ce dernier parti, mais ils furent si bien suivis, qu'il leur fut pris deux Capitaines, trente Arbalétriers et soixante Albanais. Le reste s'échappa à travers champs jusqu'à Trévise.

Depuis quelques jours Bayard avait reçu Cadet dans sa Compagnie un jeune Gentilhomme Dauphinois, nommé Guigues Guiffrey (*t*), fils du Seigneur de Boutières, âgé de seize à dix-sept ans, mais issu de braves gens, et déjà capable de marcher sur leurs traces. Il était de l'expédition du Chevalier, et il y donna un grand présage de ce qu'il devint dans la suite; car ayant vu pendant l'action le Porte-Enseigne de Contarini sauter un fossé et prendre la fuite, il sauta le même fossé, au hasard de se tuer, et le poursuivit si bien qu'il l'atteignit, et lui porta un si grand coup de sa demi-lance, qu'il la mit en pièces, et le renversa de dessus

---

( *t* ) *Voyez à la fin du Livre*, Note *cinquième*.

son cheval, puis mettant l'épée à la main, il lui cria : Rends-toi, Enseigne, ou je te tue. Celui-ci préféra la première partie de l'alternative à la seconde, et remit à cet enfant son épée et son enseigne. Guiffrey, plus content que s'il eût trouvé son pesant d'or, le fit remonter à cheval et marcher devant lui directement où était Bayard. Il arriva comme on sonnait la retraite, et vit tant de prisonniers qu'on en était embarrassé. Bonnet fut le premier qui l'aperçut, et qui le montra au Chevalier revenant avec son prisonnier et son enseigne. Bayard ne ressentit de sa vie une joie aussi vive que dans ce moment : Est-ce vous, Boutières, qui avez pris cette enseigne et celui qui la portait? Oui, Monseigneur, répondit Guiffrey, Dieu m'a fait cette grace ; mais je vous assure que celui-ci a bien fait de se rendre, autrement il était mort. Ce discours redoubla le plaisir de Bayard, et de toute la compagnie, et il lui dit : Boutières, mon cher ami, vous commencez bien; Dieu veuille que vous continuiez : ce qui fut vérifié par l'événement, car il fut dans la suite un excellent Officier.

Notre Chevalier, non content de la belle expédition qu'il venait de faire, voulut encore se rendre maître du château de Bassano ; il en parla à ses compagnons d'exploits, Bonnet, Mypont, et Pierrepont son neveu et son Lieutenant, et aux autres Officiers qui l'avaient suivi ; car, disait-il, il y a là-dedans de quoi enrichir nos gens. Cela est plus aisé à dire, lui répondit-on, qu'à exécuter ; le château est fort, et nous n'avons pas d'Artillerie. Et moi, reprit Bayard, je prétends l'avoir dans un quart-d'heure. Il fit venir devant lui les deux Capitaines Vénitiens ses prisonniers, Contarini et Scanderbec, et leur dit : Seigneurs, je sais qu'il est en votre pouvoir de me faire remettre à l'instant ce château ; je vous donne l'option, ou de le faire, ou d'avoir tout-à-l'heure l'un et l'autre la tête tranchée devant la porte. Ils promirent d'y faire leur possible ; et de fait celui qui y commandait, et qui était neveu de Scanderbec, le rendit dès que son oncle lui eut parlé.

Il y fut trouvé plus de cinq cents bœufs ou vaches, et quantité de butin : le tout fut distribué également à la troupe victorieuse, qui s'en trouva bien. Le bétail fut conduit à Vicence, d'où chacun en rapporta la valeur en argent. Ils trouvèrent encore dans ce château de quoi faire repaître leurs chevaux, et de quoi eux-mêmes faire très-bonne chère. Ils firent mettre à table avec eux les deux prisonniers, et sur la fin du repas le jeune Boutières entra pour saluer son Capitaine, et lui présenter son prisonnier, qui était un homme de trente ans, deux fois plus grand que lui. A la vue de cette disproportion, Bayard ne put s'empêcher de rire ; puis s'adressant aux deux Vénitiens : Messieurs, leur dit-il, voilà un enfant qui était Page il n'y a que six jours, et qui de trois ans ne portera barbe, il a pourtant pris votre Enseigne, qu'en dites-vous ? Je ne sais comment vos Officiers pensent, mais nous autres Français y sommes plus difficiles ; nous avons bien de la peine à rendre les nôtres à plus forts que nous. L'Enseigne Vénitien sentit ce que cette plaisanterie avait de piquant et d'humiliant pour lui, et répliqua en son langage : Ma foi, Capitaine, si je me suis rendu, ce n'est pas que j'aie craint celui qui m'a pris ; il n'était pas capable de me faire prisonnier, mais aussi je ne pouvais résister seul à toute votre troupe. Bayard, à cette réponse, regarda Boutières, et lui dit : Entendez-vous ce que votre prisonnier vient de dire ? Le jeune homme piqué au vif, rougit de dépit, et pria le Chevalier de lui accorder une grâce qu'il avait à lui demander, et l'ayant obtenue : C'est, dit-il, Monseigneur, que vous me permettiez de lui rendre ses armes et son cheval, et de monter sur le mien ; nous irons tous deux sur le pré nous mesurer encore une fois : s'il est vainqueur, je lui remets sa rançon ; mais si je le suis, je lui jure devant Dieu que je le tuerai. Très-certainement je vous l'accorde, s'écria Bayard, transporté de joie : mais le Vénitien n'en voulut pas courir l'aventure, et refusa le défi honteusement, et Boutières en eut l'honneur d'une seconde victoire.

Après qu'ils eurent dîné, les Français reprirent le chemin de leur camp, où ils conduisirent leurs prisonniers ; ils y furent reçus aussi glorieusement qu'au retour de l'expédition précédente ; Bayard en fut félicité par tous les Impériaux et par l'Empereur lui-même ; mais ce fut le jeune Boutières qui emporta la palme, tant pour la prise de l'Enseigne Vénitien, que pour l'offre qu'il lui avait faite de lui donner sa revanche. Chabannes sur-tout ne se lassait pas de l'admirer, et de lui dire qu'il était un digne rejeton de la Maison de Guiffrey qu'il connaissait depuis long-temps, et qui avait toujours été féconde en grands hommes.

Nous avons interrompu le récit du siége de Padoue, et nous avons laissé l'Empereur dans la résolution d'y faire donner l'assaut. Ce prince ayant vu le succès de l'artillerie, et que des trois brèches on en avait fait une de cinq cents pas, se reprocha comme une faiblesse de ne l'avoir pas fait plutôt, vu le nombre et la force de son armée. A peine fut-il rentré chez lui avec les Princes et Seigneurs de sa Cour, qu'il fit appeler un Secrétaire auquel il dicta la lettre suivante pour Chabannes, qui était logé tout proche de lui : « *Mon cousin*, j'ai ce matin

» été voir la brèche de la Ville, que je
» trouve plus que raisonnable à qui vou-
» dra faire son devoir. J'ai avisé dedans
» aujourd'hui y faire donner assaut. Si
» vous prie qu'incontinent que mon grand
» Tabourin sonnera, qui sera sur le midi,
» vous faites tenir prêts tous les Gentils-
» hommes Français qui sont sous votre
» charge, à mon service, par le com-
» mandement de mon frère le Roi de
» France, pour aller audit assaut avec
» mes piétons, et j'espère, avec l'aide de
» Dieu, que nous l'emporterons. »

Le même Secrétaire qui avait écrit la lettre, fut chargé de la porter à Chabannes, qui trouva fort extraordinaire cette proposition de l'Empereur : cependant il se contenta de répondre au Secrétaire qu'il était fort surpris que l'Empereur ne lui eût pas fait l'honneur, ainsi qu'aux autres Officiers Français, de les faire appeler pour délibérer plus mûrement sur une affaire d'une telle importance, et le chargea de dire à Sa Majesté Impériale, qu'il allait les assembler et leur communiquer sa lettre, ne doutant pas que tous ne fussent prêts à lui obéir.

Le Secrétaire parti, Chabannes envoya dire à tous les Capitaines de se rendre chez lui. Le bruit était déjà public dans l'armée que l'assaut se donnerait dans le jour, et c'était une chose singulière de voir chacun se confesser, et retenir son rang au poids de l'or, et quelques-uns confier leurs bourses à leurs Confesseurs. L'Historien ajoute que jamais il ne s'était vu tant d'argent dans une armée, et qu'il ne doute pas que les Prêtres *ne se fussent consolés, si tous ceux dont ils avaient l'argent étaient restés à la brèche.* Outre l'abondance des espèces, celle des vivres n'était pas moindre, et il n'y avait point de jour qu'il ne désertât trois ou quatre cents Lansquenets, conduisant dans leurs pays toutes sortes de bestiaux, meubles, habillemens, ou autres ustensiles; en sorte qu'on estimait le butin fait dans le Padouan à deux millions d'écus, en y comprenant les maisons ou palais brûlés.

Tous les Capitaines Français arrivés chez Chabannes, il fit servir le dîner, parce que, leur dit-il en riant, j'ai quelque chose à vous communiquer, qui, si je vous le disais à présent, pourrait vous ôter l'appétit. Il savait bien à qui il tenait ce discours, et que dans la compagnie il n'y en avait pas un qui ne pût passer pour un Héros, sur-tout Bayard, à qui personne n'en contestait le titre. Le repas fini, on fit sortir tout le monde, en sorte qu'il ne resta que les Officiers Français. Alors Chabannes leur fit lecture de la lettre de l'Empereur, et la relut pour qu'elle fût bien entendue. La surprise fut si grande, qu'ils se regardèrent les uns les autres, et semblaient disputer à qui ne donnerait pas son avis. Humbercourt prit la parole, et dit en riant, que le Seigneur de Chabannes pouvait mander à l'Empereur, qu'ils étaient tous disposés à lui obéir, et qu'il n'y avait pas tant à réfléchir : je commence, ajouta-t-il, à m'ennuyer ici, le bon vin va nous manquer. On rit de cette saillie, et chacun dit son avis, s'accordant tous à celui d'Humbercourt. Bayard tout seul ne parlait pas, et semblait distrait en se curant les dents. Et vous, l'Hercule de France, lui dit agréablement Chabannes, est-ce là le moment de se nettoyer les dents ? que répondrons-nous à l'Empereur ? Bayard, qui ne perdait jamais sa bonne humeur, répondit sur le même ton : Si nous voulons tous suivre l'avis du Seigneur de Humbercourt, nous n'avons qu'à aller droit à la brèche ; mais comme ce n'est pas le métier d'un Homme d'Armes que de combattre à pied, je m'en dispenserais très-volontiers ; cependant voici mon sentiment, puisque vous voulez le savoir : l'Empereur vous mande de faire mettre à pied tous les Gentilshommes Français, pour qu'ils aillent à la brèche avec ses Lansquenets ; quant à moi, quoique je n'aie ni biens ni Seigneuries, je n'en ai pas moins l'honneur d'être Gentilhomme ; je ne me compare pas à vous, Messeigneurs, qui êtes tous riches et de grandes Maisons, comme presque tous mes compagnons, mais je ne sais pas à quoi l'Empereur pense de vouloir compromettre tant de Noblesse avec ses piétons, dont l'un est Cordonnier, un autre Boulanger, un autre Tailleur, ainsi du reste, qui n'ont pas la gloire en recommandation comme nous : n'en déplaise à Sa Majesté, c'est trop nous avilir. Voici, Monseigneur, ajouta-t-il, s'adressant à Chabannes, ce que je pense que vous devez lui répondre : que vous avez assemblé vos Capitaines, qu'ils sont tous délibérés à suivre ses ordres, autant qu'ils s'accorderont à ceux du Roi leur Maître; qu'il ne peut ignorer que le Roi n'a point de gens sous ses Ordonnances qui ne soient Gentilshommes, et que c'est trop les dépriser que de les confondre avec ses piétons : mais qu'il a nombre de Comtes, Seigneurs et Gentilshommes Allemands qu'il peut faire mettre à pied avec les Gens d'Armes Français, et que nous leur montrerons le chemin; et qu'après cela il envoie ses Lansquenets, et qu'ils en goûtent, pour voir comment ils s'en accommoderont. Quand il eut fini ce discours, tout le monde s'y rangea sans exception. La réponse fut donc dressée en conformité, et envoyée à l'Empereur qui en parut fort content. Aussitôt il fit sonner ses trompettes et tabourins pour assembler les Princes, Capitaines et Seigneurs de sa Cour et de son armée, tant d'Allemagne, que de Bourgogne et de Flandres,

Il leur déclara qu'il était résolu de donner l'assaut dans une heure, qu'il en avait averti les Seigneurs et Capitaines Français, qui tous promettaient d'y faire leur devoir, mais qu'ils l'avaient prié que les Gentilshommes d'Allemagne allassent avec eux, et que volontiers les Français marcheraient les premiers à la brèche. C'est pourquoi, ajouta-t-il, je vous prie, autant que je puis vous prier, d'accepter la partie, et de mettre pied à terre avec eux, et j'espère que dès le premier assaut nous emporterons la Place. Cette harangue finie, il s'éleva parmi les Allemands une rumeur extraordinaire qui dura près de demi-heure ; enfin l'un des plus qualifiés, chargé de parler pour les autres, remontra à l'Empereur que leur état était de combattre à cheval et en Gentilshommes, et non pas à pied, encore moins d'aller à une brèche. L'Empereur n'en put avoir d'autre réponse ; et quoiqu'elle lui déplût extrêmement, il dissimula, et leur dit seulement, il faudra donc aviser comment nous ferons pour le mieux.

Aussitôt il fit venir un Gentilhomme de sa maison, nommé Rocandolff, qui était ordinairement chargé de ses commissions pour les Généraux, et qui était aussi souvent auprès d'eux qu'auprès de son Maître, et lui dit : Allez de ma part chez mon cousin le Seigneur de la Palice, faites-lui, et à tous les Seigneurs Français qui se trouveront avec lui, mes recommandations, et leur dites qu'il n'y aura point d'assaut aujourd'hui. Cette réponse ayant été portée à Chabannes, chacun s'alla désarmer, les uns contens, les autres mécontens, entre ceux-ci, dit l'Historien, les Prêtres et les Moines, qui avaient fait leur compte autrement.

L'Empereur s'était bien possédé pour déguiser à sa Noblesse le dépit qu'il avait ressenti quand elle lui avait refusé le service que les Français avaient accepté, mais il n'en était pas moins piqué. Le vaillant Prince d'Anhalt pensa autrement que les autres; non-seulement il offrit à l'Empereur de marcher à la brèche, il vint encore trouver les Français, et leur témoigner son mécontentement de ce qui venait d'arriver.

Il y avait avec lui dans l'armée Impériale un Officier fort distingué par sa bravoure, et par toutes sortes de bonnes qualités, qui se nommait Jacob Emps, ou *Empser*, Gentilhomme de Souabe, au Diocèse de Constance, et qui, dans la suite, passa au service du Roi. Il était souvent des partis Français, quand il y avait quelques courses ou escarmouches à faire. Mais ce Capitaine Jacob et le Prince d'Anhalt ne pouvaient pas remplacer tous les Allemands. L'Empereur prit un parti bien singulier, suggéré par l'indignation que ses Officiers lui avaient causée;

sée; ce fut de quitter son armée dès la nuit suivante fort secrètement, avec une escorte de cinq ou six cents hommes les plus attachés à sa personne, et de faire tout d'une traite près de quarante milles vers ses États. De-là il manda à Constantin, son Lieutenant-Général, et au Seigneur de la Palice, de lever le siége le moins honteusement qu'ils pourraient. Le départ de ce Prince surprit également les siens et les Français; cependant, conséquemment à ses ordres, ils tinrent un Conseil de Guerre, et résolurent la levée du siége. Ce n'était pas une opération bien aisée que de transporter environ cent quarante pièces de canon; et le même inconvénient qu'il y avait eu pour les amener, se trouva quand il fallut les retirer; il n'y avait à peine des équipages que pour moitié : les Français furent commandés pour l'escorte, jusqu'à ce que cette nombreuse artillerie fût toute enlevée. Mais le Prince d'Anhalt, pour couvrir autant qu'il pouvait la honte de sa Nation, ne quitta pas l'escorte tant que le transport dura; et il était sur pied et armé depuis le matin jusqu'au soir, sans prendre le temps de manger; ce qui lui acquit de l'honneur et l'estime des Français.

On fit, pour enlever tant de canons, la même manœuvre qui s'était faite à leur arrivée; on en transportait une partie, et quand elle était logée, on revenait avec les équipages en prendre d'autres, et ainsi jusqu'à la fin. Cependant la garnison de Padoue faisait d'heure en heure de vigoureuses sorties, malgré lesquelles le siége fut levé sans perte d'un seul homme, tant d'une armée que de l'autre. Le plus grand mal qui arriva fut que les Lansquenets Allemands brûlèrent tous les logemens à mesure qu'ils les quittaient, et tout ce qui se trouva sur leur route. Bayard, qui avait horreur des excès et de tout ce qui sort des lois de la guerre, fit rester sept ou huit des siens dans une belle maison qu'il avait occupée, jusqu'après le départ de ces furieux, et la préserva de l'incendie.

Les armées vinrent en quelques jours de marche se camper à Vicence, où Chabannes reçut des lettres de l'Empereur, et des présens pour lui et pour les autres Capitaines Français, suivant la puissance de ce Prince, beaucoup plus généreux que riche (*u*). Il avait de bonnes qualités, mais elles étaient obscurcies par un défaut essentiel, qui lui a fait grand tort toute sa vie, qui était de se défier de tout le monde, et de résoudre seul toutes ses affaires et ses entreprises.

La séparation des armées se fit à Vicence ; les Allemands prirent la route de

---

(*u*) On lui avait donné le nom de *Massimiliano pochi denari*, Maximilien-peu-d'argent.

leur pays, excepté une garnison qui resta dans la Ville, commandée par le Seigneur du Reu. L'armée Française se retira dans le Milanez vers la Toussaint, et Bayard resta en garnison à Vérone, où il se signala par de nouveaux exploits contre les Vénitiens, qui tenaient alors une petite Place voisine, nommée Lignago, d'où ils faisaient des courses dans le pays.

Pendant son séjour à Vérone, où il avait seulement trois ou quatre cents Hommes d'Armes Français au service de l'Empereur, ceux qui gardaient Vicence pour ce Prince ne s'y crurent pas en sureté : outre qu'elle était faible d'elle même, elle était encore menacée de siége ; c'est pourquoi ils se retirèrent auprès du Chevalier à Vérone, où ne trouvant encore qu'une médiocre garnison, ils passèrent outre, et se campèrent à quinze ou dix-huit milles plus loin, dans un Village nommé Saint-Boniface. L'hiver commençait à se faire sentir, et les gens de Bayard étaient obligés de sortir de leur Place pour aller au fourrage, et quelquefois bien loin ; en sorte qu'il fut obligé de les faire escorter, parce que de temps en temps il se perdait des valets et des chevaux dans les rencontres des ennemis.

Les Vénitiens avaient un Capitaine hardi et entreprenant, qui tous les jours fatiguait les Français, et faisait des courses jusqu'aux portes de Vérone. Bayard résolut d'aller à sa rencontre et de modérer son ardeur. Pour cela il voulut être lui-même de l'escorte au premier fourrage, et voir de près ce Vénitien, nommé Jean-Paul Manfron. Celui-ci, instruit du dessein de Bayard par un espion qu'il avait auprès de lui, voulut profiter de l'occasion en menant assez de monde pour être le plus fort et donner du dessous au Chevalier. Un jour donc les fourrageurs étant sortis de Vérone, soutenus de trente ou quarante Hommes d'Armes ou Archers, commandés par le Capitaine Pierrepont, ils se répandirent vers les Cassines pour fourrager. Le Chevalier, qui croyait être maître de son secret, s'était caché avec cent Hommes d'Armes dans un Village sur le grand chemin de Vérone, et distant de six milles, nommé Saint-Martin; il envoya à la découverte, et ses coureurs lui rapportèrent bientôt qu'ils avaient vu les ennemis au nombre de cinq cents chevaux tirant droit où se faisait le fourrage. Manfron averti par son espion de la sortie de Bayard et du nombre de ses gens, avait caché dans un palais abandonné cinq ou six cents, tant Piquiers qu'Arquebusiers, et les avait instruit de ce qu'ils avaient à faire, sur-tout de ne sortir que quand ils le verraient fuir, et les Français après lui. Il ne pouvait mieux dresser son projet pour les envelopper, que de les mettre ainsi entre deux feux,

Dès que Bayard eut appris par ses coureurs l'arrivée de la troupe ennemie, il fit monter la sienne à cheval, sans s'effrayer de la disproportion. Il n'eut pas fait deux milles qu'il les vit à découvert, et marcha droit à eux pour les charger, en criant : *France et Empire.* Ils firent ferme un moment; mais à l'approche des Français, ils feignirent de plier et lâcher pied, ce qu'ils firent en reculant vers leur embuscade qu'ils dépassèrent de quelques cents pas, faisant toujours contenance de se défendre, puis ils s'arrêtèrent tout court, et se mirent à crier : *Marco, Marco.* A ce signal les gens de pied sortirent de leur embuscade, et fondirent sur les Français en faisant grand feu. Le cheval de Bayard fut tué à la première décharge, et il tomba si malheureusement qu'il se trouva une jambe prise dessous. Aussitôt ses Hommes d'Armes, qui se seraient fait tuer pour lui sauver la vie, l'environnèrent, et l'un d'eux, nommé Grandmont, mit pied à terre et le dégagea : mais quelque belle défense qu'ils fissent, ils ne purent empêcher Bayard et Grandmont d'être faits prisonniers des gens de pied qui voulurent leur ôter leurs armes. Pierrepont qui était avec les fourrageurs, entendant le bruit, se mit au grand galop, et arriva comme les deux prisonniers étaient déjà hors des rangs pour être emmenés. A cette vue la fureur le saisit, il fondit comme un lion sur ceux qui le tenaient, et à grands coups d'épée les obligea de lâcher leur proie, et de fuir vers leur troupe qui était aux prises avec les Français, où de part et d'autre on se battait bien.

Bayard et Grandmont remontés coururent au secours des leurs qui étaient vivement pressés en devant et en arrière ; mais à la vue de leur Capitaine et de Pierrepont, ils reprirent courage. Cependant l'inégalité était trop grande, les Vénitiens étaient presque dix contre un, sans compter l'incommodité que les arquebuses causaient aux Français. Bayard en sentit le danger, et dit à son neveu Pierrepont : Capitaine, si nous ne gagnons le grand chemin, nous périrons ici, et si nous pouvons y parvenir, nous échapperons en dépit d'eux, et Dieu aidant, sans perte. Je le pense comme vous, lui répondit Pierrepont : et ils commencèrent à se retirer vers le grand chemin, où ils parvinrent enfin, toujours combattant, mais non pas sans peine. Cependant ils avaient mis par terre quarante ou cinquante hommes de pied aux ennemis, et sept ou huit de cheval, sans avoir perdu un seul des leurs.

Quand Bayard et sa troupe eurent gagné le grand chemin, ils se formèrent en escadron quarré, toujours battant en retraite, et de distance en distance ils se retournaient sur les ennemis, à qui ils donnaient de l'occupation ; mais ils avaient en flanc ces gens de pied dont les arquebuses les inquiétaient beaucoup, et le Chevalier eut encore son cheval blessé sous lui. Le sentant chanceler, il se mit à pied, et fit des prodiges de valeur sans autre arme que son épée. Il fallut néanmoins céder au nombre ; il était déjà enveloppé, quand le bâtard du Fay, son Guidon, vint avec ses Archers fondre sur les Vénitiens avec tant de hardiesse et de succès, qu'il l'arracha de leurs mains, et le remonta en dépit d'eux. Alors se formant encore en escadron quarré, ils reprirent le grand chemin de la Ville, avec l'honneur de la journée, et celui de s'être battus contre dix fois plus de monde qu'ils n'étaient, d'avoir mis nombre de leurs ennemis par terre, et de n'avoir perdu qu'un homme.

Comme la nuit approchait, Bayard commanda qu'on ne chargeât plus, et que l'on se retirât vers Saint-Martin, d'où ils étaient partis au point du jour, et fit faire halte à un pont garni de barrières, pour voir s'ils ne seraient pas suivis ; mais le Capitaine Manfron voyant qu'ils étaient hors de sa portée, et qu'ils pouvaient être secourus de Vérone, fit battre la retraite, et ordonna que l'on reprît le chemin de Saint-Boniface. Il fit défiler ses gens de pied devant lui ; mais ils étaient outrés de lassitude, pour avoir combattu quatre ou cinq heures sans relâche. Ils voulurent donc séjourner dans un Village à quatre ou cinq milles de Saint-Boniface, malgré leur Capitaine, qui fut forcé de les y laisser, et de continuer sa route avec ses gens de cheval, désespéré d'avoir été si maltraité par si peu de gens.

Bayard et sa troupe passèrent la nuit à Saint-Martin, où ils trouvèrent de quoi faire bonne chère et réparer la fatigue du jour. Ils se félicitaient les uns les autres d'être sortis si heureusement du danger où ils s'étaient trouvés, et avec si peu de perte, n'y ayant laissé qu'un Archer et quatre chevaux.

Pendant le souper arriva un espion de Bayard, venant de Saint-Boniface, qui lui fut amené; et le Chevalier lui ayant demandé ce que faisaient les ennemis, l'espion lui répondit, qu'ils étaient en grand nombre à Saint-Boniface, et qu'ils se vantaient que bientôt ils auraient Vérone par les intelligences qu'ils y avaient. Mais comme j'en sortais, ajouta-t-il, le Capitaine Manfron y est arrivé bien fatigué, et encore plus fâché; car je lui ai ouï dire à lui-même qu'il venait de l'escarmouche, et qu'il avait eu affaire à des Diables et non pas à des hommes; et à quatre ou cinq milles d'ici j'ai traversé un Village tout plein de leurs gens de pied qui y séjournent, et qui m'ont paru bien las. Je parie ma tête, dit Bayard, que ce sont ceux que nous avons vus aujourd'hui, et qu'ils sont si fatigués de la journée, qu'ils n'ont pu aller plus loin : si vous voulez, compagnons, ils sont à nous; faisons repaître nos chevaux, et sur les quatre heures du matin, nous irons au clair de la lune les réveiller. Tout le monde fut de son avis, et après avoir fait bien panser les chevaux, et ordonné le guet, chacun s'alla reposer, excepté Bayard qui ne dormait jamais quand il avait une expédition en tête. Il fut à cheval dès les trois heures, et y fit monter sa troupe, et prendre sans bruit le chemin de ce Village que son espion lui avait indiqué, et où ils ne trouvèrent ni guet, ni sentinelle. Quand ils y furent arrivés, ils commencèrent leur cri ordinaire : *Empire, France, à mort, à mort*. Les dormeurs se réveillèrent au bruit, et encore tout étourdis sortaient des maisons, et trouvaient dehors des gens pour les assommer comme des bêtes. Leur Capitaine assembla deux ou trois cents hommes sur la place du Village, croyant s'y défendre, mais on ne lui en donna pas le temps; il fut chargé si vigoureusement, que de tout son monde il n'échappa que lui et deux autres Gentilshommes qui étaient frères, et qui furent échangés contre deux Gentilshommes Français, prisonniers de la République.

Quand Bayard eut terminé la double expédition que l'on vient de voir, aussi glorieusement, il ne crut pas devoir s'exposer à en perdre le fruit par quelque échec, c'est pourquoi il s'en retourna à Vérone, où il fut reçu comme en triomphe. Les Vénitiens, au contraire, étaient enragés de la seconde défaite de leurs gens, et le Provéditeur, André Gritti, voulut s'en prendre au Capitaine Manfron, qui s'en justifia bien, mais qui médita d'en avoir sa revanche dans peu.

Sept ou huit jours après le massacre des gens de pied Vénitiens, ce Capitaine aposta un espion qui était à lui et à Bayard, allait de l'un à l'autre, et tirait de l'argent de tous les deux, qui cependant était plus affectionné à Manfron qu'au Chevalier. Il lui fit ainsi sa leçon : Va-t-en à Vérone, tu feras entendre au Capitaine Bayard que le Sénat de Vénise a nommé celui qui commande à Lignago pour aller au Levant avec les galères de l'Etat; que le Provéditeur a ordre de m'envoyer le remplacer à Lignago, et que tu sais certainement que je dois partir demain au point du jour pour m'y rendre avec trois cents Chevaux-Légers, et point de gens de pied : je lui connais le cœur trop haut pour manquer de venir me visiter à mon passage, et s'il vient, je te promets que le mieux qu'il pourra lui en arriver, sera d'être mon prisonnier; car je mettrai deux cents Hommes d'Armes, et deux mille hommes de pied à l'*Isola della scala* en embuscade, et je saurai bien l'y amener : et si tu fais bien ma commission, je te promets, foi de Gentilhomme, cent ducats d'or.

L'espion, ébloui d'une si belle somme, promit de faire son devoir, et se rendit le jour même à Vérone. Il alla droit chez Bayard, où il était connu des domestiques qui le voyaient souvent, et qui le croyaient fidèle à leur Maître. On le conduisit devant lui comme il soupait encore, et il en fut mieux reçu qu'il ne méritait : Vicentin, lui dit Bayard, tu ne viens pas pour rien, quelles nouvelles ? De bonnes, Monseigneur, lui répondit-il ; à ces mots Bayard quitta la table, et le tira à quartier. Le faux espion lui débita sa commission avec tant de naïveté, que jamais homme ne fut si content que Bayard. Il ordonna qu'on le fît souper, et qu'on le régalât bien ; ensuite il appela les Capitaines Pierrepont, du Fay, la Varenne, qui portait alors son Enseigne, et le Seigneur de Sucker, Gentilhomme Bourguignon, qui avait soupé avec eux, et leur redit mot à mot ce qu'il venait d'apprendre du Capitaine Manfron, qui devait se rendre le lendemain à Lignago, avec seulement trois cents chevaux : il leur demanda s'ils étaient d'humeur à le suivre, et que la journée ne se passerait pas sans qu'il fût donné de bons coups. Chacun voulut en être, et ils convinrent à l'instant de partir à la pointe du jour avec deux cents Hommes d'Armes; ils mirent de la partie le Seigneur de Conty (Fréderic de Mailly), et le firent avertir d'être prêt pour l'heure convenue, à quoi il n'eut garde de manquer : il aimait trop ce métier-là, et sur-tout en compagnie de Bayard. Alors on se sépara pour se mettre en état d'être de bonne heure en campagne.

C'est ainsi qu'ils allaient tête baissée donner dans le piége, si la Providence ne les en avait sauvés. Elle voulut que le Seigneur de Sucker, qui logeait assez loin de Bayard, en s'en retournant chez lui, vît le même espion sortir d'une maison qui lui fut suspecte : elle était occupée par un Noble Véronais, connu pour être plus Vénitien qu'Impérial. Il lui sauta au collet, et lui demanda d'où il venait. L'espion surpris se défendit si mal, qu'il ne fit qu'augmenter les soupçons de son infidélité. Le Capitaine sans le quitter revint sur ses pas, et le ramena chez le Chevalier, qu'il trouva prêt à se coucher, qui cependant le fit entrer, et mettre l'espion en sureté. Sucker lui raconta ce qu'il venait de lui arriver : qu'il avait vu cet homme sortir de chez le Seigneur Voltège, le plus suspect partisan de la République qui fût dans la Ville; que, dans sa surprise, il avait changé de couleur et s'était mal justifié. Bayard à ce récit ne douta point de la trahison. Il se fit amener l'espion, et lui demanda ce qu'il était allé faire chez Voltège. Le fourbe répondit d'abord qu'il avait un parent dans la maison, puis il donna une autre excuse, enfin il se coupa cinq ou six fois. On fit apporter des menotes pour le faire expliquer plus clairement, et Bayard eut encore la bonté de lui promettre, foi de Gentilhomme, qu'il ne lui serait point fait de mal, quand même il y aurait conspiration contre sa vie, pourvu qu'il lui accusât la vérité, qu'autrement il le ferait pendre au point du jour. L'espion voyant qu'il n'y avait plus à dissimuler, se jeta à genoux devant le Chevalier, en lui criant miséricorde ; ensuite lui avoua de point en point le projet du Capitaine Manfron, de le surprendre dans une embuscade de deux cents Hommes d'Armes et de deux mille de pied, à l'*Isola della scala*; et qu'il venait de chez Voltège pour l'en instruire, et savoir de lui comment il pourrait quelques nuits livrer une des portes de la Ville au Provéditeur André Gritti, et encore bien d'autres choses; mais que Voltège avait déclaré ne vouloir entrer dans aucune trahison, et que puisque l'Empereur était devenu son Maître, il voulait lui garder fidélité.

Quand il eut fait toute sa confession, Bayard lui dit tranquillement : Vicentin, j'ai bien mal employé les ducats que tu as eus de moi, et quoique je ne t'aie jamais regardé que comme un coquin, tu l'es au-de-là de ce que j'aurais cru : tu as bien filé ta corde, mais je t'ai donné ma parole de te conserver la vie, je la tiendrai, en te faisant mettre hors de la Ville en sureté ; mais garde-toi d'y rentrer, car tout le monde ensemble ne m'empêcherait pas de te faire pendre. Sur cela il le chassa de devant ses yeux, et le fit enfermer dans une chambre jusqu'à nouvel ordre.

Bayard se trouvant seul avec le Capitaine Sucker, lui dit : Comment pourrons-nous faire pour rendre à ce Seigneur Manfron le bon tour qu'il nous préparait ? Il faut en avoir la revanche, et si vous voulez faire ce que je vous dirai, croyez-moi, que nous serons bientôt quittes avec lui : Vous n'avez qu'à parler, répondit le Capitaine, je suis prêt à tout. Allez donc de ce pas, dit Bayard, chez le Prince d'Anhalt, présentez-lui mes civilités, et lui rendez un compte exact de cette affaire-ci ; priez-le de nous donner demain deux mille de ses Lansquenets, que nous mènerons avec nous au bon endroit, et si vous ne voyez des merveilles, prenez-vous-en à moi. Le Capitaine Sucker fit la commission de Bayard, et le Prince qui l'aimait, et qui estimait sa valeur, lui accorda sa demande à l'instant, en disant qu'il était le maître de ses troupes autant et plus que lui-même, et qu'il aurait souhaité être de la partie avec lui. Ensuite il envoya son Secrétaire, avec ses ordres, à quatre ou cinq Capitaines, qui se trouvèrent prêts avec leurs Compagnies, aussitôt que ceux qui étaient avertis dès le soir. Le Baron de Conty, qui ne savait pas de quoi il s'agissait, fut étonné du nombre; mais quand il en fut instruit par Bayard : Sur ma foi, dit-il, nous allons faire une bonne journée.

Les portes ouvertes, toutes ces troupes prirent le chemin de l'*Isola della scala*. Or, à deux milles de-là, il y avait un Village, nommé Servode, où le Chevalier mit en embuscade le Capitaine Sucker avec les deux mille Lansquenets, en lui promettant de lui amener les ennemis jusque sous son nez, et de le mettre en état d'acquérir de l'honneur. Bayard et le Baron de Conty, avec leur troupe, marchèrent droit à *Isola*, sans paraître savoir ce qui était caché : ils étaient dans une belle plaine fort découverte, où ils virent à peu de distance le Capitaine Manfron avec quelques Chevaux-Légers. Bayard y envoya son Guidon le bâtard du Fay, et quelques Archers pour entamer l'escarmouche, et le suivit d'assez près avec ses

Gendarmes. Mais il vit bientôt sortir d'*Isola* les gens de pied de Venise avec une troupe de Gendarmes : il fit l'effrayé, et ordonna au Trompette de sonner à l'étendard. Là-dessus du Fay, qui avait sa leçon faite, se retira vers la grosse troupe, et forma avec elle un escadron quarré, qui, feignant de se retirer du côté de Vérone, alla le petit pas au Village où était l'embuscade des Lansquenets, qui avaient déjà reçu par un Archer ordre de sortir en bataille. La Gendarmerie Vénitienne, appuyée de l'Infanterie, chargea rudement les Français, faisant un bruit épouvantable d'instrumens, comme allant à une victoire assurée. Les Français, de leur côté, ne se rompaient point, et escarmouchaient prudemment et avec précaution, jusqu'à ce qu'ils fussent au Village de Servode. Alors les Lansquenets parurent en bon ordre à un trait d'arc de la Cavalerie, et Bayard cria aussitôt : Chargez. Les Vénitiens déjà surpris à la vue de cette Infanterie qu'ils n'attendaient pas là, le furent bien davantage du choc qu'il leur fallut essuyer de la part des Gendarmes. Cependant ils soutinrent très-bien d'abord, quoiqu'il y en eût beaucoup des leurs mis par terre. Les Lansquenets ensuite tombèrent sur leurs gens de pied, qui, n'ayant pas de place pour reculer, furent mis en pièces, sans que l'on s'amusât à faire un seul prisonnier. Manfron, témoin de sa défaite, fit très-bien son devoir; mais ne voyant plus d'autre ressource que la fuite, il se mit au grand galop vers Saint-Boniface, où il y avait une bonne course. On le suivit; mais Bayard fit sonner la retraite, et tout le monde se rassembla, ayant fait un butin considérable, gagné beaucoup de chevaux, avec environ soixante Hommes d'Armes prisonniers, qui furent conduits à Vérone. La perte des Vénitiens fut complète : outre les soixante Hommes d'Armes prisonniers, il en resta vingt-cinq sur la place, avec leurs deux mille hommes de pied, dont il n'échappa pas un seul. On fit dans Vérone une réception triomphante aux vainqueurs, tant Français que Bourguignons et Lansquenets, leurs compagnons ne regrettant que de n'avoir pas été de la fête.

Si cette journée fut glorieuse pour Bayard, et pour tous ceux qui y eurent part avec lui, elle fut encore plus heureuse par le bonheur qu'ils eurent de découvrir la trahison, sans quoi ils y auraient tous infailliblement péri. Cependant on doit rendre justice à sa grandeur d'ame dans les deux occasions que nous venons de rapporter. Dans la première, Manfron l'attaque avec cinq cents hommes, et lui dresse une embuscade de six cents autres, Bayard n'en ayant que cent quarante ; dans la seconde, le même use de trahison, en lui faisant dire qu'il doit marcher avec seulement trois cents Chevaux-Légers, et comptant bien que le Chevalier n'en aurait pas davantage, il lui dresse une autre embûche, où il met deux mille hommes pour l'accabler à coup sûr. Le Chevalier, au contraire, ne veut prendre d'abord que deux cents Gendarmes à opposer aux trois cents ennemis ; et quand il sait la trahison, au lieu de la rendre à Manfron et de l'attaquer à forces supérieures, il se contente du même nombre. C'est ce qu'il a pratiqué toute sa vie ; il eut toujours en horreur la trahison et les traîtres, et on verra dans toute son histoire qu'après Dieu il a plus compté sur la valeur de ses troupes, que sur la supériorité du nombre.

Quand Bayard fut rentré chez lui, il se fit amener l'espion, et lui dit : Je t'ai donné ma parole, il faut la tenir ; va-t-en au camp des Vénitiens, et demande au Seigneur Manfron si le Capitaine Bayard en sait autant que lui : dis-lui encore de ma part qu'au même prix nous nous reverrons quand il voudra. Cela dit, il le fit reconduire hors de la Ville par deux Archers. L'espion fut assez idiot pour aller droit à Saint-Boniface, mais à peine y arriva-t-il, que Manfron le fit pendre, comme un traitre, sans seulement vouloir l'entendre.

L'hiver suspendit les opérations; cependant les Vénitiens qui tenaient encore Lignago, et y avaient une bonne garnison, faisaient souvent des courses sur celle de Vérone, et celle-ci sur eux.

Au commencement de l'année 1510, c'est-à-dire, aussitôt après Pâques, le Duc de Nemours, neveu du Roi (*x*), passa en Italie. Il avait avec lui l'illustre Capitaine Louis d'Ars, dont il a été parlé plusieurs fois. Ils furent reçus comme il appartenait à chacun par le Grand-Maître de Chaumont, Gouverneur de Milan, et par tous les Chefs de l'armée. Mais personne ne reçut plus de marques d'amitié et d'estime que Bayard, tant du Prince qui le connaissait depuis long-temps, et qui était instruit de ses exploits depuis qu'ils ne s'étaient vus, que du Seigneur Louis d'Ars, son premier Maître dans le métier des armes. Le Roi fit encore passer à son armée d'Italie le Seigneur de Molard (*y*)

---

(*x*) Il était fils de Jean de Foix, Comte d'Etampes et de Narbonne, et de Marie d'Orléans, sœur du Roi.

(*y*) Soffrey Alleman, Seigneur de Molard et d'Uriage. Il fut Capitaine de mille hommes de pied, précéda Bayard avec deux mille Lansquenets, et plusieurs autres Capitaines.

Le Grand-Maître alla mettre le siége devant Lignago; et pour lui couper les secours et les vivres, Millaut d'Alègre fut envoyé à Vicence avec cinq cents Hommes d'Armes, et quatre ou cinq mille Lansquenets du brave Prince d'Anhalt, qui avait pour son Lieutenant le Capitaine Jacob Emps, dont il a été parlé. La Place se fit battre assez long-temps par une nombreuse artillerie, à laquelle était jointe celle du Duc de Ferrare, où était entr'autres une coulevrine de vingt pieds de long, que les Aventuriers nommaient *le grand Diable*. La Ville fut prise enfin, et il n'y fut fait quartier à personne. Molard et ses Aventuriers y firent des merveilles, ne s'étant pas donné le temps que la brèche fût faite pour monter à l'assaut. Le Grand-Maître y mit pour Gouverneur la Cropte-Daillon, et avec lui cent Hommes d'Armes, dont il avait la charge sous le Marquis de Montferrat, et mille hommes de pied commandés par les Capitaines le Hérisson et Jacques Corse, Napolitain.

Pendant le siége de Lignago, le Grand-Maître apprit la mort de son oncle le Car-

---

dans la charge de Lieutenant-Général pour le Roi au Gouvernement du Dauphiné, et mourut à la bataille de Ravenne.

dinal d'Amboise (z). Cette perte lui fut si sensible qu'il ne put jamais s'en consoler; sa douleur dégénéra en une langueur dont il mourut peu de temps après, comme nous le dirons en son temps. Il avait obligation à ce grand homme des dignités dont il jouissait, étant devenu successivement Grand-Maître, Maréchal et Amiral de France, et Gouverneur du Duché de Milan. Ce grand Prélat, auquel on ne peut refuser des éloges par-tout où il y a lieu de parler de lui, avait aussi fait de grands biens à toute sa Maison, alors fort nombreuse, tant dans l'Eglise, qu'à la Cour et dans les Armées. Tous les Historiens de son temps s'accordent à le louer sur la sagesse de son Ministère, sur la confiance du Roi qu'il possédait sans réserve, sur l'administration des finances qui furent toujours abondantes, sans charges nouvelles sur les Peuples, quoique Louis XII

---

(z) Il se nommait Georges d'Amboise. Il était septième fils de Pierre, Seigneur de Chaumont et de Resnel, et d'Anne de Beuil, sœur de l'Amiral de France, Comte de Sancerre. Georges fut d'abord Evêque de Montauban, et successivement Archevêque de Rouen, Cardinal, Légat à *latere*, et principal Ministre. Il mourut à Lyon, où son cœur fut déposé dans l'Eglise des Célestins, auxquels il avait fait de grands biens, et son corps fut apporté dans sa Cathédrale à Rouen, où l'on voit son tombeau.

ait eu des guerres presque cóntinuelles à soutenir ; enfin sur son désintéressement scrupuleux, n'ayant jamais voulu avoir plus d'un bénéfice. Il mourut Archevêque de Rouen, où sa mémoire est encore aussi récente que le premier jour. Sa mort donna lieu, dit l'Historien Bouchet, à l'infraction faite peu après au Traité de Cambrai.

Le Grand-Maître de Chaumont, son neveu, malgré son affliction, qu'il dissimulait de tout son pouvoir, n'en était pas moins vigilant pour les intérêts du Roi son Maître. Ayant donc pourvu à la garde de Lignago, il alla joindre ses troupes à celles de l'Empereur, pour marcher contre les Vénitiens et les réduire. Il était tout nouvellement arrivé au secours de l'Empereur quatre cents Hommes d'Armes Espagnols et Napolitains, les plus belles troupes que l'on pût voir, sous les ordres du Duc de Termes (aa). On les mit en garnison à Vérone pour les rafraîchir. Les deux armées allèrent camper à une Ville nommée Sainte-Croix, où elles s'arrêtèrent pour attendre l'Empereur qui devait s'y rendre ; mais on l'attendit inutilement.

---

(aa) Je n'ai pu découvrir ce que c'était qu'un Duc de Termes en Espagne, et dans le temps dont il s'agit ici. Il y a certainement de l'erreur dans l'Histoire originale.

Quand on décampa de Sainte-Croix pour aller à Montselles, que les Vénitiens avaient reprise, il arriva un événement bien cruel, qui mérite d'être rapporté.

Il y a près de Longara une montagne dans laquelle la Nature a pratiqué une voûte de plus d'un mille de longueur. Les habitans du plat-pays, effrayés de la guerre, s'y étaient réfugiés au nombre de deux mille personnes, tant hommes que femmes, Nobles et autres, avec leurs effets et quantité de vivres. Ils avaient quelques armes à feu pour en défendre l'entrée en cas d'attaque, et cette entrée était telle qu'il n'y pouvait passer qu'un homme à la fois. Les Aventuriers, gens de pillage, et dont les plus lâches y sont ordinairement les plus ardens, vinrent à découvrir cette *grotte de Longara*. Ils voulurent y entrer, mais on les pria de n'en rien faire, parce que ceux qui s'y étaient renfermés ayant laissé leurs biens dans leurs maisons, il n'y avait pas là de butin à faire : ils s'obstinèrent à forcer l'entrée, mais on leur tira de la grotte quelques coups d'arquebuses qui en mirent deux sur le carreau. Les autres allèrent appeler leurs camarades qui accoururent, suivant leur coutume d'être plus diligens à faire un mauvais coup qu'une bonne action. Quand ces scélérats virent qu'ils n'entreraient jamais de force, ils s'en vengèrent cruellement. Ils amassèrent du bois, de la paille et du foin devant l'ouverture de la grotte, et y mirent le feu. Dans un moment il se fit une fumée si épouvantable, que la grotte en fut remplie, et que l'air n'entrant que par cette ouverture, tout ce qui y était renfermé fut suffoqué sans que le feu eût touché à personne. Il y avait parmi ces malheureuses victimes nombre de Gentilshommes et de Dames que l'on trouva morts comme s'ils dormaient, sans être défigurés ; et entre autres de jeunes femmes, dont les enfans morts étaient à demi sortis de leurs corps. Enfin, ce fut le plus pitoyable spectacle du monde. La fumée dissipée, les Aventuriers y entrèrent et y firent un butin immense. Leur barbarie fit horreur au Grand-Maître et à tous les Chefs de l'armée ; mais Bayard, qui était ennemi juré de pareilles expéditions, n'eut point de repos qu'il n'eût mis la main sur quelques-uns de ces brigands. Il lui en tomba deux entre les mains, dont l'un n'avait qu'une oreille, et l'autre n'en avait point ; il fit perquisition de leur vie, et en trouva plus qu'il n'en fallait pour les livrer au Prévôt, qui les fit pendre devant l'entrée de la grotte, en présence de Bayard, qui voulut être témoin de leur supplice.

Pendant qu'on les exécutait, il sortit de

de la grotte une espèce de fantôme, un enfant de quinze ans, tout jauni par la fumée, et plus mort que vif; il fut conduit au Chevalier, qui lui demanda par quel miracle il avait échappé. L'enfant répondit que quand il vit cette horrible fumée, il s'était enfui tout à l'extrémité de la caverne, où il avait observé le roc fendu jusqu'au haut, et que de-là il avait reçu un peu d'air; il raconta aussi une circonstance bien déplorable, qui fut que quelques Gentilshommes, et leurs femmes, ayant vu les préparatifs pour les brûler, avaient voulu sortir, aux risques de périr dehors aussi bien que dedans; mais que les Paysans renfermés avec eux, et qui étaient les plus forts et le plus grand nombre, les en avaient empêché à coups de piques et d'autres armes, en disant : puisqu'il faut que nous périssions ici, vous y resterez comme nous.

On a vu que de Sainte-Croix les armées se rapprochèrent de Montselles, que les Vénitiens avaient reprise : ils l'avaient fortifiée, et y avaient mis une garnison de mille ou douze cents hommes. Dans la route, Bayard, d'Alègre et le Seigneur Mercure, Capitaine d'Albanais au service de l'Empereur, rencontrèrent une troupe de Chevaux-Légers au service de la République, que l'on nommait Corvats (troupe de la Croatie), plus Turcs que Chrétiens, et gens de pillage. Ils venaient voir s'il y avait quelque coup à faire et quelque chose à gagner ; mais tout ce qu'ils gagnèrent fut de rester presque tous sur la place, ou prisonniers. Parmi ceux-ci se trouva un cousin de ce Seigneur Mercure, son plus grand ennemi, et qui l'avait injustement dépouillé de tous ses biens en Croatie leur patrie ; ils se reconnurent, et le vainqueur se rapelant tout le mal que l'autre lui avait fait, refusa de le rançonner ou échanger, quoiqu'il lui remontrât qu'étant prisonnier de guerre, il devait jouir du droit commun de se racheter, et qu'il lui offrit six mille ducats et six chevaux Turcs d'une beauté admirable. Nous parlerons de cela une autrefois plus à l'aise, dit Mercure ; mais de bonne foi, si tu me tenais comme je te tiens, que ferais-tu de moi ? Puisque tu me presses si fort, répondit l'autre, je te déclare que si tu étais en mon pouvoir comme je suis au tien, tout l'or du monde ne m'empêcherait pas de te faire mettre en pièces. Vraiment, dit Mercure, je n'ai pas envie de te faire pis ; et à l'instant il ordonna à ses Albanais de sabrer lui et ses Croates ; ce qui fut si promptement et si bien exécuté, qu'il n'y eut ni Capitaine, ni autre, qui ne reçut dix coups de trop. Ensuite ils leur coupèrent la tête à tous, et les portaient en triomphe au bout de leurs piques, à la manière des Turcs. Ces Croates portaient un habillement singu-

Iier; ils avaient entr'autres la tête couverte d'un chaperon comme les femmes, et en-dedans une espèce de bonnet fait de plusieurs feuilles de papier collées ensemble, impénétrable à l'épée.

Montselles fut assiégée et canonnée pendant quatre ou cinq jours. Elle était si bien fortifiée, qu'elle n'eût jamais été prise sans les sorties indiscrètes et trop fréquentes de la garnison, qui venait quelquefois jusqu'à un jet de pierre du Fort, contre les Aventuriers Français, qui ne demandaient qu'à aller voir ce qui se passait dans la Place. Un jour ceux du Capitaine Molard allèrent avec un Gentilhomme, nommé le Baron de Montfaucon, escarmoucher les gens du château, qui les reçurent gaillardement, et les repoussèrent deux ou trois fois avec perte ; mais qui enfin les chassèrent trop loin, en sorte que, quand ils voulurent se retirer, ils étaient si fatigués, qu'à peine pouvaient-ils se traîner. Les Aventuriers s'en aperçurent, et revinrent sur eux avec tant de vivacité, qu'ils entrèrent tous ensemble pêle-mêle dans la Ville. Quand le reste de la garnison vit que tout était perdu, ils se retirèrent dans une grosse tour, où on les assiégea ; et comme ils ne voulaient pas encore se rendre, on mit le feu au pied, et la plus grande partie se laissa brûler plutôt que de se rendre prisonniers ; d'autres sautaient par les fenêtres ou créneaux, et on les recevait sur la pointe des piques ; enfin presque tous y périrent. De la part des Français, il y fut tué un Gentilhomme nommé Camican, et le baron de Montfaucon fut blessé à mort ; cependant il en revint, mais avec bien de la peine.

*Fin du troisième Livre.*

# HISTOIRE
## DU CHEVALIER
# BAYARD.

*LIVRE QUATRIÈME.*

### SOMMAIRE.

*Guerre du Pape Jules II contre le Duc de Ferrare. Témérité d'un Capitaine Français. Il est trahi par un espion. Il donne dans une embuscade. Il est taillé en pièces avec toute sa troupe. Stratagème d'un Capitaine Vénitien découvert et sans effet. Le pape veut s'emparer de la Mirandole. Belle résolution de la Comtesse de la Mirandole. Elle est secourue par le Duc de Ferrare. Bayard tente d'enlever le Pape. Un hasard lui fait manquer son coup. Frayeur de Jules. La Mirandole se rend au Pape, qui y entre par la brèche. Il projette le siége de*

*Ferrare. Il commence par celui de la Bastide. La nouvelle en est portée au Duc de Ferrare. Ses alarmes. Bon conseil de Bayard qui le rassure. Remercîmens du Duc. Ils vont au secours de la Bastide. Succès de l'avis de Bayard. Bataille et victoire de la Bastide. Défaite totale de l'armée du Pape. Eloge de la Duchesse de Ferrare. Mort de Clermont-Montoison. Fureurs du Pape. Il tente d'avoir Ferrare par trahison. Autre projet encore plus odieux. Le Duc de Ferrare s'y refuse. Il le communique à Bayard. Le Duc projette de se défaire du Pape, qu'un traître lui promet d'empoisonner. Bayard s'y oppose. Le Duc d'Urbin tue le Cardinal de Pavie. La Mirandole reprise et rendue à la Comtesse. Misère des Français en Allemagne. Duel entre deux Espagnols. Sainte-Croix y est vaincu et blessé. Suite des affaires d'Italie. Mort du Maréchal de Chaumont. Le Duc de Longueville lui succède. Il est aussitôt relevé par le Duc de Nemours. Histoire singulière d'un Astrologue. Ce qu'il prédit à Bayard et à d'autres.*

La Ville de Montselles prise, on en augmenta les fortifications, et on y mit une forte garnison, dans le dessein d'aller tout de suite mettre le siége devant Padoue.

Sur ces entrefaites, on apprit que le Pape Jules II déclarait la guerre au Duc de Ferrare, allié du Roi, à qui ce Prince avait écrit pour en obtenir du secours. Le Roi le lui accorda, et donna ordre au Grand-Maître, son Lieutenant-Général, de secourir le Duc. Chaumont, en conséquence, lui envoya un détachement de quatre mille hommes sous les ordres des Seigneurs de Clermont-Montoison, de Fontrailles, du Lude et Bayard. Il y joignit huit cents Suisses, nouvellement venus à son armée comme Aventuriers, commandés par un Capitaine de leur Nation, nommé Jacob Zemberc. Ces Officiers, et leurs troupes, furent reçus avec bien de la joie par le Duc et la Duchesse de Ferrare, et par leurs Sujets.

Avant que de parler de la guerre entre le Pape et le Duc de Ferrare, il est bon de raconter ici un échec qu'un parti Français reçut par la trahison d'un espion.

A peine le Capitaine la Cropte-Daillon fut-il en possession de son Gouvernement de Lignago, qu'il tomba dangereusement malade. Il avait avec lui un grand nombre de jeunes Gentilshommes volontaires, un entr'autres nommé Guyon de Cantiers, plus brave et plus hardi que prudent. Les Vénitiens faisaient des courses jusqu'aux portes de la Ville; mais la garnison, qui n'avait ordre que de la bien garder, n'osait en sortir. Guyon de Cantiers avait fait connaissance avec des gens de la Ville de Montagnane, distante de Lignago de douze ou quinze milles, qui lui servaient d'espions. L'un d'eux venait souvent voir cet Officier à sa garnison, et l'assura un jour que s'il pouvait sortir avec un petit nombre de gens de cheval et de pied, il lui donnerait le moyen d'enlever le Provéditeur André Gritti, qui venait souvent à Montagnane, avec deux ou trois cents Chevaux-Légers : il lui promit de l'avertir du jour que l'occasion serait bonne, et de lui montrer une embuscade où il se placerait dès le matin, et où surement il enlèverait le Provéditeur, et tout de suite prendrait la Ville, où il y avait de quoi piller. Cantiers, qui n'était pas moins empressé de se signaler par quelqu'exploit, que de mettre la main sur ce butin, promit ce que l'espion voulut, à la charge qu'il l'avertirait exactement. Ce traître, retourné à Montagnane, fit part au Commandant de ses conventions avec Cantiers, et lui promit de lui livrer une partie de la garnison de Lignago, et de le mettre en état de reprendre la Place même qui était de conséquence pour la Seigneurie. Le Commandant goûta le projet, et par un exprès en instruisit le Provéditeur. Celui-ci amena trois cents Hommes d'Armes, huit cents Chevaux-Légers, et deux mille hommes de pied.

Dès le même jour l'espion retourna vers Cantiers, qui fut charmé de le voir, et lui demanda, quelles nouvelles? Fort bonnes pour vous, si vous en voulez profiter, lui répondit-il d'un ton assuré; le Provéditeur arrive ce soir dans notre Ville avec seulement cent chevaux : si vous voulez être en campagne demain avant le jour, je vous le livrerai. Cantiers, transporté de joie, courut annoncer cette nouvelle à ses compagnons, entre autres à un Gentilhomme qui était leur Porte-Enseigne, nommé le jeune Malherbe. Chacun voulut en être, mais pour y aller il fallait la permission du Commandant la Cropte-Daillon, qui était encore malade et gardait la chambre. Cantiers et Malherbe allèrent la lui demander, et lui contèrent l'entreprise, comme la plus glorieuse et la plus avantageuse du monde. La Cropte était trop sage pour être d'abord de leur avis : Vous savez, leur dit-il, que la Place m'a été confiée sur ma vie et sur mon honneur, pour la garder seulement ; s'il vous arrivait du malheur, je serais un homme déshonoré et j'en mourrais de chagrin, ainsi je ne puis vous permettre cette course. Ils insistèrent plus fort qu'auparavant, l'assurant que leur espion était un homme sûr; enfin ils lui en dire tant, que plutôt par force et par leur importunité, que de bon gré, il leur en donna congé. Le Provéditeur avait envoyé en embuscade, à deux ou trois milles de Montagnane, deux cents Hommes d'Armes et mille hommes de pied, avec ordre de laisser passer tout ce qui sortirait de Lignago, et de fermer le passage par derrière ; ce qui ne fut que trop bien exécuté pour Cantiers et ses compagnons.

Ceux-ci, qui auraient pris d'eux-mêmes la permission, si le Commandant la leur eût refusée, avertirent leur troupe de l'heure où il fallait être à cheval, au nombre de cinquante Hommes d'Armes, aux ordres de Malherbe, et de trois cents hommes de pied conduits par Cantiers ; et ils partirent de Lignago, qu'à peine était-il deux heures du matin, guidés par leur infidèle espion, qui les menait à la boucherie.

Ils suivirent le grand chemin de Lignago à Montagnane, les gens de pied devant, et la cavalerie en aile ; passèrent sans défiance un petite Village où était la première embuscade, et s'avancèrent à un mille de la Ville. Là l'espion les quitta, pour aller, disait-il, voir ce qui se passait à Montagnane. Ils le laissèrent partir, et eussent bien mieux fait de le poignarder ; car il alla droit au Provéditeur, et lui dit : Je vous ai amené la plus belle partie de la garnison de Lignago la corde au cou, et, si vous voulez, il n'en échappera pas un seul ; ils sont à un mille d'ici, et en deçà de l'embuscade. Gritti fut bientôt à cheval,

avec tout son monde, et envoya devant
cent chevaux pour escarmoucher. Les
Français furent ravis de joie, croyant
que le Provéditeur était dans cette première troupe, et qu'ils allaient lui mettre
la main sur le corps; ils la chargèrent
vigoureusement; mais elle tourna le dos
et s'enfuit jusqu'à la grande embuscade.
Alors tout ce qui y était caché parut, et
les Français bien étonnés retournèrent
vers leurs gens de pied, et leur dirent :
Nous sommes perdus, ils sont plus de trois
mille, il faut essayer de nous sauver. Ceux
de Venise les talonnèrent, criant : *Marco,
à Carne.* Les Français voyant le danger,
mirent leurs gens de pied devant, et la
cavalerie derrière pour les soutenir; et
en cet état reculèrent sans perte jusqu'au
Village où était la première embuscade des
Vénitiens. Ceux-ci se montrèrent aussitôt
au son de la trompette, suivant l'ordre
qu'ils en avaient, et fermèrent le chemin
de Lignago aux Français, qui se trouvèrent enveloppés par dix fois plus de monde
qu'ils n'étaient. Cependant ils se défendirent comme des lions, et occupèrent ce
grand nombre plus de quatre heures sans
être rompus. Alors Gritti envoya ses Arbalétriers à Cheval prendre les gens de
pied en flanc, ce qui bientôt les ébranla,
mais ne les empêcha pourtant pas de se
retirer jusqu'à quatre milles près de leur
Place. Enfin, attaqués de tous côtés, leurs

Gendarmes mis à pied, leurs chevaux tués pour la plupart, et ayant affaire à dix hommes contre un, il fallut succomber; en sorte que de trois cents qu'ils étaient, il n'en échappa pas un seul. Cantiers leur Capitaine voyant que tout était perdu, se précipita dans les ennemis, et en tua six de sa main, avant que de périr lui-même. Malherbe soutint encore une heure avec ses Gendarmes, et fut enfin fait prisonnier avec vingt-cinq des siens; tout le reste fut mis à terre, et il ne resta pas un homme pour en porter la nouvelle à Lignago.

Le Provéditeur Gritti, voyant que sa victoire était si complète, s'avisa d'un stratagème pour surprendre Lignago : ce fut de dépouiller tous les morts Français, et de mettre leurs habits sur autant des siens, tant gens de pied que gens de cheval; ensuite il leur donna encore cent vingt des siens à conduire comme prisonniers, avec trois fauconneaux que les Français avaient amenés, et il leur ordonna de gagner la Ville, et de crier en y arrivant : *France, France, victoire, victoire.* Ceux de dedans, disait-il, croiront voir venir leurs gens victorieux; et pour les mieux tromper, portez leurs enseignes, et quelques-unes des nôtres, comme si vous les aviez gagnées : ils vous ouvriront certainement la porte, et vous vous en saisirez; moi, je marcherai à un jet d'arc de vous, et je vous joindrai au premier son de la trompette : si vous jouez bien vos personnages, Lignago sera à nous dans le jour, et vous savez de quelle importance elle est pour la République.

Cet ordre fut parfaitement exécuté ; ils approchèrent de la Place au bruit des trompettes, clairons, et se mirent à crier : *Victoire*. La Cropte avait un Lieutenant, nommé Bernard de Villars, homme de qualité, vieux soldat, et fort expérimenté, lequel voyant venir cette troupe triomphante, monta au donjon de la porte pour la reconnaître ; la marche et la contenance tant des gens de pied que des gens de cheval, lui furent suspectes : Voilà bien, dit-il, les habits et les chevaux de nos gens, mais ils ne sont pas montés à la Française ; ceux-là ne manient pas leurs chevaux comme nous ; le cœur me dit que les nôtres ont eu du malheur, et qu'il y a ici de la ruse, Dans cette idée, il envoya un homme pour faire abaisser le pont et retirer la planchette : Si ce sont nos gens, lui dit-il, vous les reconnaitrez bien, sinon sauvez-vous à la barrière ; j'ai deux pièces de canon chargées avec lesquelles je les recevrai. Le soldat exécuta l'ordre ; il sortit de la Place pour reconnaître la troupe, et cria : *Qui vive ? où est le Capitaine Malherbe ?* Personne ne répondit ; mais les ennemis pensant que le pont serait abattu, piquèrent des deux. Le soldat gagna la barrière diligemment, et les deux pièces de canon jouèrent, dont la troupe bien étonnée s'arrêta tout court, et tourna le dos. Ainsi la Place fut sauvée ; mais la journée n'avait été que trop malheureuse.

Quand Daillon en apprit la nouvelle, il pensa en mourir de douleur, et le Roi fut prêt à lui faire son procès ; mais le Maréchal Trivulce l'apaisa : il était alors à la Cour pour tenir sur les fonts Madame Renée, seconde fille du Roi, et comme il connaissait Daillon pour bon Officier, il le justifia et obtint sa grâce.

Il est temps de retourner à la guerre déclarée au Duc de Ferrare par le Pape, que cet événement nous a fait interrompre.

(1511.) Jules II, prétendant que le Duché de Ferrare appartenait au Saint-Siége, et voulant l'y réunir, leva une armée dans le Bolonnais, et pour la faire passer dans ce Duché, il l'amena jusqu'à un Bourg nommé Saint-Félix, entre Concordia et la Mirandole. Le Duc de son côté, et les Français qu'il avait avec lui, étaient venus se loger à douze milles de Ferrare, entre les deux bras du Pô, à un endroit nommé l'Hospitalet ; ils y dressèrent un pont de bateaux, où ils mirent une bonne garde, et par ce pont ils faisaient de fréquentes escarmouches.

Quand le Pape fut arrivé à Saint-Félix, il manda avec hauteur à la Comtesse de la Mirandole, qu'elle eût à lui remettre sa Ville entre les mains, parce qu'elle lui était nécessaire pour son expédition de Ferrare. Cette Dame, qui était fille naturelle du Maréchal de Trivulce dont nous venons de parler, était veuve de Louis-Marie Pico. Elle avait, comme son père, le cœur tout Français, et comme elle était instruite que le Duc de Ferrare était allié de la France, et que le Roi lui envoyait du secours ; elle n'aurait pas, au péril de sa vie, donné sa Place au Pape. Elle avait alors auprès d'elle le Comte Alexandre Trivulce, son cousin germain, avec lequel elle concerta la réponse qu'elle devait faire au message du Saint Père. Cette réponse fut que le Député pouvait s'en retourner, et dire à son Maître que la Comtesse ne livrerait sa Ville à quelque prix que ce fût ; que Dieu l'en avait rendu Dame et Maîtresse, et qu'elle saurait bien la garder contre quiconque voudrait s'en emparer. Le Pape irrité au dernier point de cette réponse, jura *S. Pierre et S. Paul*, qu'il s'en rendrait maître de gré ou de force ; et à l'instant il ordonna à son neveu, le Duc d'Urbin, de se préparer à y mettre le siége dès le lendemain. Le Comte Alexandre, qui ne s'attendait pas à moins, envoya en toute diligence faire part de la chose au Duc de Ferrare, et aux Généraux Français à l'Hospitalet, distant de la Mirandole de douze milles. Il leur fit dire que n'ayant, pour le présent, pas assez de monde pour se défendre, il les suppliait de lui envoyer une centaine de braves hommes et deux canonniers. La conservation de la Mirandole intéressait trop le Duc de Ferrare (*a*), pour qu'il n'envoyât pas aussitôt le secours qu'on lui demandait.

Avec les cent hommes et les deux canonniers, partirent encore, comme Volontaires, deux Gentilhommes Français, les Seigneurs de Montchenu (*b*) et de Chantemerle : le premier, Dauphinois, neveu de l'illustre Montoison ; et l'autre, de la Beauce, neveu du Seigneur du Lude. A leur départ, Bayard les exhorta à se signaler et faire parler d'eux : la Place où vous allez, leur dit-il, est bonne et forte, et vous allez combattre pour le service d'une Dame ; vous devez vous rendre dignes de ses bonnes grâces ; et si la Place est assiégée, vous aurez de l'honneur à lui conserver. Après d'autres discours pour les encourager à bien faire, il monta

---

(*a*) Ce Duc se nommait Alphonse I, fils d'Hercules I. Il était grand Capitaine, sage et vigilant à la guerre, et bon politique ; il savait tout ce qu'un homme peut savoir, tant dans les Arts que dans les Sciences, et sur-tout dans celle d'Ingénieur et de Mathématicien, jusqu'à la fonte de l'artillerie et la construction des affûts.

(*b*) Marin de Montchenu, Favori de François I, et depuis son premier Maître d'Hôtel. Il suivit ce Prince, par attachement et sans être prisonnier, dans sa captivité à Madrid, après la funeste bataille de Pavie.

à cheval avec sa Compagnie, et voulut les escorter lui-même jusqu'à la Ville, où il les vit entrer. Ils furent reçus de la Dame et du Comte avec toute la joie et les honneurs possibles, et trois jours après le siége fut mis devant la Place. L'artillerie fut aussitôt dressée sur le bord du fossé, et tira sans relâche ; celle de la Ville lui répondit de même, sans que les assiégés parussent effrayés des forces du Pape.

Cependant Bayard, qui avait des espions par-tout, et qui était bien servi, parce qu'il payait bien, savait tous les jours exactement ce qui se passait à Saint-Félix, dans le camp du Pape. Un de ses espions lui ayant rapporté que le Saint Père devait dans peu en partir pour venir lui-même commander le siége de la Mirandole, il le renvoya savoir au juste quel jour il partirait. L'espion revint lui dire que ce serait le lendemain matin sans faute. Bayard, ravi de cette nouvelle, se disposa à faire un coup de main, et à enlever le Pape et toute sa Cour.

Il se rendit chez le Duc de Ferrare, où se trouva le Seigneur de Montoison. Je suis informé, leur dit-il, que demain le Pape doit quitter son camp de Saint-Félix pour aller à celui de la Mirandole, à six milles l'un de l'autre ; j'ai un dessein que je viens vous proposer, et si vous l'agréez, on en parlera encore dans cent ans ; c'est que je connais à deux milles de

Saint-Félix deux ou trois grands palais abandonnés à cause de la guerre ; je veux marcher toute cette nuit, avec cent Hommes d'Armes de mon choix, sans pages ni valets : je m'embusquerai dans celui de ces palais qui conviendra le mieux à mon projet, et demain matin quand le Pape délogera, je vous promets de l'enlever : je sais qu'il n'a pour escorte que quelques Cardinaux, quelques Evêques et des Protonotaires, avec cent hommes de sa garde; ce ne sont pas-là des gens à le sauver de mes mains, et avant que l'alarme soit à son camp, je vous l'amène ici. Mais pour me soutenir en cas d'accident, il faudra, Monseigneur, dit-il, en parlant au Duc, que vous, et le Seigneur de Montoison, passiez le pont au point du jour avec le reste de la Gendarmerie, et que vous avanciez jusqu'à quatre ou cinq milles d'ici. Ce projet fut admiré, il n'y avait plus qu'à l'exécuter, ce qui ne tarda pas un moment ; car Bayard ayant pris ses cent hommes d'élite, les fit mettre en ordre de bataille, comme s'il eût marché à une action ; dans cet état il alla toute la nuit, ayant son espion pour guide, et il eut le bonheur d'être logé dans un de ces palais avant le jour, sans avoir été rencontré ni découvert par hommes ni femmes.

Au point du jour, le Pape monta en litière et prit le chemin de son camp de la Mirandole. Avant lui étaient partis ses

Protonotaires, Secrétaires, et autres Officiers de sa Maison, pour lui préparer les logis. Quand Bayard vit ce cortége, il fondit dessus sans perdre de temps ; mais ils tournèrent bride, et coururent à toutes jambes crier alarme à Saint-Félix. Ce ne fut pourtant pas là ce qui sauva le Pape ; heureusement pour lui, dès qu'il fut en litière, et qu'il eut fait cent pas hors de Saint-Félix, il neigea avec tant d'abondance et de violence, que le Cardinal de Pavie (*Félix Alidosi*), son premier Ministre, lui représenta que la rigueur du temps ne permettait point de passer outre, et lui conseilla de s'en retourner, à quoi le Pape consentit, sans se défier encore de rien. Le malheur voulut que les fuyards arrivassent au moment que le Pape entrait au Château, et Bayard dans le Bourg ; comme il n'en voulait qu'à lui, il ne s'était pas amusé à faire d'autres prisonniers.

Le Pape fut tellement épouvanté de leurs cris, qu'il sauta à bas de sa litière, sans attendre qu'on lui donnât la main, et lui-même aida à lever le pont : il n'y avait pas pour lui de temps à perdre, car un instant plus tard il était pris.

Quelque mortifié que fût Bayard de ce contre-temps, il n'eut point d'autre parti à prendre que de s'en retourner. Il savait cependant que le Château ne valait rien, et qu'il l'aurait dans un quart-d'heure ;

mais n'ayant pas d'artillerie, ni le loisir d'en faire venir, il était à craindre que l'alarme portée au camp de la Mirandole, il n'en vînt du secours, qu'il ne jugeait pas à propos d'attendre. Ainsi il reprit le chemin de Ferrare avec tant de prisonniers qu'il voulut, entre lesquels étaient deux Evêques, et grand nombre de mulets de charge, dont ses Gendarmes profitèrent.

Il était inconsolable d'avoir manqué un coup si bien concerté. Le Duc de Ferrare et Montoison, qu'il trouva avec leur escorte au rendez-vous convenu, ne furent pas moins affligés quand il leur en rendit compte. Cependant ils lui remontrèrent que le mal était sans remède, que son projet était admirable, et que le hasard seul l'avait empêché de réussir; ils l'emmenèrent ainsi jusqu'au camp, et chemin faisant, ils renvoyèrent quelques prisonniers à pied, et ensuite les deux Evêques, moyennant une modique rançon.

Le Pape avait eu une si grande frayeur du danger qu'il avait couru, qu'il en trembla la fièvre pendant vingt-quatre heures, et la nuit suivante il manda par un exprès, à son neveu le Duc d'Urbin, de le venir joindre avec quatre cents Hommes d'Armes, pour le conduire au camp de la Mirandole. Quand il y fut, il poussa le siége si vigoureusement, que la Place fut forcée de se rendre. Le même hasard qui lui avait sauvé la liberté, l'en rendit maître : c'est que pendant le siége il tomba de la neige, six jours et six nuits sans discontinuation, si abondamment, qu'il y en avait dans le camp la hauteur d'un homme. A la neige succéda une gelée si forte, que les fossés de la Mirandole avaient plus de deux pieds de glace, et qu'un canon qui y tomba de dessus le bord, avec son affût, ne put la rompre. D'ailleurs, l'artillerie du Pape avait déjà fait deux grandes brèches, en sorte que la Comtesse et le Comte Alexandre, ne pouvant espérer aucun secours, furent obligés de capituler. Ils savaient que le Grand-Maître de Chaumont était à Reggio avec le reste de l'armée Française, et qu'il fortifiait cette Place, ne doutant pas qu'après la réduction de la Mirandole, le Pape ne l'attaquât avec toutes ses forces, qui étaient devenues considérables par la jonction des troupes Espagnoles et Vénitiennes ; ils demandèrent donc par la capitulation, que la Ville étant rendue au Pape, il promît que la garnison et les habitans auraient la vie sauve ; mais il voulait que tout se rendît à discrétion. Cependant le Duc d'Urbin en fut le médiateur, et traita à la satisfaction des deux parties. Le Pape n'aurait pas été de si bonne composition, sans l'amitié qu'il portait à ce neveu, qui, de son côté, avait le cœur entièrement Français, et qui se souvenait, avec reconnaissance, des bontés que le Roi régnant, dont il avait été Page, avait eues pour lui. Le Saint Père ne daigna pas entrer dans la Mirandole par la porte, il fit faire un pont sur le fossé, et y entra par la brèche.

La nouvelle de cette prise chagrina infiniment le Duc de Ferrare, et tous les Généraux Français. Ce Prince ne doutant point qu'il ne fût incessamment assiégé dans sa Capitale, rompit le pont, et s'y renferma avec toutes ses troupes, résolu de s'y défendre jusqu'à la dernière extrémité. En effet, Jules ne fut pas plutôt tranquille dans la Mirandole, qu'il fit assembler un Conseil de Guerre, où assistèrent le Duc d'Urbin et tous les Capitaines de l'armée, tant de Cavalerie que d'Infanterie, à qui il déclara qu'il voulait, sans perdre un moment, aller mettre le siége devant Ferrare. Il leur demanda leur avis pour la conduite de cette expédition, attendu qu'il savait que la Place était forte par elle-même, et qu'elle était garnie de bonnes troupes et d'une nombreuse artillerie. Il ajouta que le meilleur moyen de la réduire était de lui couper les vivres et de l'affamer, ce qui était aisé à faire par le dessus du Pô, dont il était le maître, pourvu que les Vénitiens gardassent bien le dessous de cette rivière. Tout le monde dit ce qu'il pensait pour et contre ce projet ; quand ce vint le tour d'opiner d'un Capitaine de la République, nommé Jean Fort, il adressa la parole au Pape, et lui dit : Très-Saint Père, suivant le plan de Votre Sainteté et les opinions de tous ceux qui ont parlé, il paraîtrait aisé d'affamer Ferrare, en gardant le dessus et le dessous du Pô ; mais je connais assez le pays pour assurer que la Place tirerait toujours assez de subsistances par Argente, et que cependant on pourrait encore lui couper cette ressource; d'un autre côté, il y a un pays que l'on appelle la Polésine de Saint-Georges, si abondant, que lui seul nourrirait la Ville une année ; or, il sera difficile d'en rompre la communication, si Votre Sainteté ne s'empare d'une petite Ville, à vingt-cinq milles de Ferrare, nommée la Bastide, laquelle une fois prise, je garantis la Place affamée dans moins de deux mois, à la quantité de monde qu'elle renferme. A peine ce Capitaine Fort eut-il achevé de parler, que le Pape s'écria, qu'il fallait avoir promptement la Bastide, et qu'il n'aurait point de repos qu'elle ne fût à lui ; et dans l'instant il en donna la commission à deux Capitaines Espagnols qui devaient conduire chacun cent Hommes d'Armes, et au Capitaine Fort, avec cinq cents chevaux et cinq à six mille hommes de pied; il leur donna encore six pièces de grosse artillerie. Tout ce grand train partit en diligence, se rendit devant la Place sans obstacle, et surprit le Gouverneur, qui ne s'attendait pas à être assiégé, ni à l'être par une armée si formidable. Cependant il résolut de se bien défendre, autant qu'il le pourrait, avec une aussi faible garnison que la sienne; et il donna à l'instant, par un exprès, avis à son Maître de l'extrémité où il se trouvait. Les gens du Pape ne perdirent pas un moment. Dès qu'ils furent arrivés, ils placèrent leur artillerie, et commencèrent à battre en brèche.

Le courrier, que le Gouverneur avait d'abord envoyé secrètement au Duc, fit une diligence extrême, et se rendit en six heures à Ferrare. Bayard se trouva à la porte par où il entra, et se le fit amener pour savoir à qui il était, d'où il venait, et ce qu'il avait à faire à Ferrare. Cet homme lui rendit bon compte de sa commission, de l'arrivée de sept à huit mille hommes devant la Bastide, et finit par dire que le Gouverneur mandait au Duc, que s'il n'était secouru promptement, il ne pouvait pas tenir vingt-quatre heures. Comment, s'écria Bayard, la Place serait-elle si mauvaise? Non pas, Monseigneur, répondit le courrier, elle est même une des meilleures d'Italie; mais il n'y a que vingt-cinq hommes dedans, qui ne sont pas pour résister, sur-tout si les ennemis livrent l'assaut. Sur cela Bayard le mena au Duc, qu'il trouva à cheval sur la Place, se promenant avec Montoison. Celui-ci

crut

crut que le Chevalier tenait un espion, et lui cria du plus loin qu'il le vit : Mon compagnon, vous aimeriez mieux mourir, que de ne pas faire tous les jours quelque capture sur l'ennemi ; combien ce prisonnier-là vous payera-t-il de rançon ? Ce n'est pas un ennemi, dit Bayard, c'est un porteur d'étranges nouvelles pour Monseigneur. Le Messager rendit au Duc les lettres du Gouverneur de la Bastide, qu'il se mit à lire, et à chaque mot il changeait de couleur ; on le voyait rougir et pâlir successivement. La lecture faite, il dit d'un air triste : Si je perds la Bastide, je n'ai tout de suite qu'à abandonner Ferrare, et je ne vois pas de moyen d'y donner du secours dans le terme que mon Commandant me marque ; car il le demande pour demain, et cela est absolument impossible, attendu qu'il y a d'ici à la Bastide vingt milles, et que de plus il y a un défilé de la longueur d'un demi-mille, où il ne peut passer qu'un homme à la fois, et si mes ennemis connaissaient une autre gorge qui est sur la route, avec vingt hommes ils en arrêteraient dix mille ; mais je crois qu'ils ne la connaissent pas. Bayard voyant le Prince si consterné, et avec tant de sujet de l'être, prit la parole, et lui dit : Monseigneur, aux grands maux les grands remèdes ; quand il s'agit de peu de chose on prend son parti ; mais quand il y va de sa ruine, on doit faire les derniers efforts. Vos ennemis se croient en sureté devant la Bastide, parce qu'ils s'imaginent que l'armée du Pape, qui n'est pas loin d'ici, nous empêchera d'aller leur rendre visite ; il me vient une pensée, qu'il ne sera pas, je crois, difficile d'exécuter, et si elle réussit, elle nous fera honneur.

Vous avez en cette Ville quatre ou cinq mille hommes de bonnes troupes, et bien aguerries ; prenons-en deux mille, avec les huit cents Suisses du Capitaine Zemberg, et faisons-les embarquer cette nuit : vous êtes encore maître du Pô jusqu'à Argente ; ordonnez-leur d'aller nous attendre au passage dont vous venez de parler, et de s'en emparer, s'ils y sont arrivés avant nous. La Gendarmerie marchera toute la nuit par terre, avec de bons guides, et nous ferons en sorte d'y être demain au lever du soleil, et de nous joindre à l'infanterie. Jamais les ennemis ne se défieront de notre marche. Vous dites que de ce passage à la Bastide il n'y a pas trois milles : cela étant, sans leur donner le temps de se ranger en bataille, nous fondrons sur eux, et j'ai bonne opinion du succès.

Tout l'or du monde n'aurait pas fait tant de plaisir au Duc que l'avis que Bayard venait de lui donner. Monseigneur de Bayard, s'écria-t-il transporté de joie, il n'y a rien de difficile pour vous, et je ne doute point que si tous les Seigneurs Français qui sont ici veulent en être, nous ne détruisions l'armée du Pape; et, ajouta-t-il en mettant le bonnet à la main, je les en supplie de tout mon cœur. Vous n'avez point à prier, Monseigneur, repartit le brave Montoison; ordonnez, et vous serez obéi, car le Roi notre maître nous l'a ainsi prescrit. Les Seigneurs du Lude et de Fontrailles en dirent autant, et n'étaient pas des gens à reculer. A l'instant on manda les Capitaines des gens de pied, qui furent du même avis, charmés d'être d'une si belle expédition.

Le Duc fit donc préparer secrètement quantité de barques, où sur le soir il fit embarquer tous les gens de pied, avec de bons et sûrs mariniers. La cavalerie partit à l'entrée de la nuit, le Duc à la tête, avec de bons guides, qui les conduisirent si heureusement, que, malgré le mauvais temps qu'il faisait, une demi-heure avant le jour ils furent rendus sans aucun obstacle ni contre-temps au passage où était le rendez-vous. Au point du jour, les barques qui portaient les gens de pied arrivèrent aussi. Quand tout le monde fut réuni, on marcha sans bruit vers ce mauvais passage, qui était un petit pont si étroit, qu'il n'y pouvait passer qu'un cavalier à la fois, et il était sur une espèce de torrent fort profond, entre le Pô et la Bastide. Il fallut une heure pour faire défiler toute la troupe, en sorte qu'il était grand jour, ce qui donna au Duc mauvaise opinion du succès, d'autant plus que n'entendant point tirer de canon, il commençait à croire que la Place était rendue. Mais pendant qu'il en parlait avec les Capitaines Français, ils entendirent trois coups à la fois, qui leur firent un plaisir inexprimable.

Ils se trouvaient alors à un mille de l'armée ennemie; et Bayard s'adressant au Duc, lui dit: Monseigneur, j'ai toujours ouï dire que c'est n'être pas sage que de ne pas estimer son ennemi; nous sommes fort proche des nôtres, et s'ils avaient la moindre connaissance de notre marche, ils nous donneraient bien des affaires; car ils sont trois contre un, ils ont de l'artillerie, et nous n'en avons point. D'ailleurs, le Pape a envoyé ici l'élite de ses troupes; ainsi il faut faire notre possible pour les surprendre. Mon avis est que le bâtard du Fay, mon Guidon, homme entendu aux escarmouches, aille leur donner l'alarme du côté par où ils sont venus, avec seulement quinze ou vingt chevaux; le Capitaine Pierrepont, avec cent Hommes d'Armes, le suivra à un jet d'arc pour le soutenir, et à pareille distance le Capitaine Zemberg marchera avec ses Suisses. Vous, Monseigneur, à notre tête, avec le Seigneur de Montoison, et tout ce que nous sommes de Capitaines Français, nous marcherons droit au siége, et j'irai quelque peu devant donner la première alarme. Si du Fay attaque avant nous, et que les ennemis tournent de son côté, nous les mettrons entre lui et nous ; si, au contraire, nous attaquons avant lui, Pierrepont et les Suisses feront la même chose. Moyennant cela, ils seront étonnés, et ils nous croiront trois fois plus de monde que nous ne sommes, et sur-tout il faut que nos trompettes fassent le plus grand bruit qu'elles pourront.

Cet arrangement fut approuvé de tout le monde, et on s'accorda à le suivre ; en conséquence on marcha par les deux côtés, et le détachement du Prince s'approcha de la Place à une portée de canon, sans que les uns ni les autres fussent découverts.

Du Fay commença par donner de son côté une chaude alarme, qui surprit tout le camp des ennemis. Aussitôt ils se mirent sous les armes et montèrent à cheval pour aller droit à lui, pendant que leurs gens de pied se rangeaient en bataille ; mais, par un grand bonheur pour le Duc de Ferrare, on ne leur en donna pas le temps. A peine ceux qui repoussaient du Fay eurent-ils fait deux cents pas, que Pierrepont les prit de côté et les rompit ; aussitôt les Suisses fondirent sur les gens de pied, qui étaient cinq à six mille, et eurent d'abord du dessous, et sans doute eussent été forcés de céder au nombre, sans la cavalerie qui les soutint, et qui prit cette infanterie en flanc. Alors le Duc, à la tête des Hommes d'Armes Français, commandés par Montoison, du Lude, Fontrailles et Bayard, et avec deux mille hommes de pied, attaqua les ennemis par derrière, et les défit entièrement. Sur ces entrefaites, Fontrailles et Bayard aperçurent un corps de trois à quatre cents cavaliers qui essayaient à se rallier; ils appelèrent promptement les leurs, qui, sans donner le temps aux ennemis de se reconnaître, les chargèrent en criant : *France, France; Duc, Duc*, et les renversèrent pour la plupart. Le reste de leur armée soutint le choc près d'une heure, malgré le carnage; mais enfin leur défaite fut si complète, qu'à peine en échappa-t-il quelques-uns. Il resta sur la place près de cinq mille hommes de pied, et plus de soixante Hommes d'Armes; tout le bagage, toute l'artillerie, et plus de trois cents chevaux, demeurèrent aux vainqueurs, avec tant de butin, qu'ils en étaient embarrassés.

Cette victoire de la Bastide fut le salut du Duc de Ferrare et des Français, qui, autrement, étaient perdus. Ils s'en retournèrent tous à Ferrare, glorieux et triomphans, et y furent reçus aux cris et aux acclamations du peuple ; la Duchesse surtout leur fit l'accueil dû à leur succès, et pendant leur séjour les régala de fêtes et de divertissemens continuels.

Nous avons parlé des vertus et des talens du duc; la Duchesse, son épouse, n'était pas moins recommandable. Elle se nommait Anne Sforce, fille de Galéas-Marie, Duc de Milan, et de Bonne de Savoie, fille du Duc Louis. Elle était la personne de son siècle la plus avantagée des dons et des grâces de la nature; elle parlait et composait également bien en Italien, en Français, en Latin et en Grec, et ne contribua pas peu à la gloire de son mari et de sa maison. Ils eurent un fils, Hercules II, Duc de Ferrare, qui épousa Madame Renée, seconde fille du Roi.

Nous ne pouvons nous refuser d'interrompre un moment notre narration, pour rendre quelques hommages aux rares talens de notre Chevalier. Le Duc de Ferrare lui dut le salut de ses Etats et le sien; l'armée Française ne lui eut pas une moindre obligation, puisqu'elle était perdue si le Pape eût réussi dans ses projets, uni comme il l'était aux Espagnols et aux Vénitiens. Quelle tranquillité d'ame à la nouvelle du siége de la Bastide ! quel sang-froid à y chercher du remède ! quelle promptitude à le trouver ! quelle sagacité à le développer ! enfin quelle sagesse et quelle conduite dans l'exécution ! Mais peut-on assez le louer dans une partie essentielle pour un Général, qui est l'étude et la connaissance du pays où l'on fait la guerre ? Bayard, qui n'avait jamais vu la Bastide ni ses environs, ni la situation locale du Pô, possédait tout cela ; et sans cette connaissance aurait-il pu concevoir et rédiger dans un instant un projet aussi compliqué, d'où dépendait, sans autre ressource, le salut du Duc, celui de ses Etats, et celui même de l'armée du Roi ?

Peu de mois après le grand événement que nous venons de rapporter, mourut à Ferrare Philibert de Clermont, Seigneur de Montoison, d'une fièvre continue qui l'emporta en peu de jours. Il était Lieutenant-Général de l'armée de France en Italie, et l'un des plus grands Capitaines de son siècle. Il s'était extrêmement distingué en Picardie, en Bretagne, en Lombardie et dans le Royaume de Naples, et avait eu de grands avantages sur les Suisses, particulièrement au lac de Côme. On le louait, entr'autres, d'une justesse singulière à estimer le nombre des ennemis, quelqu'éloignés qu'ils fussent de lui. Le Roi le regretta infiniment, le regardant comme le premier de ses Capitaines, et il craignit que sa mort n'occasionât la révolte du Milanez. Il ne fut pas moins regretté du Duc et de la Duchesse de Ferrare, de tous les Officiers Français, et de toute l'armée ; mais il fut pleuré de Bayard, son ami particulier et son compatriote (*c*).

Si la délivrance de la Bastide fut un bonheur bien glorieux pour les Français, elle fut au contraire pour le Pape un sujet d'emportement jusqu'à la fureur, quand il en reçut la nouvelle. Il jura d'en tirer vengeance, et voulut aller droit faire le siége de Ferrare ; mais ses Généraux l'en détournèrent de tout leur pouvoir, surtout le Duc d'Urbin son neveu, qui eût bien voulu le réconcilier avec le Roi de France. Ils lui remontrèrent que la Place

---

(*c*) Ils étaient tous deux du même canton de la Province de Dauphiné. Montoison fut Capitaine de cinquante Hommes d'Armes, et l'un des plus illustres guerriers de son siècle, qui était celui des Héros. C'est lui qui donna lieu à la devise que prit sa postérité : *A la Recousse, Montoison*, à l'occasion de la bataille de Fornoue, où Charles VIII, voyant une aile de son armée ébranlée et prête à se rompre, s'écria : *A la Recousse, Montoison*. Ce Seigneur, qui commandait l'arrière-garde, accourut et chargea si vigoureusement les ennemis, qu'il décida le gain de la bataille.

Il était d'une branche cadette de la Maison de Clermont-Tonnerre, sur laquelle il serait superflu de nous étendre. Nous ne rapporterons que le trait suivant, un des plus honorables de l'Histoire de cette illustre Maison.

Une Bulle du Pape Caliste II, de l'an 1120, porte qu'en reconnaissance de ce qu'Aymard de Clermont, ayant en sa faveur levé une armée à ses dépens, l'avait conduite jusque dans Rome, malgré les forces de l'Anti-Pape Maurice Bourdin, il lui donne et à sa postérité, pour armoiries, les Clefs de S. Pierre (de gueules à deux clefs d'or, passées en sautoir), avec une Tiare pour cimier, et bien d'autres priviléges.

était forte par elle-même, bien garnie d'artillerie, et remplie de bons Officiers, sur-tout, disaient-ils, de l'invincible Bayard; que non-seulement il y perdrait trop de monde, mais qu'il y aurait encore trop de difficultés à faire suivre les munitions de guerre et de bouche.

Jules, forcé de renoncer à avoir cette Place par force, projeta de l'avoir par surprise, en y pratiquant des intelligences avec des Gentilshommes sur qui il croyait pouvoir compter, et par le moyen desquels il espérait se faire ouvrir nuitamment une des portes. Il leur envoya donc des espions chargés de les séduire ; mais le Duc et le Chevalier faisaient si bon guet, qu'il fut arrêté ou pendu six ou sept de ces espions. Cependant le Prince entra en défiance, peut-être mal-à-propos, contre quelques Gentilshommes qu'il fit arrêter, entr'autres, le Comte Borse, de la Maison de Calcagnini, chez lequel Bayard avait logé. Le Chevalier en fut fâché, mais dans l'incertitude où il était du fait, il ne voulut y prendre aucune part.

Le projet d'avoir Ferrare par trahison ne se trouvant pas plus heureux que celui de l'assiéger, Jules en imagina un troisième qui fait horreur. Ce fut de faire pratiquer le Duc secrètement, pour qu'il livrât les Français à sa discrétion. Le Pape avait à son service un Gentilhomme de

Lodi, au Duché de Milan, nommé Augustin Guerlo, homme d'intrigues, toujours plus disposé à faire une trahison ou une perfidie qu'une action honorable. Le Pape le fit appeler un jour, et le chargea d'aller trouver secrètement le Duc de Ferrare, de lui proposer de sa part une de ses nièces pour son fils aîné, avec la qualité de Gonfalonnier et Capitaine-Général de l'Eglise, et qu'il lui ratifierait encore pour toujours la possession de tout ce qui faisait l'objet de leurs démêlés, à la charge qu'il s'unirait à lui pour détruire les Français. Il ne faut pour cela, disait-il, que les congédier, et leur déclarer n'avoir plus besoin de leur secours : il faudra qu'ils passent nécessairement par mes terres, et je ne veux pas qu'il m'en échappe un seul. Guerlo trouva la commission de son goût, et s'en chargea avec promesse de la faire à la satisfaction du Pape. Il vint à Ferrare, et s'adressa directement au Duc, qui l'écouta sagement et sans lui laisser voir l'horreur qu'il avait de ses propositions : il lui dit seulement qu'il se prêterait volontiers aux intentions du Saint Père, quoiqu'il fût bien éloigné de le penser, et qu'il eût préféré la perte de ses Etats, et la mort même, à une ingratitude et une perfidie aussi indignes de lui. Cependant il reçut bien le messager, et lui fit bon traitement en apparence ; mais il le fit conduire dans une chambre, dont il ferma la porte et garda la clef, et du même pas il s'en alla chez Bayard, accompagné d'un seul Gentilhomme. Le récit qu'il lui fit du mauvais dessein de Jules fit frémir Bayard, qui hésitait à l'en croire, tant le projet lui parut détestable. Mais le Duc lui offrit, pour l'en rendre certain, de le conduire à son Palais, et de le placer dans un cabinet, d'où il pourrait entendre Guerlo répéter de point en point la commission du Pape, l'assurant qu'aux enseignemens que cet envoyé lui avait donnés, il n'y avait pas à douter qu'il n'en fût réellement chargé; mais, ajouta-t-il, j'en ai frémi d'horreur comme vous. Je sais les obligations que mes ancêtres ont eues aux Rois de France, et moi sur-tout au Roi régnant, et plutôt que de l'en payer par une trahison, je consentirais à être démembré à quatre chevaux. Bayard lui repartit qu'il n'avait pas à se justifier, qu'il connaissait trop sa grandeur d'ame pour craindre qu'il arrivât, au moins de son consentement, aucune surprise aux Français, et qu'il se croyait assuré dans Ferrare comme dans Paris. Alors le Duc lui proposa de rendre la pareille au Pape, et de lui jouer quelque bon tour en revanche du sien, et sans s'expliquer, il s'en retourna au Palais, où il entretint Guerlo avant que d'en venir au fait; enfin il lui dit : Je ne trouve pas que le projet du Saint Père soit praticable, par deux raisons : la première, comment croit-il que je puisse me fier à lui, après qu'il a cent fois dit que j'étais l'homme du monde qu'il haïssait le plus, que s'il me tenait en son pouvoir, il me ferait mourir ; et que je sais d'ailleurs qu'il n'a d'autre passion que d'avoir ma Ville et mes Etats ? En second lieu, comment aurais-je l'assurance de déclarer au Seigneur de Bayard et aux autres Capitaines Français, que leur secours m'est inutile, et qu'ils aient à se retirer ; ils sont deux fois plus forts que moi ici : ils prendront le temps d'en donner avis au Roi, ou à son Lieutenant-Général, le Grand-Maître de Chaumont ; et si, en attendant leurs ordres, ils viennent à découvrir mon intelligence avec le Pape, ils auront droit de me traiter en homme sans foi, et peut-être en ennemi, ou tout au moins ils m'abandonneront, et je me trouverai découvert de toutes parts. Mais, Seigneur Guerlo, vous connaissez le Pape pour un homme terrible, emporté et vindicatif : il vous a parlé d'une façon, et pense peut-être de l'autre, et il est capable de vous mal payer au premier jour de vos services. D'ailleurs, il est mortel, et lui mort, quelle récompense aurez-vous de son successeur ? Ignorez-vous que dans cette Cour-là la reconnaissance des services ne passe pas d'un Pape à l'autre ? Vous savez que je suis en état de vous faire du bien, et je vous donne ma parole de le faire si généreusement, que vous serez à votre aise le reste de vos jours, si vous voulez m'aider à me défaire de mon ennemi.

Guerlo avait l'ame trop basse et trop intéressée, pour ne pas se rendre à de telles propositions ; il assura le Prince qu'il y avait long-temps qu'il était résolu à quitter le service du Pape pour le sien, s'il l'agréait ; que personne n'était plus à portée que lui de faire ce qu'il souhaitait, étant jour et nuit auprès de la personne du Pape, le servant même à table, et étant assez dans sa confidence pour qu'il l'entretînt seul à seul de ses affaires les plus secrètes. Ainsi, Monseigneur, ajouta-t-il, si vous voulez me faire bon parti, il ne sera plus en vie dans huit jours ; je ne vous demande aucune récompense que quand il sera mort, mais il faut aussi que je sois assuré de votre parole. Le Duc, qui la lui avait déjà donnée, la confirma encore sur son honneur, et ils convinrent de deux mille ducats comptant, et de cinq cents ducats de rente. Le traité fait, le Duc le quitta pour aller en instruire Bayard. Il le rencontra sur les remparts, et l'ayant tiré à quartier, il lui dit : Vous savez que les trompeurs et les traîtres tombent souvent d'eux-mêmes dans leurs propres piéges. Nous serons vous et moi, et tous les Français, bientôt vengés de notre ennemi ; j'ai gagné le commissionnaire du Pape, et j'ai sa parole que dans huit jours son Maître sera mort. Comment cela? s'écria Bayard : cet homme entre-t-il dans le secret de la Providence, pour prédire à coup sûr la vie ou la mort ? Ne vous inquiétez pas, répondit le Duc, je suis bien assuré de ce que je viens de vous dire. Bayard avait le cœur trop pur pour soupçonner la vérité ; mais ayant enfin su que Guerlo devait empoisonner le Pape, il en frémit et en témoigna avec vivacité sa surprise au Duc, comme d'un projet indigne d'un Prince, et dit que s'il pouvait croire qu'il fût vrai, il en avertirait le Pape dans le jour même. Le Duc s'en justifia sur ce que Jules avait voulu leur faire une trahison à l'un et à l'autre, et qu'il savait que depuis peu ils avaient surpris et fait pendre bon nombre de ses espions. Il n'importe, dit Bayard, je ne consentirai jamais qu'il périsse de la sorte. Le Duc, au contraire, lui répondit qu'il voudrait en faire autant à tous ses ennemis ; mais, ajouta-t-il, puisque vous vous y opposez, il n'en sera rien ; cependant, si Dieu n'y met la main, nous aurons, vous et moi, tout le temps de nous en repentir. J'espère que non, reprit Bayard, et si vous voulez me livrer *le galant qui veut faire ce chef-d'œuvre*, je ne lui donne pas une heure que je ne le fasse pendre. Le Duc, qui avait donné à Guerlo sa parole pour la sureté de sa personne, voulut la tenir, et il le renvoya. Mais ce misérable ne tarda pas à recevoir la récompense qu'il méritait, ayant été pendu quelque temps après à Bresse, pour un autre crime. Ainsi Bayard, qui avait traversé les projets du Pape contre le Duc, traversa ceux du Duc contre le Pape ; sauva la vie à l'un, les Etats et l'honneur à l'autre.

Jules resta encore quelque temps à la Mirandole, puis mit ses troupes en quartier, et s'en retourna à Rome. Ce fut dans ce même temps que le Duc d'Urbin, neveu du Pape, eut une querelle avec le Cardinal de Pavie, premier Ministre, et le tua : soit jalousie de son crédit absolu, soit parce que c'était lui qui animait son Maître à faire la guerre; soit, comme on le disait, que ce Seigneur, qui avait le cœur Français, et qui, en effet, avait toujours été opposé à la querelle que le Pape faisait au Roi et au Duc de Ferrare, fût accusé par ce Cardinal de favoriser les Français, et de les instruire journellement des desseins de son oncle. Le Pape fut fort irrité de la mort de son favori ; mais il n'en fut rien de plus. On sait assez ce que la qualité de neveu d'un Pape a de privilége.

(1512.) L'année suivante, Trivulce, devenu Maréchal de France, qui commandait l'Armée Française en Lombardie, reprit la Mirandole, et la rendit à la Comtesse ; ensuite il chassa l'armée du

Pape jusqu'à Bologne, où il la détruisit entièrement, et pensa faire le Pontife lui-même prisonnier. Cette victoire eut cela de particulier, qu'il n'y eut point de sang répandu ; tout fut pris, homme, artillerie, tentes et bagages ; il y eut tel Français qui fit seul cinq ou six prisonniers; un, entr'autres, nommé la Baume, qui avait une jambe de bois, en conduisait trois liés ensemble. Bayard acquit tant de gloire à cette extraordinaire journée, que le Maréchal Trivulce n'hésita pas à dire le soir même, en présence de tous les Officiers de l'armée, que c'était à lui, après Dieu, que l'on devait la victoire.

Dans l'intervalle de ce qui vient d'être raconté, il se passa beaucoup d'affaires en Italie ; mais comme elles sont étrangères à l'Histoire de notre Héros, nous les supprimons. Nous ne devons pas cependant omettre que l'Empereur, ayant dans le Frioul des Places que les Vénitiens lui retenaient, demanda du secours à la France pour les recouvrer. Le Roi lui envoya douze cents Hommes d'Armes et huit mille de pied, commandés par Chabannes, qui n'oublia pas d'engager Bayard, son bon ami, à l'accompagner. Ce secours joignit à Vérone l'armée de l'Empereur sous les ordres de Georges de Stain, Seigneur Allemand. Elle marcha droit à Trévise, d'où, n'ayant pas eu grand succès, elle pénétra dans le Frioul. Bayard commandait alors cent Hommes d'Armes, que le Roi avait récemment donnés au Duc de Lorraine, sous la condition expresse que le Chevalier les conduirait. Avec cette troupe, et le brave Fontrailles avec la sienne, et quelque peu d'Allemands, ils se présentèrent devant Gradisque et Gorice, s'en rendirent bientôt maîtres, et les remirent aux gens de l'Empereur; mais dégoûtés par la lenteur des Allemands, ils rejoignirent Chabannes, qui, pour la même raison, était encore où ils l'avaient laissé. Dans cette expédition, ils perdirent un excellent Officier, le Seigneur de Lorges (de la Maison de Montgommery), tué devant Trévise, qui avait à sa charge mille hommes de pied. La misère survint, qui fit périr, faute de vivres, plus de quatre mille hommes, tant Français que Grisons; ce qui détermina Chabannes à s'en retourner, malgré l'opposition des gens de l'Empereur, avec qui il eut à ce sujet de grosses paroles.

Après que la Mirandole eut été reprise et Ferrare secourue, comme on l'a vu, le Duc de Nemours, avec les Officiers Français, alla voir le Duc et la Duchesse de Ferrare, dans leur Capitale, et en eut une réception digne d'un Prince neveu du Roi, et du grand service que les Français venaient de leur rendre. Entr'autres spectacles, on leur en donna un que nous allons rapporter, moins pour le donner en modèle, que pour faire voir à quel excès de fureur on portait alors ce que l'on nommait bravoure ou point d'honneur. Il paraît incroyable que des Princes et des Seigneurs recommandables par leur naissance, leurs vertus, leur piété même, se prêtassent à des combats qui révoltent la nature et la raison, comme à des actes bien légitimes et bien raisonnables, les uns pour se battre, d'autres pour les seconder, d'autres comme Juges du camp, d'autres enfin comme spectateurs. Nous avons vu Bayard lui-même, l'homme le plus sage et le plus vertueux de son siècle, dans le même cas. Mais ce qu'il y a de plus étonnant, c'est de voir les combattans se préparer par la prière à se battre, et le vainqueur rendre grâces à Dieu d'avoir, pour l'ordinaire, tué son homme (*d*).

_____

( *d* ) Un des plus célèbres duels dont l'Histoire fasse mention, est celui, sous le règne d Henri II, de Jarnac et de la Châteigneraye. Celui-ci étant blessé, et tombé à terre, Jarnac alla se jeter aux pieds du Roi, qui était présent à leur combat, pour le prier d'agréer qu'il lui donnât le vaincu. Le Roi ne lui fit aucune réponse, pour ne point violer la loi des duels. Jarnac fit sa prière à genoux, et remercia Dieu de lui avoir donné la victoire, s'écriant en se frappant la poitrine : *Domine, non sum dignus*. Ensuite il retourna à la Châteigneraye, qui perdait tout son sang, et qui cependant faisait encore des efforts pour le tuer ou se faire tuer. Jarnac retourna encore vers le Roi, et le supplia d'accepter le vaincu, pour qu'on le pensât; autrement, Sire, ajouta-t-il, il va mourir sur la place : ce que le Roi refusa encore, jusqu'à ce que le Duc de Vendôme, le

Deux Gentilshommes Espagnols, l'un le Seigneur de Sainte-Croix, l'autre Azévédo, faits prisonniers à l'affaire de Bologne, s'étaient querellés. Azévédo accusait Sainte-Croix d'avoir voulu le faire assassiner en trahison ; Sainte-Croix lui en avait donné le démenti, et offert de s'en purger par combat à outrance, c'est-à-dire, à mort. Azévédo chargea le Baron de Béarn de demander au Duc de Nemours sa permission, et le camp ; ce qu'ayant obtenu, il appela Sainte-Croix, qui accepta le duel, et ne se fit pas attendre. Le camp fut dressé devant le Palais du Duc de Ferrare. Le second jour, les champions comparurent : Sainte-Croix, accompagné de cent cavaliers, entr'autres de Dom Pedro d'Acugna son Parrain, Chevalier de Rhodes, et Grand-Prieur de Messine, et autres Seigneurs : Azévédo, avec un pareil cortége, et son Parrain, Fréderic de Gonzagues, Comte de Bozolo. Dès qu'Azévédo fut entré dans la barrière, armé de toutes armes, pour se battre où à pied, ou à cheval, le Grand-Prieur de Messine s'avança vers lui, et lui présenta deux épées bien tranchantes et deux poignards, pour qu'il eût à choisir, Sainte-Croix ne voulant point d'autres armes.

---

Connétable, l'Amiral et les Maréchaux de France le déterminassent enfin à le recevoir. Alors on enleva la Châteigueraye du champ de bataille, et sa blessure fut pansée.

Ensuite leurs Parrains les ayant tâtés, pour juger s'ils n'avaient point de cottes de maille, ou autres défenses sous leurs habits, ils firent leurs prières à genoux, et tout le monde sortit du camp, excepté les deux Parrains et Bayard, que le Duc de Ferrare avait nommé Juge de camp, tant par honneur, que comme plus au fait que personne de ces sortes de combats. Le Héraut ayant fait son cri pour imposer silence, les deux adversaires marchèrent fièrement l'un contre l'autre, et commencèrent à se porter des coups d'épée *si drus*, que l'un n'attendait pas l'autre, et tous deux avaient grand besoin d'avoir bon pied et bon œil. Après plusieurs coups portés et parés de part et d'autre, Sainte-Croix en donna un bien vigoureux dans le visage d'Azévédo; celui-ci le para de son épée fort adroitement, et en la rabattant porta la sienne à Sainte-Croix dans la cuisse de haut en bas, et la lui fendit jusqu'à l'os. Le sang en sortit aussitôt à gros bouillons, et celui-ci dans l'instant ne fit qu'un pas et tomba. Azévédo lui cria: Rends-toi, Sainte-Croix, où je te tuerai; mais sans répondre il s'assit à terre l'épée au poing, et poussait toujours des estocades. Azévédo le pressa de se relever, en lui disant qu'il ne voulait pas le frapper à terre. Sainte-Croix essaya, mais il ne fit que deux pas, et retomba sur le nez; l'autre leva son épée pour lui abattre la tête, ce qui lui était facile, mais il retint son coup.

La Duchesse de Ferrare effrayée, pria, avec toutes les instances possibles, le Duc de Nemours de les séparer : Je ne le puis en honneur, Madame, lui dit-il, la raison donne le vaincu au vainqueur. Cependant Sainte-Croix perdait tout son sang, et pour cela ne voulait point se rendre. Le Prieur de Messine aborda Azévédo, et lui dit : Seigneur, je connais le cœur de Sainte-Croix, et que pour la mort il ne se rendrait pas ; je me rends pour lui, comme son Parrain. Alors on appela les Chirurgiens pour panser le blessé et arrêter le sang, après quoi ses gens l'emportèrent à bras. Le vainqueur se jeta à genoux pour remercier Dieu de lui avoir donné la victoire, et fut reconduit chez le Duc de Nemours en triomphe, par ceux qui l'avaient accompagné.

C'était une suite de la victoire que les armes de Sainte-Croix devaient appartenir à Azévédo : aussi les envoya-t-il demander ; mais on les lui refusa, de quoi il porta ses plaintes au Duc de Ferrare, qui chargea le Chevalier Bayard d'aller les demander et de se les faire rendre, qu'autrement Sainte-Croix serait rapporté dans le camp, sa plaie décousue, et sa personne abandonnée à la discrétion du vainqueur. La rigueur de ces conditions le détermina, et ses armes furent délivrées.

Il est temps de revenir à notre histoire. Après que les troupes du Pape eurent été expulsées du Duché de Ferrare, elles se joignirent à celles d'Espagne, vinrent mettre le siége devant Bologne, et furent bientôt forcées de le lever. Les Vénitiens, d'un autre côté, assiégeaient Vérone, où commandait pour le Roi le Seigneur du Plessis; cette Place avait été laissée au Roi par l'Empereur, pour ôtage d'un prêt d'argent considérable; le Grand-Maître la secourut, et fit lever le siége, comme il avait fait à Bologne. Ce fut son dernier exploit: fort peu de temps après il mourut dans la petite ville de Corrégio, n'étant âgé que de trente-huit ans, ayant été nommé à vingt-cinq ans Gouverneur de Milan, et ayant pendant ces treize années conservé à son Maître ses Etats d'Italie, avec la sagesse et la prudence d'un homme consommé. Digne neveu du Cardinal d'Amboise, qui l'avait décoré des charges de Grand-Maître, Maréchal et Amiral de France, comme nous l'avons déjà dit (*e*).

---

( *e* ) Il était fils de Charles d'Amboise, Seigneur de Chaumont, Gouverneur de Bourgogne et Champagne, et petit-fils de Pierre, Père du Cardinal Georges et de sept autres fils. Toute cette grande et nombreuse Maison s'est éteinte; le nom seulement en est conservé par l'alliance de l'héritière dans la Maison de Clermont-Gallerande, dont la branche cadette, connue sous le nom de Clermont-d'Amboise, subsiste en la personne de Jean-Baptiste-Louis, Marquis de Resnel, dit le Marquis de Clermont, Lieu-

Les larmes de tous les Officiers, des Soldats et du Peuple firent son éloge, et les regrets du Roi et de tout le Royaume y mirent le dernier sceau.

Louis envoya aussitôt, pour le relever dans sa qualité de Lieutenant-Général, le Duc de Longueville, lequel ne fit autre chose que faire renouveler le serment au Roi, et à Madame Claude de France, sa fille aînée, par tous ceux qui tenaient des places dans le Duché de Milan. Ensuite il s'en retourna, et eut aussitôt pour successeur le Duc de Nemours, avec toute l'autorité qu'avait eue le Grand-Maître.

Sur la fin de la même année, c'est-à-dire, vers Noël, ce Prince apprit qu'une grande troupe de Suisses descendait dans le Milanez, pour l'en chasser; il alla à leur rencontre avec le peu de monde qui lui restait, la plus grande partie de ses gens étant en quartier d'hiver, ou bien en garnison dans les Places de Lombardie, comme Vérone, Bologne, et autres; mais ne se trouvant pas en forces, il fut obligé de se replier jusque dans Milan, et eut le chagrin de perdre le Baron de Conty,

---

tenant-Général des armées du Roi, lequel est substitué au nom et aux armes d'Amboise. Il a un fils unique, Chevalier de Malte, Dom d'Aubrac, en Rouergue.

Il y a encore deux Maisons qui joignent à leur nom celui d'Amboise : le Marquis d'Aubijoux, et une branche de celle de Crussol, comme ayant pris alliance dans celle d'Amboise, mais sans substitution, ni autre engagement.

blessé

blessé mortellement dans la retraite, et qui mourut peu après. Cette mort fut vengée avec avantage, dès le lendemain, par son bon et ancien ami Bayard, qui mit par terre cinq cents Suisses sur le même champ où ce Seigneur avait été blessé. Cette disgrace, et le manque de vivres, les força à entrer en négociation entre le Duc de Nemours et le Baron de Saxe qui les conduisait, et en conséquence ils reprirent le chemin de leur pays ; mais ce ne fut pas sans laisser de cruelles traces de leur visite, et sans avoir brûlé sur leur route une vingtaine de gros villages.

Le Duc de Nemours débarrassé des Suisses, n'eut pas le temps de respirer ; il apprit que les Espagnols s'approchaient de Bologne pour l'assiéger. Il partit avec son armée pour Final, et établit ses quartiers dans les environs. Sur la route de Milan à Final, il séjourna deux jours dans la petite ville de Carpi, lui, les chefs de son armée, et ceux qu'il affectionnait. Cette ville appartenait à Albert Pico, Comte de Carpi, cousin-germain de Jean-François Pico, comte de la Mirandole, l'un et l'autre illustres par leur savoir.

Le Comte fit grande chère au Chef et aux Capitaines Français, et leur donna, entr'autres, le divertissement d'un Astrologue qui était alors dans sa ville, et

L

dont l'histoire est assez curieuse pour mériter une place ici, quoique nous ne la garantissions pas, non plus que l'Ecrivain contemporain, qui la rapporte pourtant comme très-sérieuse.

C'était un petit homme sec et noir, de l'âge d'environ soixante ans, qui étonnait tout le monde par les récits qu'il faisait à chacun de ce qui lui était arrivé, sans en avoir jamais eu connaissance, et plus encore par ses prédictions, que les effets avaient souvent vérifiées. Quand le Duc de Nemours et toute sa compagnie eurent entendu l'histoire de cet homme, ils voulurent le voir et s'en divertir. On lui envoya dire de se rendre chez le Comte, et dès qu'il fut entré, le Duc lui porta la parole avec bonté et d'un ton d'amitié; il lui fit plusieurs questions sur des choses indifférentes, ensuite il vint au sérieux. Il lui demanda si le Vice-Roi de Naples et les Espagnols attendraient la bataille, à quoi il répondit que oui, que sur sa tête elle se donnerait le Vendredi-Saint ou le jour de Pâques, et qu'il y aurait bien du sang de répandu; le Duc lui demanda encore qui la gagnerait. Sa réponse fut que le camp demeurerait aux Français; que les Espagnols y perdraient plus qu'ils n'avaient jamais perdu dans une bataille; mais que les Français n'y perdraient guère moins, par le nombre et la qualité des braves gens qui y demeureraient; enfin il surprit tout le monde par l'assurance de ses réponses, et le bon sens qu'il y montrait. Chabannes lui demanda s'il ne serait pas du nombre des morts. Non, lui dit-il, vous avez encore douze ans à vivre; mais vous mourrez dans une autre bataille. Il en dit autant au Seigneur de Humbercourt, et annonça au Capitaine Richebourg qu'il était menacé de périr par la foudre. Enfin toute la compagnie le questionna, et il répondit à tout très-sagement et très-pertinemment. Bayard en riait, ou plutôt s'en moquait; mais le Duc de Nemours voulut qu'il interrogeât aussi l'Astrologue sur ce qu'*il devait être de lui.* Le Chevalier lui répondit en riant, que ce n'était pas la peine de le questionner sur son compte, qu'il savait assez qu'*il n'en serait jamais grand'chose.* Cependant il porta la parole à l'Astrologue : *Notre Maître,* lui dit-il, apprenez-moi si je dois être un jour homme de conséquence, et si je deviendrai riche ? L'autre, après l'avoir envisagé, et regardé dans sa main, suivant sa coutume, lui répondit : *Tu seras riche d'honneur et de vertus autant que Capitaine fut jamais en France; mais des biens de la fortune, tu n'en auras guère; aussi ne les cherches-tu pas : et si tu veux bien aviser que tu serviras un autre Roi de France que celui-ci qui règne et que tu sers, lequel t'aimera et estimera beaucoup ; mais les envieux l'empêcheront qu'il ne te fera jamais de grands biens, ni ne te mettra aux honneurs que tu as mérités ; toutefois, crois que la faute ne procèdera pas de lui.* Mais, reprit Bayard, échapperai-je de cette bataille que vous nous annoncez être si meurtrière ? *Oui*, répondit le Devin ; *mais d'ici à douze ans, tout au plus, tu mourras dans une action, et d'un coup d'artillerie, non autrement ; car tu as le cœur de tous ceux qui sont sous la charge, qui mourraient jusqu'au dernier pour te sauver la vie.* Après qu'il eut satisfait aux questions de tout le monde, s'apercevant que le Duc de Nemours faisait plus d'amitié à Chabannes et à Bayard qu'à tous les autres, il les tira à quartier, et leur dit : Vous avez-là un Prince qui paraît vous être bien cher ; aussi le mérite-t-il : je n'ai jamais vu de physionomie si heureuse : mais gardez-le du jour de la bataille ; je vois qu'il est menacé d'y demeurer ; je suis même presque sûr qu'il y mourra, et j'y hasarderais ma tête ; mais, s'il en échappe, il sera un des plus grands hommes que la France ait encore produits.

Ces propos furent interrompus par l'arrivée d'un Aventurier, Enseigne dans les Bandes du Capitaine Molard, brave soldat, mais grossier et vicieux, nommé Jacquin Caumont ; il voulut aussi avoir part au plaisir, et savoir sa bonne aventure. Viens-çà, dit-il à l'Astrologue, l'apostrophant en termes insolens; dis-moi ma bonne fortune. Caumont fut réprimandé par les Seigneurs, qui l'obligèrent à faire excuse à l'Astrologue, et à lui faire sa demande plus civilement. Celui-ci, qui d'abord s'était fâché et avait refusé de lui répondre, se radoucit, considéra son visage et ses mains, et lui fit cette réponse : Ne me demande rien, car je n'ai à t'annoncer que des choses funestes. Caumont s'obstina à le faire parler, et l'en pressa avec instance. Si tu veux le savoir, je vais te le dire, reprit l'Astrologue : songe promptement à ta conscience, car, sous trois mois d'ici, tu seras pendu et étranglé. Toute la compagnie éclata de rire de la prédiction ; mais elle fut vérifiée par l'événement peu après, comme on le verra dans la suite, ainsi que la mort de Bayard en 1524, celle de Humbercourt en 1522, et celle de Chabannes en 1525.

Ce que nous venons de rapporter se passait sur la fin de Janvier 1511, à Carpi, d'où le Duc de Nemours se rendit à Final, et de là, en attendant des nouvelles de l'armée d'Espagne, il alla passer quelques jours à Ferrare. De retour à son camp, il apprit qu'il était temps de se rendre à Bologne en toute diligence, qu'autrement la ville et la garnison étaient perdues. Il assembla ses Capitaines, et tint avec eux un conseil de guerre, où il fut résolu de partir, sans perdre un moment, pour en faire lever le siége; ce qui fut fait, et en y arrivant, la première nouvelle qu'il reçut fut que les Vénitiens étaient rentrés dans Bresse par surprise, comme nous allons le rapporter.

*Fin du Livre quatrième.*

# HISTOIRE
## DU CHEVALIER BAYARD.

*LIVRE CINQUIÈME.*

### SOMMAIRE.

*La Ville de Bresse est prise par les Vénitiens, à l'occasion d'une querelle d'enfans. La garnison Française y est massacrée. La nouvelle en est portée au Duc de Nemours. Les Vénitiens en renforcent la garnison. Bayard bat le secours envoyé à Bresse. Les habitans veulent rendre la Ville. Le Duc de Nemours y arrive en toute diligence. Il fait ses dispositions pour l'assaut. Avis de Bayard qui est suivi. Sa hardiesse étonne le Conseil. Dernière sommation à la garnison Vénitienne. La réponse. Assaut donné à la Ville de Bresse. Bayard entre le pre-*

*mier, et est blessé dangereusement. Regrets du Duc de Nemours. Les femmes de la Ville contribuent à la défendre. Défaite totale des Vénitiens. Leur Général est fait prisonnier. Cette victoire est funeste aux Français. Bayard est transporté hors de la mêlée. Frayeur de la Dame chez qui on le porta. Bayard la rassure. Sa blessure ne se trouve pas mortelle. Supplice d'Avogara. Amitié du duc de Nemours pour Bayard. Générosité de Bayard. Le Roi presse le Duc de Nemours de livrer bataille. Etat de l'armée d'Espagne. Bayard convalescent se dispose à suivre l'armée. Trait admirable de sa générosité. Joie générale à son arrivée au camp. Conseil de Guerre. Infidélité de l'Empereur. Bayard opine pour la bataille. Son avis la décide. Siége de Ravenne. Belle défense des Assiégés. On cesse l'assaut. Escarmouche de Bayard contre les Espagnols. Le Baron de Béarn le prévient et réussit mal. Succès de celle de Bayard. Sa prudence. Conseil de Guerre. Ordonnance de la bataille. Bataille de Ravenne. Pronostic fâcheux. Honneurs qu'un Espagnol rend à Bayard, puis au Duc de Nemours. Avis de Bayard et de d'Alègre, et son succès. Disposition de l'armée Espagnole. Façon de combattre des Espagnols, et leur défaite. Conseil de Bayard au Duc de Nemours, qui le suit mal. Défaite d'un Corps de Français. Mort du Capitaine Jacob; ses dernières paroles. Trait singulier de force et de hardiesse. Carnage des Espagnols. Imprudence du Duc de Nemours. Sa mort. Bayard prend deux Enseignes aux Espagnols. Regrets de la mort du Duc de Nemours. Détail de la perte des Espagnols. L'Empereur, les Suisses et les Vénitiens se liguent contre la France.*

Bresse ( en Italien *Brescia* ) est une des plus belles villes de l'Europe, des plus fortes et des plus riches; sa situation est aussi des plus heureuses. Son climat est beau, et son terroir fertile en tout ce qui est nécessaire à la vie : mais ce qui y entretient principalement l'abondance, c'est le voisinage de trois vallées, dont l'une d'Allemagne, et les deux autres du Frioul, viennent se joindre à son territoire; et par l'une ou par l'autre de ces vallées, la Ville peut toujours être secourue d'hommes et de vivres. Le Roi de France en était maître depuis le mois de Mai 1509, et y avait mis pour Gouverneur le Comte du Lude, et pour Capitaine dans le Château un Gentilhomme Biscayen, nommé Hérigoye. Les Vénitiens n'avaient rien plus à cœur que de reprendre cette Place, tant à cause de son importance, que parce que de là ils coupaient les vivres à Vérone, et barraient les convois qui seraient venus de l'Etat de Milan. Ils ne manquaient pas de correspondances et d'amis dans une Place qui avait été long-temps à eux; mais personne n'osait leur prêter la main, depuis l'exemple que le feu Baron de Conty et le Chevalier Bayard avaient fait du Comte de Martinengue, l'un des plus grands de la Ville, à qui ils avaient fait trancher la tête, pour une surprise qu'il leur fit, et où ils faillirent être pris. Mais ce que les Vénitiens n'espéraient plus faire, ni par la force des armes, ni par intelligences, ni par trahisons, une batterie entre deux enfans le fit, et occasiona leur rentrée dans Bresse, et le carnage d'un grand nombre de Français : tant il est vrai que de grands événemens n'ont souvent que de petites causes.

Entre les principaux Nobles de cette Ville, étaient le Comte de Gambara et le Comte Louis Avogara; ils avaient chacun un fils à peu près de même âge, qui un jour se prirent de querelle et se battirent. Gambara, un peu plus fort que l'autre, le blessa dangereusement. Le Comte Avogara en demanda raison en justice, il alla même la demander au Duc de Nemours à Milan; mais soit que le crédit de Gambara l'emportât sur le sien, soit que le blessé eût tort, soit enfin que le Duc de Nemours, occupé d'autres affaires, ne pût vider celle-là, Avogara n'en eut aucune satisfaction, et son chagrin le porta à s'en venger sur tous les Français, au risque de ce qui pourrait lui en arriver. Il dissimula quelque temps; ensuite, feignant d'aller à la campagne pour affaires, il alla jusqu'à Venise, conféra avec le Doge et ceux du Conseil, leur exposa son projet, et les moyens de l'exécuter. On convint de tout avec lui, et on lui promit qu'à jour nommé le Provéditeur André Gritti serait devant la Ville avec sept à huit mille hommes, et nombre de paysans des montagnes, armés, et il se chargea de pratiquer les principaux habitans, ce qui réussit avec le plus grand succès. Le Comte du Lude était toujours en défiance, et faisait faire bon guet, mais il n'avait pas assez de monde pour résister à une révolte générale. Au jour marqué l'armée Vénitienne vint donner l'alarme à une des portes, et, pendant qu'on était occupé à s'y défendre, une partie des troupes rompit les grilles de fer d'un égout, à l'autre bout de la Ville, et entra en grand nombre, criant: *Marco, Marco.* A ce signal, le Comte Avogara et tous ses complices parurent en armes, et mirent la garnison entre deux feux, et aussitôt les portes furent ouvertes aux troupes du dehors. Le Comte du Lude se voyant surpris et trahi, fit sonner la retraite, et se retira le mieux qu'il put au

Château, abandonnant chevaux, armes et bagages. Tout ce qui se trouva de la garnison dans la Ville fut massacré, sans qu'on daignât faire un seul prisonnier. La Comtesse de Gambara trouva le moyen de se sauver, et fort heureusement, car sitôt que son ennemi Avogara se vit le plus fort, la première chose qu'il fit, fut d'aller aux maisons de tous les Gambara, et de tout piller, brûler et saccager.

Le vainqueur sentant que c'était peu d'avoir la Ville, s'il n'avait le Château, envoya un Trompette sommer ceux qui étaient dedans de le rendre; mais il avait affaire à de braves gens, qui ne répondirent seulement pas, quoiqu'au nombre qu'ils étaient, leurs vivres ne pussent les soutenir long-temps. Cependant le Provéditeur fit canonner le Château vigoureusement, et y fit une grande brèche. Il fit aussi construire deux édifices de charpente capables de contenir chacun cent hommes de front, pour approcher de la brèche.

Le Comte du Lude avait trouvé le moyen d'envoyer un homme au Duc de Nemours, qui marchait avec toutes ses forces à Bologne; il lui manda l'événement, et que s'il n'était secouru, il ne pouvait tenir plus de huit jours. Le messager eut le bonheur de passer, quoique toutes les avenues fussent gardées, et il fit si grande diligence, qu'il arriva au moment que le siége de Bologne venait d'être levé, et les Espagnols battus. Le Duc fut dans le dernier chagrin de la perte de Bresse; car, après Milan, c'était la plus intéressante Place que les Français eussent en Italie. Il rassembla tous les Capitaines et les en instruisit : il fut conclu, tout d'une voix, d'aller reprendre la Ville de Bresse, ce qui leur parut facile, pourvu que le Château se soutînt jusqu'à leur arrivée. Aussitôt, et sans perdre un moment, chacun se mit en chemin.

Le Provéditeur Gritti, de son côté, n'était pas tranquille. Il ne douta pas que le Duc de Nemours n'aurait pas plutôt appris la perte de cette place, qu'il accourrait pour la reprendre. Il écrivit en toute diligence à la Seigneurie de Venise le succès qu'il avait eu, et lui remontra le danger où il était d'avoir bientôt l'armée Française sur les bras : que ses forces ne suffiraient pas pour l'attendre dans la Ville, encore moins pour lui livrer bataille : que de la conservation de Bresse dépendait la reprise de toutes les Places qu'ils avaient perdues ; et il concluait qu'il lui fût envoyé très-promptement un secours assez puissant pour qu'il fût en état de profiter de sa victoire. La Seigneurie fut trop satisfaite de ce premier succès, pour ne pas essayer à le pousser plus loin; elle manda à son Capitaine général Jean-

Paul Baillon, de marcher jour et nuit avec quatre cents Hommes d'Armes et quatre mille de pied, et d'aller se jeter dans Bresse. Baillon exécuta sans délai l'ordre de la République : mais le Duc de Nemours, aussi diligent que lui, pressa tellement sa marche, que ses gens de pied faisaient par jour le chemin qu'aurait pu faire un corps de cavalerie, et qu'il arriva le premier à un Château nommé Valège, dont le Général Vénitien voulut se rendre maître avant que d'entrer dans Bresse, et où il y avait garnison Française. Le temps que le Vénitien perdit-là lui fit manquer l'essentiel, et donna au Français le moyen de gagner la Ville avant lui, et de l'attaquer lui-même dans un défilé très-étroit. Les Vénitiens menaient avec eux six pièces d'artillerie, qu'ils firent tirer sur l'avant-garde Française conduite par Bayard et par un autre vaillant Capitaine, Porte-Enseigne de la Compagnie de Téligny, qui y fut tué. Bayard qui avait eu la fièvre toute la nuit, et qui était à cheval en robe-de-chambre, se voyant seul chargé de l'attaque, emprunta le corselet d'un Aventurier, puis monta sur un excellent cheval, et suivi de Téligny, sans attendre la plus grande partie de son avant-garde qui était encore loin, chargea les ennemis avec sa valeur ordinaire, et les soutint un quart-d'heure, malgré l'inégalité. Il fut bientôt joint par sa

troupe, mais le Général Vénitien ne les eut pas plutôt vus rassemblés, qu'il tourna le dos avec tant de diligence, que ceux qui le poursuivirent ne purent jamais l'atteindre. Cependant tous ses gens de pied, et presque tous ses Hommes d'Armes restèrent sur la place avec son artillerie. Cet événement heureux, dû au Chevalier Bayard seul, fut bientôt porté au camp Français, et y causa une joie générale, ainsi qu'au Château de la Ville, qui le témoigna par des feux et des artifices. Le Duc de Nemours et les Capitaines avaient regret de ne s'être pas trouvés à cette vigoureuse opération, sans cependant aucune jalousie contre notre Héros : on l'admirait toujours, mais on ne l'envioit pas.

Les habitans de Bresse étaient dans une consternation générale, prévoyant ce qui ne pouvait tarder d'arriver. Ils prièrent le Provéditeur Gritti de quitter leur Ville pour qu'ils la rendissent aux Français; mais il le leur refusa constamment, et enfin il s'en trouva mal lui-même.

Le Duc de Nemours, qui était encore à vingt milles de la Ville lors de la défaite des Vénitiens, se rendit le jour suivant au pied du Château, ayant sur sa route rencontré dans un Village un nombre de gens de pied de Venise qui voulurent tenir ferme, et qui furent tous mis en pièces. A son arrivée plusieurs

Capitaines Français montèrent au Château pour rassurer le Comte du Lude et le Capitaine Herigoye, qui, par manière de réjouissance, envoyèrent une vingtaine de volées de canon sur la ville, à qui sans doute cette sorte de fête ne dut pas beaucoup plaire. Le lendemain le Prince et tous les Capitaines se rendirent au Château, et y résolurent de donner à la Ville un assaut général.

Le Général Français savait qu'il y avait dans la Ville environ huit mille hommes de troupes, et douze ou quatorze mille paysans ou miliciens armés, et qu'elle était très-fortifiée, et il n'avait en tout que douze mille hommes, mais toutes troupes d'élite, le surplus étant resté à Bologne. On descendait du Château à la Ville sans peine, il n'y avait point de fossés qui traversassent la marche, mais seulement un rempart assez bon et nouvellement fait. Tous étant disposés, et montrant la plus grande ardeur, jointe à la confiance et à l'amitié que chacun avait pour le Duc de Nemours, l'assaut fut ordonné pour neuf heures du matin, le jour suivant : et l'ordonnance fut que le Seigneur de Molard conduirait les premiers, que le Capitaine Herigoye avec ses gens de pied commencerait à escarmoucher, ensuite le Capitaine Jacob avec les deux mille Lansquenets qu'il commandait, et après, Bonnet, Maugiron, le Bâtard de Clèves, et autres, avec leurs gens, montant à sept mille hommes : que le Duc, avec les Gentilshommes aux ordres du Sénéchal de Normandie, et la plus grande partie des Hommes d'Armes, tous à pied, l'armet en tête et la cuirasse sur le dos, marcheraient à côté des sept mille hommes ci-dessus; qu'enfin d'Alègre avec trois cents chevaux, se rendrait à la porte Saint-Jean, la seule qui fût ouverte, toutes les autres étant murées, et sa commission était d'empêcher que personne ne sortît. Chabannes ne put s'y trouver, ayant été la veille blessé à la tête, d'une pierre éclatée par un coup de canon tiré de la Ville contre le Château. Cette ordonnance agréée de tout le monde, ne le fut pas entièrement de Bayard; il en dit son avis, auquel tous se rangèrent : ce fut qu'il estimait que le Seigneur de Molard, chargé de la première attaque, pouvait se trouver en tête de l'élite des ennemis, et comme en cette situation il ne faut pas reculer (comme, ajouta-t-il, je suis bien sûr qu'il ne reculera pas), mon avis serait qu'on lui donnât cent cinquante Hommes d'Armes pour soutenir ses gens de pied. Vous pensez très-juste, lui dit le Duc de Nemours, mais quel Capitaine voudra s'aller mettre à la merci des arquebuses ? Ce sera moi, reprit Bayard, si vous le trouvez bon, et je réponds que la compagnie que je commande fera tel honneur et service au

Roi, que vous vous en apercevrez. Tous se regardèrent les uns les autres, étonnés de la proposition et du danger; cependant Bayard insista, et la commission ne lui fut disputée par personne.

Toutes choses ainsi réglées, le Duc de Nemours, sensiblement touché du sort des pauvres habitans qui allaient être saccagés et massacrés, remontra qu'il faudrait encore faire une tentative pour sauver la Ville des maux qu'elle allait éprouver, et savoir si elle voulait se rendre à composition. Cet avis fut approuvé, et on convint qu'avant l'attaque du lendemain on enverrait un Trompette pour la sommer, ce qui fut fait; le Trompette commença à sonner dès la porte du Château, et descendit ainsi jusqu'au rempart, où il trouva le Provéditeur Gritti et tous les Capitaines, lesquels, sans lui permettre d'entrer dans la Ville, reçurent son message, qui était de rendre la Ville; qu'on les en laisserait sortir la vie sauve; qu'autrement, et s'ils soutenaient l'assaut, ils devaient s'attendre à y mourir tous. La réponse fut, que la Ville appartenait à la Seigneurie de Venise, qu'elle lui demeurerait, et que tant qu'ils l'auraient en garde, jamais Français n'y mettrait le pied. Les habitans pensaient bien autrement, et se seraient volontiers rendus, mais ils ne furent pas consultés. Le Trompette remonta au Château avec cette réponse. Le Duc de Nemours, qui, dans l'intervalle, avait disposé tout son ordre de bataille, s'écria : Allons donc, mes amis, mes compagnons, au nom de Dieu *et de St. Denis*, allons leur montrer ce que nous savons faire. A l'instant le bruit des clairons, trompettes et tambours, se fit entendre si terrible, que les cheveux dressaient à la tête aux plus hardis. Les ennemis l'entendant, envoyèrent au corps de bataille plusieurs volées de canons, dont une donna droit dans la troupe du Duc de Nemours, sans tuer ni blesser personne.

La marche commença, comme il avait été réglé, par les Capitaines Molard et Herigoye avec leurs gens : aux deux ailes marchait Bayard avec ses Hommes d'Armes, tous hommes de choix, dont la plupart avaient commandé, et préféraient à l'honneur de commander encore, celui de servir sous lui. Ces troupes abordèrent le premier rempart, derrière lequel étaient les ennemis qui en défendaient l'approche avec leur artillerie et à coups d'arquebuses drus comme la grêle. On combattit de part et d'autre comme des lions, en criant, du côté des Français : *France, France, Bayard, Bayard;* et du côté de la Ville: *Marco, Marco,* avec tant de bruit, que celui du canon ne s'entendait plus. Le Provéditeur Gritti, pour encourager ses gens, leur disait : Tenons bon, camarades, les Français n'ont que la première pointe, ils seront las tout-à-l'heure, et si ce Bayard était défait, le cœur manquerait d'abord aux autres. Cependant l'attaque devenait toujours plus furieuse des deux côtés; les Français commencèrent à pousser les Vénitiens, et les firent un peu reculer; Bayard s'en apercevant, s'écria : Courage, compagnons, entrons, ils sont à nous : et lui-même le premier franchit le rempart, et fut bientôt suivi de toute sa troupe, au nombre de plus de mille, qui gagnèrent le premier fort ; mais il en coûta du sang aux deux partis, bien moins cependant aux Français qu'aux Vénitiens : Bayard sur-tout paya cher l'honneur qu'il y acquit; en sautant le rempart, il reçut un si terrible coup de pique dans le haut de la cuisse, que le fer y resta avec le tronçon rompu. La douleur qu'il ressentit fut telle qu'il se crut mort: Capitaine Molard, dit-il, commandez les gens, la Ville est gagnée; mais je n'y entrerai pas, je suis blessé à mort. Le sang sortant à gros bouillons, deux de ses hommes déchirèrent leurs chemises pour l'étancher, et l'emportèrent hors de la mêlée le plus doucement qu'ils purent. Cependant le Seigneur de Molard, furieux de la perte de son bon ami et voisin, et les larmes aux yeux, jura de le venger, ainsi que toute sa troupe, et ils fondirent comme des tigres sur les ennemis, renversant tout ce qui se présentait. Le Duc de Nemours apprenant la prise du premier fort, mais que Bayard était blessé à mort, ressentit autant de douleur, que si lui-même eût reçu le coup : Allons, camarades, mes amis, s'écria-t-il, allons venger la mort *du plus accompli Chevalier qui fût onc : suivez-moi.*

A son arrivée, les Vénitiens déjà repoussés abandonnèrent le rempart, et, feignant de rentrer dans la Ville, tentèrent de lever le pont, ce qui eût beaucoup retardé les Français; mais ceux-ci les poursuivirent si vivement, qu'ils ne leur en donnèrent pas le loisir, et entrèrent pêle-mêle avec eux jusque sur la grande place, où ils trouvèrent toute la cavalerie et l'infanterie rangée en bataille. Alors les Lansquenets et les gens de pied Français firent des prodiges de valeur. Le Capitaine Bonnet commença l'attaque, qui fut furieuse, et où les Français eurent beaucoup à souffrir de la part des femmes de la Ville, qui, par les fenêtres, les accablaient de pierres, de carreaux, d'eau bouillante et de meubles. Le combat ne dura guère que demi-heure, sans que les Vénitiens fussent totalement défaits. Il en resta sept ou huit mille sur la place, le reste chercha son salut dans la fuite; mais de rue en rue ils rencontraient des gens de guerre qui ne leur faisaient aucun quartier. Le Providiteur, le Comte Avogara, auteur de la trahison, et tous les Capitaines, voyant la déroute devenue générale, coururent vers la porte Saint-Jean en criant : *Marco*, et firent abaisser le pont; mais ils furent renfoncés dans la Ville par d'Alègre et ses trois cents Hommes d'Armes, qui les chargèrent vivement et les mirent presque tous par terre. Le Provéditeur poursuivi se jeta dans une maison où il fut fait prisonnier avec Avogara. On ne vit de long-temps un carnage si terrible et si complet : on estima les morts, tant des gens de guerre que de la Ville, au-delà de vingt mille hommes, et les Français n'en perdirent pas cinquante. Ensuite on se mit au pillage, qui fut immense, et qui alla jusque dans les couvens de filles, où le soldat se livra à toutes sortes de dissolutions. Mais ce fut un très-grand malheur, que la richesse du butin, pour les Français; car les soldats enrichis quittèrent l'armée par bandes, et s'en retournèrent dans leur pays, de sorte qu'elle s'en trouva fort affoiblie : ce qui entraîna bientôt la perte de ce que les Français tenaient en Italie.

Bayard blessé à mort dès le commencement de l'action, comme on l'a vu, fut couché par deux de ses soldats sur une porte de bois qu'ils dépendirent à la première maison qu'ils trouvèrent; et l'ayant tiré de la foule, ils le portèrent dans une belle et grande maison peu éloignée, et appartenant à un Gentilhomme qui l'avait désertée, laissant sa femme et deux jeunes et belles filles à la garde de la Providence. Ce fut la Dame qui en ouvrit la porte, et qui reçut Bayard en l'état d'un mourant. Il consigna ses deux soldats à la porte, leur ordonnant sur leur vie de n'y laisser entrer que ses gens. Je suis assuré, disait-il, que quand on saura que c'est mon logis, personne ne sera si hardi que de le forcer, et je vous dédommagerai de la part que vous perdez au pillage. Il fut porté dans un bel appartement où la Dame le conduisit, et dès qu'il y fut, elle se jeta à genoux devant lui, et lui parla en ces termes : Noble Seigneur, je vous offre cette maison et tout ce qui y est; tout est à vous par le droit de la guerre : je ne vous demande qu'une grâce, qui est de conserver la vie et l'honneur à moi et à deux jeunes filles à marier que nous avons mon mari et moi. Madame, dit Bayard, pouvant à peine parler, je ne sais si j'échapperai du coup que j'ai reçu ; mais, tant que je vivrai, il ne vous sera fait, ni à vos filles, plus d'injure qu'à moi-même ; gardez-les seulement, et qu'elles ne paraissent pas encore ; je vous promets que personne n'entrera dans la maison sans votre agrément ; je ne suis pas pour vous piller, je vous promets au contraire toute sorte de respect et d'amitié : ce qui presse le plus, c'est de me procurer promptement du secours.

La Dame rassurée par les paroles du Chevalier, alla elle-même, accompagnée d'un des soldats, chercher un Chirurgien à deux maisons de la sienne. Dès qu'il fut arrivé, il visita la plaie, qui était grande et profonde, mais il assura qu'elle n'était pas mortelle, et y mit le premier appareil, à la levée duquel le Duc de Nemours envoya son Chirurgien, avec ordre de ne point quitter le malade. En effet, celui-ci le traita si bien, qu'en moins d'un mois et demi il le mit en état de monter à cheval. Dès que Bayard fut pansé, il demanda à son hôtesse où était son mari : Je ne sais, répondit-elle en pleurant, s'il est au nombre des morts ou des vivans, mais je le crois réfugié dans un Couvent où il a beaucoup d'amis. Sachez cela, Madame, dit Bayard, je me charge de le faire amener chez lui en sureté. Quand on sut le lieu de sa retraite, Bayard envoya son Maître-d'hôtel avec deux Archers, qui l'accompagnèrent jusque dans la chambre du malade, dont il fut reçu avec bonne grâce, et qui lui renouvela toutes les assurances qu'il avait données à la Dame, et qui furent très-exactement observées, comme on le verra par la suite, et même fort au-delà de leurs espérances.

Après la glorieuse, mais sanglante reprise

prise de Bresse par les Français, le premier soin du Duc de Nemours fut de rétablir, autant qu'il le put, la tranquillité; il commença par envoyer ses ordres dans toutes les Églises et Couvens de la Ville pour en faire sortir les gens de guerre, et faire retourner les habitans en leur maison : ensuite il commanda que l'on transportât hors de la Ville les corps morts, qui se trouvèrent excéder le nombre de vingt-deux mille ; il remplit les places d'Officiers, devenues vacantes, et fit tout ce que la prudence lui inspira pour remettre le bon ordre par-tout; après quoi il fit faire le procès au Comte Avogara, à Thomas Del-Duca et à Jérôme de Rive, ses principaux complices, qui furent condamnés à avoir la tête tranchée, et ensuite leur corps mis en quatre quartiers.

Pendant sept à huit jours que ce Prince resta dans la Ville, il n'en passa pas un sans aller voir une fois ou deux notre Héros, et l'encourager à se rétablir promptement, parce que, disait-il, nous serons obligés, d'ici à un mois, de livrer bataille aux Espagnols, et pour tout ce que j'ai au monde je ne voudrais pas qu'elle se donnât sans vous. Si vous avez tant d'envie que j'y sois, répondait Bayard, je vous assure que je n'en ai pas moins que vous, et Dieu aidant, j'y serai, dût-on m'y porter en litière. Le Duc, avant que de quitter la Ville, lui fit beaucoup de présens, entr'autres, une somme de cinq cents écus, que Bayard partagea à ses deux soldats, à qui il avait promis de les dédommager de ce qu'ils ne s'étaient pas trouvés au pillage.

Quand le Roi apprit la réduction de la Ville de Bresse, il en ressentit une joie incroyable, et souhaita d'autant plus de poursuivre la victoire, et de chasser entièrement les Espagnols de la Lombardie, qu'il jugeait que tant qu'ils y seraient, son État de Milan ne serait jamais en sureté; il écrivit lettres sur lettres à son neveu le Duc de Nemours, qui n'en sentait pas moins que lui la conséquence : le Roi lui marquait, entr'autres, qu'il ne pouvait subvenir aux frais des gens de pied qu'il soudoyait, sans être obligé de mettre des impôts sur son peuple, ce qu'il craignait plus que chose du monde; et il ajoutait, qu'il savait que le Roi d'Angleterre méditait de descendre dans quelque Province de France, et que les Suisses de leur côté avaient de mauvais desseins; et il en concluait tous les jours plus vivement de renvoyer les Espagnols si loin qu'ils n'y revinssent jamais.

Le Duc, tant pour obéir au Roi, que parce qu'il voyait lui-même la nécessité d'une bataille qui pourrait terminer la guerre, partit de Bresse avec tous ses Capitaines et tous ses hommes de cheval et de pied, et se rendit à Bologne, où arriva bientôt après lui le Duc de Ferrare, qu'il chargea avec Chabannes de conduire son avant-garde. L'armée Française rencontra, à quelques milles de Bologne, celle d'Espagne, qui était une des plus belles qu'on eût jamais vues, tant pour le nombre que pour l'élite des troupes, la richesse des équipages et la beauté des chevaux. Elle était commandée en chef par le Vice-Roi de Naples, Dom Raymond de Cardonne, qui avait pour sa Compagnie particulière douze ou quatorze cents Hommes d'Armes, la plupart armés de toutes pièces ; de plus, il avait douze mille hommes de pied, savoir, deux mille Italiens sous les ordres d'un Capitaine nommé Ramassot, et dix mille Espagnols, Biscayens ou Napolitains, commandés par Dom Pedro de Navarre, qui les avait autrefois menés en Barbarie, et avait avec eux gagné deux ou trois batailles, en sorte que c'étaient tous gens aguerris, sur lesquels il pouvait compter. Toute cette armée, depuis deux ans, n'avait fait que parcourir la Lombardie, qui est un pays abondant en vivres et en pâturages, et où ils s'étaient entretenus à souhait, hommes et chevaux.

Pendant trois ou quatre semaines, les deux armées se tenaient continuellement à cinq ou six milles l'une de l'autre. Les Espagnols observaient de se camper toujours à leur avantage, et cependant escarmouchaient souvent avec les Français, et tantôt les uns, tantôt les autres avaient le dessus. Malgré la situation des Espagnols, et l'état florissant de leur armée, les Français ne souhaitaient que de les voir en plaine et de leur livrer bataille ; ce qui ne tarda pas à se présenter, comme nous le dirons, après avoir vu comment Bayard se rétablit de sa blessure, et avec quelle générosité il traita ses hôtes.

Le bon Chevalier, qui s'était cru blessé à mort, en fut quitte pour garder la chambre cinq ou six semaines, et sa blessure allait tous les jours de mieux en mieux, mais non pas assez vite à son gré : il ne voyait pas sans inquiétude approcher le temps de la bataille que le Duc était résolu de livrer aux Espagnols, où, pour tout l'or du monde, il n'aurait pas voulu manquer de se trouver. Son impatience l'obligea enfin à essayer ses forces ; il se leva et marcha un peu par la chambre, son courage lui déguisa sa faiblesse : il envoya appeler son Chirurgien pour savoir de lui s'il pouvait, sans danger, monter à cheval : il me semble, lui dit-il, que je suis guéri, et je vous assure que je serais plus malade de rester à la chambre que de me mettre aux champs. Le Chirurgien, qui le connaissait, l'assura que la blessure était guérie en-dedans, et qu'il ne fallait plus que la laisser se cicatriser, et il ajouta : Votre valet-de-chambre vous pourra suffire, il m'a vu vous panser, je vais lui donner l'onguent dont je me suis servi, et il vous pansera comme moi-même. Bayard, transporté de joie, le récompensa avec sa libéralité ordinaire, et, résolu de partir dans deux jours, il ordonna à ses gens de tout disposer pour cela sans perdre de temps.

Le Gentilhomme et la Dame chez qui il logeait, apprenant son prochain départ, et qui se regardaient comme lui appartenant, eux, leurs enfans et tout leur bien, qui pouvait monter à deux mille ducats d'or (*a*) de revenu, étaient bien en peine de quelle façon il les traiterait, et ne comptaient pas moins que sur dix mille ducats de rançon. La Dame, qui avait eu lieu de connaître la noblesse de ses sentimens, espéra qu'il se contenterait des offres qu'elle lui ferait, et mit dans un petit coffre d'acier fort orné, deux mille cinq cents ducats en or, et le matin du jour que Bayard devait partir, elle entra dans sa chambre suivie d'un laquais chargé du coffre. Elle débuta par se jeter à ses genoux, mais il la força de se relever, et ne voulut l'entendre qu'après qu'elle serait assise auprès de lui. Monseigneur, lui dit-elle, je rendrai grâces à Dieu toute

---

( *a* ) C'était une pièce de monnaie fort mince, de la taille et de la valeur du sequin d'aujourd'hui, qui vaut environ 11 liv. ou 11 liv. 10 s., argent de France.

ma vie de ce qu'il lui a plu, dans le saccagement de notre Ville, conduire en notre maison un Chevalier si généreux ; je vous regarderai comme notre ange tutélaire, et reconnaîtrai vous devoir la vie et l'honneur, ainsi que mon mari et mes deux filles. Depuis que vous y êtes entré, nous n'avons reçu de vous que bontés et amitiés, vos gens même ne nous ont manqué en rien, et n'ont pas disposé de la moindre chose sans payer. Nous confessons être vos prisonniers ; la maison et tout ce qu'elle contient est à vous par le droit de conquête ; mais vous nous avez laissé voir tant de générosité et de grandeur d'ame, que je viens vous prier d'avoir pitié de nous, et de vous contenter du petit présent que j'ai l'honneur de vous offrir. En disant cela, elle ouvrit le coffre, et fit voir à Bayard ce qu'il contenait. Le Chevalier, qui de sa vie n'avait fait cas ni d'or, ni d'argent, se mit à sourire, et dit : Madame, combien y a-t-il là-dedans ? La Dame croyant qu'il ne parlait que par mépris, et qu'il trouvait le présent trop modique, lui répondit en tremblant : Monseigneur, il n'y a que deux mille cinq cents ducats, mais si vous n'en êtes pas content, ordonnez ce que vous en voudrez, nous tâcherons de les trouver. Ce n'est pas ce que je veux dire, lui répliqua Bayard ; quand vous m'offririez cent mille écus, je ne les estimerais pas tant que tout le bien que vous m'avez fait depuis que je suis chez vous, et la bonne compagnie que vous m'avez tenue, vous et votre famille. Au lieu de prendre votre argent, je vous promets que tant que je vivrai, vous aurez en moi un Gentilhomme pour serviteur et pour ami, et que je conserverai chèrement le souvenir de vos bienfaits. La Dame, bien étonnée d'une réception qu'elle n'attendait pas, se rejeta à ses genoux les larmes aux yeux, pour le conjurer de vouloir bien accepter son présent : je me regarderais, disait-elle, comme la plus malheureuse femme du monde, Monseigneur, si vous le refusiez, et je croirais n'avoir pas mérité, pendant votre séjour ici, toutes les bontés dont vous nous avez comblés. Puisque vous le voulez absolument, Madame, répliqua Bayard, je l'accepte; mais, je vous prie, faites venir vos Demoiselles, pour que je prenne congé d'elles. Pendant qu'elle alla les appeler, Bayard fit partager les ducats en trois lots, dont deux de mille chacun, et l'autre de cinq cents. Les jeunes filles étant entrées, commencèrent par se jeter à genoux, mais il les fit relever et asseoir ; ensuite l'aînée lui dit : Vous voyez en nous, Monseigneur, deux jeunes filles qui vous doivent la vie et l'honneur ; nous sommes bien fâchées de n'avoir d'autre puissance pour reconnaître vos grâces que de prier Dieu toute notre vie pour votre Seigneurie, et de lui demander qu'il vous en récompense en ce monde et en l'autre. Bayard attendri presque jusqu'aux larmes, les remercia lui-même du secours et de la bonne société qu'il avait trouvé chez elles ( car elles lui faisaient journellement compagnie, et le divertissaient en travaillant dans sa chambre, soit en chantant ou en jouant du luth auprès de lui ). Vous savez, leur dit-il, que les gens de guerre ne sont pas ordinairement chargés de bijous, ou autres choses à présenter aux Demoiselles ; mais Madame votre mère vient de m'obliger de recevoir d'elle deux mille cinq cents ducats que vous voyez-là, je vous en donne à chacune mille pour contribuer à vous marier ; et malgré elles il les leur fit accepter, ne leur demandant autre chose que de prier Dieu pour lui. Ensuite, s'adressant à la mère : Madame, lui dit-il, ces cinq cents ducats sont à mon profit, et l'usage que j'en veux faire, c'est de les distribuer aux pauvres Monastères de filles qui auront le plus souffert du pillage ; et comme je vais partir, et que vous êtes plus en état que moi de connaître où sera le plus grand besoin, je me repose sur vous de cette bonne œuvre, et tout de suite je prends congé de vous et de vos filles. Elles se jetèrent de nouveau à genoux, en faisant des gémissemens comme des personnes qui perdraient un père ; elles lui tinrent les mains serrées dans les leurs ; et la mère, pour dernier adieu, lui dit, pouvant à peine prononcer : Trop généreux Chevalier, Dieu seul peut récompenser vos vertus, nous ne cesserons de le lui demander tous les jours de notre vie : après quoi elle se retira avec ses filles.

Bayard envoya prier le père de venir dîner avec lui ; celui-ci déjà instruit de ce qui s'était passé, entra dans la chambre, et un genou en terre, sans vouloir se relever, recommença les remercîmens, et les offres de ses services, de ses biens et de sa personne. Sitôt qu'ils eurent dîné, Bayard, qui avait commandé que ses équipages fussent prêts, se disposait à partir, lorsque les deux Demoiselles se présentèrent à lui, en le priant d'agréer de chacune d'elles une pièce de leur ouvrage ; l'aînée lui donna deux jolis brasselets de fil d'or et d'argent, et l'autre une bourse de satin cramoisi, parfaitement brodée ; il les reçut avec autant de reconnaissance que si c'eût été sa fortune, se fit mettre les deux brasselets en leur présence, et serra la bourse dans sa poche, promettant aux Demoiselles que tant que leurs présens dureraient il les porterait. Les adieux et les larmes recommencèrent encore ; mais enfin il fallut se séparer.

Le Chevalier prit la route du camp devant Bologne, accompagné de son bon ami le Seigneur d'Aubigny, que le Duc de Nemours avait laissé pour Gouverneur dans Bresse, et qui le conduisit avec un nombre de Gentilshommes jusqu'à deux ou trois milles ; quelques-uns le suivirent jusqu'au camp, où ils arrivèrent le mercredi avant Pâques. Bayard fut reçu du Prince et de toute l'armée avec de si grandes démonstrations de joie, qu'il semblait qu'il fût lui seul un renfort de dix mille hommes. Le camp était ce jour-là devant Ravenne, les Espagnols en étaient éloignés de six milles ; mais le lendemain ils se rapprochèrent à la distance de deux milles.

Dès le lendemain de l'arrivée de Bayard, le Duc de Nemours tint Conseil de guerre sur le parti qu'il convenait de prendre. Il remontra que l'armée Française commençait à souffrir faute de vivres, que le pain et le vin étaient près de manquer, parce que les Vénitiens d'un côté, et les Espagnols de l'autre, occupaient les passages de la Romagne. Mais il ne savait pas, non plus que tous les Officiers, un autre inconvénient aussi intéressant : c'est que l'Empereur avait ordonné par lettres aux Capitaines des Lansquenets de se retirer, à peine de leurs têtes, aussitôt ses ordres reçus. Par bonheur ses lettres furent rendues à deux hommes trop généreux pour y déférer : l'un était Philippe de Friberg, et l'autre le Capitaine Jacob, dont il a été déjà parlé, qui avait reçu autrefois quelque bienfait de Louis XII, de sorte qu'il avait le cœur plus Français qu'Allemand. Il avait contracté une amitié singulière avec Bayard, dès le voyage de l'Empereur devant Padoue en 1509. Il n'eut pas plutôt reçu la lettre de son Maître, que, sachant Bayard arrivé au camp, il alla le voir sans autre témoin que son trucheman (n'ayant jamais pu apprendre la langue française). Après bien des amitiés réciproques, il instruisit le Chevalier des ordres de l'Empereur, dont personne que Friberg et lui n'avait connaissance, et protesta qu'ayant prêté serment au Roi, et étant à sa solde, il aimerait mieux mourir mille fois que de lui faire une telle infidélité, quoiqu'il fût bien assuré que si les Lansquenets en étaient instruits, pas un ne combattrait; qu'ainsi il fallait se hâter, de crainte que l'Empereur n'envoyât de nouveaux ordres, et d'autant plus que les Lansquenets faisaient le tiers de l'armée. Bayard l'en remercia, avec de grands éloges du bon service qu'il rendait au Roi, de la part duquel il lui promit telle récompense qu'il pouvait attendre, quand il n'y aurait que moi, ajouta-t-il, pour lui en rendre compte. Allons chez notre Général, le Duc de Nemours; il tient actuellement Conseil, nous lui déclarerons ce que vous venez de m'apprendre.

Quand ils s'y furent rendus, les avis étaient partagés; les uns avaient de bonnes raisons pour que l'on ne donnât pas bataille, d'autres en apportaient de meilleures pour qu'on la donnât. Les premiers disaient, si nous la perdons, comme cela est possible, toute l'Italie est perdue pour le Roi, et pas un de nous n'en échappera ; nous aurons à passer, en nous retirant, trois ou quatre rivières, et nous avons tout contre nous, le Pape, les Vénitiens, les Espagnols et les Suisses, et nous devons peu compter sur l'Empereur. Les autres disaient, notre situation nous force à donner bataille, ou à mourir de faim comme des misérables et des lâches ; nous sommes trop avancés pour nous retirer autrement qu'en désordre et couverts de honte. Le Duc de Nemours, déjà instruit par Bayard du sujet qui l'avait amené avec le Capitaine Jacob, opina pour la bataille, et présenta les lettres du Roi, son oncle, qui l'en pressait tous les jours, dans la crainte où il était d'être attaqué dans son Royaume de tous les côtés à la fois. Cependant le Duc demanda l'avis de Bayard, qui, sans déclarer le secret qu'il savait, répondit : Je ne suis ici que d'hier, ainsi, Monseigneur, je ne connais pas les forces des ennemis, comme mes camarades qui sont ici présens, qui les ont vus de près à l'escarmouche : mais puisque vous me demandez mon avis, et que j'ai entendu que les uns opinent pour la bataille, les autres contre, je vous dirai que je conviens qu'il est toujours dangereux de donner bataille, et qu'il l'est peut-être beaucoup aujourd'hui, vu notre situation ; que l'on ne doit s'y exposer qu'avec beaucoup de prudence ; que cependant, vu l'état des ennemis et le nôtre, je crois que vous la devez donner, et la raison est que vous avez déjà fait vos approches devant Ravenne, et que vous devez demain la canonner pour y donner assaut dès que la brèche sera faite. Vous savez que le Seigneur Marc-Antoine Colonne, qui est dans la Place depuis plus de quinze jours, n'y est entré que sur la parole et le serment du Vice-Roi de Naples, Général des Espagnols, du Seigneur Fabrice Colonne son oncle, de Dom Pedro de Navarre, et de tous les Capitaines, de lui donner du secours, s'il peut tenir jusqu'à demain ou au plus tard le jour de Pâques ; vous savez aussi qu'ils sont en état de lui tenir parole, puisqu'ils touchent presque à notre armée ; que d'ailleurs nous ne saurions rester dans l'état où nous sommes, et que nous manquons de vivres et de fourrages ; que le Roi vous presse de donner bataille, comme le seul moyen de conserver non-seulement son Duché de Milan, mais tout son Royaume, pour les causes qu'il vous écrit ; ainsi je conclus qu'il faut la donner et y aller bien sagement, car nous avons en tête une belle et nombreuse armée. Mais une chose me rassure, c'est que depuis deux ans les Espagnols n'ont eu d'autre affaire que de boire et de manger ; ils sont si gras et si replets qu'ils ne pourront agir ; au lieu que les nôtres ont eu faute de vivres, et qu'ils en auront meilleure haleine, et je vous assure que le champ de bataille demeurera à qui plus long-temps combattra. Ce propos fit rire tout le monde, mais on ne l'en trouva pas moins sensé. Les Seigneurs de Lautrec, de Chabannes (*b*), de Crussol, le grand Sénéchal de Normandie, et presque tous les Capitaines s'y rangèrent, et dans le moment tous les Officiers des Gendarmes et des gens de pied eurent ordre de se préparer à donner bataille.

Le lendemain, qui était le Vendredi-Saint, la Ville de Ravenne fut si vigoureusement canonnée, que les Espagnols pouvaient de leur camp compter les coups, aussi se mirent-ils en devoir de la secourir comme ils s'y étaient engagés. On répondit de la Place au canon des Français, qui eurent deux braves hommes si dangereusement blessés, qu'ils en moururent peu de jours après à Ferrare : l'un fut le Seigneur de l'Espi, Grand-Maître de l'Artillerie, d'un coup d'Arquebuse au bras ; l'autre, le Seigneur de Châtillon-Coligny, Prévôt de Paris, d'un pareil coup à la

---

(*b*) Il venait de succéder au Maréchal de Chaumont, dans la dignité de Grand-Maître de France.

cuisse, tous deux bien dignes d'être regrettés.

Quand la brèche fut faite à la Ville, ceux qui étaient commandés pour l'assaut s'approchèrent au nombre de trois cents Hommes d'Armes et trois mille de pied. Le reste de l'armée se mit en aussi bel ordre de bataille que l'on eût jamais vu, et tous montraient tant d'ardeur de se battre, qu'il semblait qu'ils allaient à une fête. Ils demeurèrent sous les armes trois ou quatre heures à soutenir les assaillans qui avaient assez d'affaires : car s'ils attaquaient bien, on se défendait de même. Le Vicomte d'Etoge (*c*), Lieutenant du Comte Robert de la Marck, et Fréderic, Comte de Bozzolo, de la Maison de Gonzague, se signalèrent, et furent plusieurs fois jetés du haut du fossé en bas. Marc-Antoine Colonne, qui commandait dans la Place, encourageait les assiégés : Tenons bon, disait-il, je vous promets que dans demain nous serons secourus; la brèche est petite et facile à défendre, et si nous nous laissons enfoncer, nous sommes tous perdus et déshonorés.

Quand les Français eurent donné cinq

---

(*c*) Il était d'une illustre Maison, connue depuis sous les noms de Bourlemont et de Givry. Son petit-fils René d'Anglure, Vicomte d'Etoge, servit Henri IV dans les batailles de Senlis et d'Ivry, et aux siéges de Paris et de Rouen. Il fut tué au siége de Laon, en 1594.

ou six assauts, voyant la brèche trop bien défendue pour y pouvoir entrer, ils firent battre la retraite; et ce fut peut-être un bonheur, car s'ils y fussent entrés, ils se seraient sans doute amusés au pillage, qui aurait été immense, et il aurait pu arriver, comme à celui de Bresse, une grande désertion, laquelle aurait entraîné la perte de la bataille qui se donna le jour de Pâques 11 Avril. Le Duc de Nemours fit pareillement retirer son armée, pour que chacun se reposât et se mît en état de combattre, ce qui ne pouvait tarder d'arriver, les ennemis n'étant éloignés que de deux milles.

Il donna à souper aux principaux Officiers, et après le repas, il adressa la parole au bon Chevalier, et lui dit : Seigneur Bayard, il faut vous apprendre que les Espagnols vous craignent : nos prisonniers nous rapportent qu'ils leur demandent à tous si vous êtes dans notre camp ; je serais d'avis que demain matin vous leur portassiez vous-même de vos nouvelles, et que vous leur fissiez quelque bonne escarmouche qui les oblige de se mettre en bataille, pour que vous jugiez de leur contenance. Bayard, qui de sa vie n'avait souhaité mieux, saisit la proposition, et répondit : Je vous promets, Monseigneur, qu'avant qu'il soit demain midi, je les aurai vus de si près, que je vous en rendrai bon compte.

Parmi les Capitaines qui étaient présens, se trouvait le Baron de Béarn, Lieutenant du Duc de Nemours, hardi soldat, et toujours prêt à l'escarmouche. Il fut jaloux que Bayard le prévînt, et se promit d'être plus matin que lui en campagne. Il confia son dessein à ses meilleurs amis, qui lui promirent de l'accompagner, et tinrent parole. Nous allons voir comment ils s'en tirèrent.

Bayard rentré chez lui envoya chercher son neveu, le Capitaine Pierrepont, qui était son Lieutenant, avec son Enseigne, son Guidon, et plusieurs autres de sa Compagnie, et les instruisit de ce qu'il avait promis au Duc. Il consulta avec eux sur la manière de l'exécuter, et ajouta que son dessein était de déployer, pour la première fois, les Enseignes du Duc de Lorraine : J'espère, disait-il, qu'elles nous porteront bonheur, et qu'elles seront plus belles à voir que des Cornettes. Ensuite il distribua les ordres : il chargea le Bâtard du Fay, son Guidon, de prendre cinquante Archers, avec lesquels il irait passer le canal au-dessous de l'artillerie des Espagnols, et d'aller donner l'alarme jusque dans leur camp, le plus avant qu'il pourrait, et de se retirer en bon ordre sans rien hasarder, quand il en serait temps, jusqu'à ce qu'il rencontrât Pierrepont qui le suivrait de près avec trente Hommes d'Armes et le reste des Archers;

et, ajouta-t-il, si vous vous trouvez pressé, je serai-là pour vous soutenir; et croyez-moi, que si nous nous entendons bien, nous en aurons de l'honneur. Il parlait à de trop habiles gens pour qu'ils ne comprissent pas d'abord son projet, et ils avaient à conduire des hommes capables d'en conduire d'autres. Chacun se retira pour se reposer jusqu'à ce que la trompette les éveillât, ce qui fut au point du jour. Tous furent bientôt sur pied et en ordre de marche. Les Enseignes du Duc de Lorraine furent déployées, et donnaient bon courage à la Compagnie, qui se distribua, selon qu'il avait été réglé la veille, en trois bandes, à trois jets d'arc l'une de l'autre.

Bayard ne savait encore rien de l'expédition du Baron de Béarn qui l'avait prévenu, et qui avait donné au camp des ennemis une si chaude alerte, que tout était déjà sous les armes. Tout allait bien pour lui jusque-là; mais on lui tira, de la part des Espagnols, deux ou trois coups de canon, l'un desquels emporta le bras à un de ses camarades, nommé Bazillac, et, d'un autre, le Seigneur de Bersac eut son cheval tué sous lui; tous deux étaient de la Compagnie du Duc de Nemours, qui eut bien du regret de Bazillac, brave Gentilhomme, qu'il aimait beaucoup. Après ces coups d'artillerie, les escarmouchèurs furent assaillis par cent vingt

Hommes d'Armes Espagnols et Napolitains, qui les firent reculer, et ensuite gagner la plaine au grand galop. Les premiers de la troupe déroutée rencontrèrent du Fay, qui ne passa pas outre et en donna avis à Bayard. Celui-ci lui manda de se joindre dans l'instant au Capitaine Pierrepont, et lui-même les atteignit avec sa troupe, et des trois n'en fit qu'une. Alors il aperçut le Baron de Béarn et ses gens qui fuyaient, et les ennemis qui les suivaient de près, et avaient déjà passé le canal. Il n'aurait pas voulu pour cent mille écus ne s'être pas trouvé-là. A moi, mes compagnons, s'écria-t-il, tant aux siens qu'aux fuyards, ils sont à nous. Sa voix seule les rallia, et pour leur donner l'exemple, il se jeta tout le premier dans les Espagnols, et bientôt suivi de sa troupe, il fit des prodiges de valeur ; ses premiers coups renversèrent cinq ou six des ennemis, qui ne s'en étonnèrent pas, et se mirent en bon ordre de défense ; mais dans le moment ils tournèrent le dos, et repassèrent le canal plus vite qu'ils n'étaient venus. Bayard et les siens les poursuivirent jusque bien avant dans leur camp, où tout était déjà en bataille, et où ils renversèrent tout ce qui s'opposa à eux, avec les tentes et pavillons. Cependant le Chevalier qui avait l'œil par-tout, aperçut un gros de cavalerie de près de trois cents Hommes d'Armes, qui marchaient à eux en escadron serré pour les envelopper ; aussitôt il fit sonner la retraite, en disant à Pierrepont : Voici trop grandes forces pour le nombre que nous sommes. Ils reprirent donc le chemin du canal, et de là celui de leur camp, sans avoir perdu un seul homme. Les Espagnols les laissèrent aller, excepté cinq ou six qui les suivirent, et demandèrent à rompre leurs lances ; Bayard ne voulut pas le permettre, quoique ses gens en eussent bonne envie, mais il craignait que cela n'engageât quelque nouvelle escarmouche, et ce n'était pas là le moment. Sur quoi on peut observer que sa valeur était toujours tempérée par sa sagesse, et que s'il fut le plus brave Officier de son siècle, il fut aussi le plus prudent : qualités qui ne l'abandonnèrent jamais, même dans les occasions les plus chaudes.

Le Duc de Nemours, instruit de l'expédition du Chevalier avant qu'il fût arrivé au camp, courut l'embrasser, en lui disant : C'est à vous, Seigneur de Bayard, à aller aux escarmouches ; personne ne sait comme vous les commencer et les finir ; vous êtes notre maître dans le métier de la guerre, et vous nous l'avez bien montré aujourd'hui.

Ce même jour, qui fut la veille de la bataille de Ravenne, le Duc assembla chez lui tous les Capitaines, tant de chevaux que de pied, et leur parla ainsi :

Vous voyez, Messieurs, que nous sommes ici dans un pays où tout nous manque, et que plus nous y resterons, plus nous y languirons ; la ville de Ravenne nous borne d'un côté, les ennemis sont de l'autre à une portée de canon. Je suis instruit que les Vénitiens et les Suisses menacent de descendre dans le Duché de Milan, où vous savez que nous n'avons pas laissé de grandes forces ; d'ailleurs, le Roi mon oncle me presse tous les jours de donner bataille, et je crois que s'il savait notre situation, il m'en presserait encore plus vivement. Ainsi, tout considéré, je crois que nous ne pouvons pas la différer davantage, et j'espère qu'avec l'aide de Dieu, et la bonne volonté de notre armée, nous devons pour l'honneur de notre Maître et pour le nôtre, marcher aux ennemis. Si Dieu nous favorise, nous lui en rendrons grâces : si nous avons du dessous, sa volonté soit faite ; quant à moi, ne doutez pas que je n'aimasse mieux mourir que de la perdre ; et si Dieu l'ordonne ainsi, les ennemis seront bien lâches s'ils m'épargnent, car je ne les épargnerai pas : donnez-moi à présent vos avis, et je les suivrai. Chabannes parla le premier, et opina pour la bataille, et plutôt que plus tard. Tous les autres Chefs l'appuyèrent, Lautrec, le Grand-Ecuyer (*d*), le

---

(*d*) Pierre d'Urfé, Grand-Bailli du Forez, d'une noble et ancienne Maison, actuellement éteinte.

Grand-Sénéchal de Normandie, le Seigneur de Crussol, Louis d'Ars, etc. Elle fut donc résolue pour le lendemain, qui était le jour de Pâques.

On commença par construire un pont sur le canal dont nous avons parlé, pour y faire passer l'artillerie et les gens de pied ; car pour la cavalerie, il n'y avait point d'embarras, le canal était guéable, et les bords aisés à gravir. Bayard fut d'avis que sans déplacer on réglât l'ordonnance de la bataille, afin que chacun sût sa place et son service : parce que, dit-il, tous les prisonniers que j'ai questionnés m'ont dit que la coutume des Espagnols est de ne faire qu'une seule troupe de leur infanterie, et d'en faire deux de leur cavalerie ; ainsi je crois qu'il est bon de nous régler là-dessus. Son avis fut reçu avec éloge, et tout de suite l'ordonnance fut réglée.

Il fut arrêté que les Lansquenets, avec les gens de pied des Capitaines Molard, Bonnet, Maugiron, Baron de Grammont, Bardassan et autres, au nombre de six mille hommes, marcheraient ensemble et ne feraient qu'un seul corps, qui aurait sur les ailes les deux mille Gascons du Capitaine Odet d'Aydie et du cadet de Duras ; que tous ensemble iraient se poster à la portée du canon du camp des ennemis, ayant l'artillerie devant eux, et que l'on canonnerait les Espagnols pour les faire sortir de leur fort; car c'était leur principale précaution que de se bien camper ; qu'après les gens de pied, et tout proche d'eux , le Duc de Ferrare et Chabannes seraient à la tête de l'avant-garde, et avec eux les Gentilshommes, au nombre de huit cents Hommes d'Armes, aux ordres du Grand-Sénéchal, du Grand-Ecuyer, de Humbercourt, la Cropte-Daillon, Théodore Trivulce et autres; et enfin près, et vis-à-vis d'eux, le Duc de Nemours avec sa Compagnie, son cousin Lautrec, d'Alègre, Louis d'Ars, Bayard et quelques autres, faisant ensemble quatre cents Hommes d'Armes; que l'infanterie Italienne, au nombre d'environ quatre mille, resterait en deçà du canal à la garde des bagages, de crainte que ceux de Ravenne ne vinssent à faire quelques sorties. Cette infanterie était aux ordres des Comtes Nicolas et François Scotti, de Plaisance, du Marquis de Malaspina, et d'autres Officiers de la même nation. Il fut décidé que le Bâtard du Fay serait Chef de tous les Guidons, et qu'il garderait le pont jusqu'à nouvel ordre.

Dès que le jour parut, les Lansquenets passèrent les premiers; mais le Capitaine Molard, jaloux de l'honneur de les prévenir, cria à sa troupe : Comment, mes amis, sera-t-il dit que les Lansquenets auront vu les ennemis avant nous ? j'aimerais mieux qu'il m'en coûtât un œil.

Aussitôt il se mit dans l'eau, et suivi de tous les siens qui en avaient jusqu'à la ceinture, ils passèrent tout chaussés et tout vêtus jusqu'à l'autre bord, et y furent avant les Lansquenets, après lesquels on passa l'artillerie, et on la mit en tête des gens de pied rangés en bataille ; ensuite passa l'infanterie avec le corps des Hommes d'Armes.

Pendant cette marche, il arriva un fait singulier. Le Duc de Nemours, armé de toutes pièces et couvert d'un magnifique ajustement aux armes de Foix et de Navarre, étant sorti de chez lui de bon matin, remarqua que le soleil se levait rouge comme du sang ; il le fit observer à ceux qui l'accompagnaient, parmi lesquels était un Gentilhomme très-familier avec lui, nommé Hautbourdin, homme à bons mots, qui lui dit : Savez-vous, Monseigneur, quel signe c'est-là ? c'est qu'il mourra aujourd'hui quelque grand Prince ou Capitaine ; il faut que ce soit vous ou le Vice-Roi de Naples. Le Duc en rit, comme il faisait toujours des saillies de Hautbourdin : ensuite il s'avança pour voir défiler son armée qui faisait grande diligence. Bayard, qui était auprès de lui, l'engagea à se promener le long du canal avec les Seigneurs de Lautrec et d'Alègre, et quelques autres au nombre d'une vingtaine. Ils virent de loin le mouvement du camp des Espagnols qui se
formaient

formaient en bataille, voyant bien qu'elle était inévitable ce jour-là, le Duc dit à Bayard : Nous voilà bien à leur portée, s'ils avaient-là des Arquebusiers embusqués, ils nous choisiraient bien à leur aise. Dans le moment ils aperçurent une troupe de vingt ou trente cavaliers Espagnols, entre lesquels étaient le Général de la cavalerie, Dom Pedro de Pas. Bayard s'avança vers eux, les salua, et leur dit : Seigneurs, vous vous promenez, comme nous, en attendant que la partie commence : je vous prie qu'il ne soit point tiré d'arquebusades de votre côté, et je vous promets qu'il n'en sera point tiré du nôtre; ce qui fut accordé. Ensuite, Dom Pedro l'ayant prié de se nommer, et Bayard l'ayant fait, cet Espagnol, instruit de la gloire qu'il s'était acquise au Royaume de Naples, lui dit de fort bonne grâce: Seigneur de Bayard, encore que votre arrivée au camp des Français ne soit pas pour nous un sujet de joie, et qu'au contraire nous l'estimions renforcé autant que de deux mille hommes, je n'en suis pas moins ravi de vous voir; et plût à Dieu qu'il y eût une bonne paix entre nos Rois, je vous ferais connaître l'estime que je fais de vous, et combien je voudrais être de vos amis. Le Chevalier lui rendit sa civilité avec sa modestie ordinaire. Après quoi Dom Pedro lui demanda qui était ce Seigneur si magnifiquement armé, à qui tout le monde portait tant de respect : C'est, dit Bayard, notre Général, le Duc de Nemours, frère de votre Reine. A peine eut-il parlé, que cet Espagnol et tous les siens s'avancèrent vers le Duc, mirent pied à terre, et lui présentèrent leurs hommages, l'assurant que sauf le service du Roi leur Maître, ils feraient toute leur vie profession d'être ses serviteurs. Le Duc reçut très-bien leur compliment, et après quelques propos, on se sépara pour aller chacun à son devoir.

Les Français en marchant aperçurent l'avant-garde ennemie, commandée par Fabrice Colonne, en belle vue et en belle portée. Bayard et d'Alègre le firent remarquer au Duc de Nemours : Voyez-vous, lui dirent-ils, cette belle troupe de gens de cheval ? si nous avions ici seulement deux pièces d'artillerie, nous l'entamerions bien aisément. D'Alègre alla lui-même faire avancer un canon et une longue coulevrine, dont on tira si vigoureusement et si dru sur la troupe ennemie, qu'il y eut dans un moment trois cents Hommes d'Armes par terre ; et leur Chef, le Seigneur Fabrice, avoua depuis, étant prisonnier à Ferrare, qu'un seul coup lui en avait emporté trente-trois. Les Espagnols étaient tout effrayés, ne sachant d'où venaient les coups qui les accablaient. Leur Général leur avait expressément commandé de ne point quitter leur poste, jusqu'à ce que les Français allassent les y attaquer; mais force leur fut de l'abandonner malgré leur Commandant, à qui ils disaient en leur langue: *Corps de Dieu, nous allons combattre des hommes, et le Ciel nous écrase.*

 Cependant du côté du camp Espagnol, qui était extrèmement fort, et couvert d'un bon fossé, l'artillerie avait commencé à jouer. Derrière le fossé, tous les gens de pied, pour se garantir de celle des Français, étaient couchés sur le ventre; la leur, qui était devant eux, consistait en vingt pièces, tant canons que coulevrines, et environ deux cents arquebuses à croc, et entre chacune une espèce de petite charrette à roues, chargée de fers tranchans, en manière de faulx, pour faire rouler dans les gens de pied Français qui se seraient avancés. Sur l'aile était Fabrice Colonne avec l'avant-garde, composée de huit cents Hommes d'Armes; un peu plus haut était le corps de bataille, commandé par Dom Raymond de Cardonne, qui avait pour sa Compagnie plus de quatre cents Hommes d'Armes; et encore tout près de lui étaient deux mille Italiens, commandés par Ramassot. Mais quant à leur Gendarmerie, on n'en avait jamais vu de plus belle et de plus leste.

 Sitôt que le Duc de Nemours eut passé le canal, il ordonna que tous marchassent malgré le feu des ennemis qui tiraient dans l'infanterie Française comme dans un but, et en avaient déjà tué plus de deux mille avant que le combat fût engagé, entr'autres quatre Capitaines qui furent bien regrettés, Jarses, le Hérisson, Molard et Philippe de Friberg, tous braves hommes, pleins de courage et d'expérience. Cependant, malgré le feu des Espagnols, les Français ne se rallentissaient pas, et marchaient toujours en avant. D'un autre côté, l'avant-garde commandée par Fabrice Colonne, débusquée de son fort, comme nous avons vu, se mit en plaine pour combattre, et marcha droit au corps de bataille où était le Duc de Nemours avec quelque peu de Gendarmerie. Les Français de ce corps, glorieux de commencer l'attaque, fondirent tête baissée sur les ennemis, qui se partagèrent en deux troupes, pensant les envelopper. Bayard s'en aperçut d'abord, et conseilla au Duc de se partager de même en deux troupes, jusqu'à ce qu'ils eussent passé le fossé; ce qui fut fait à l'instant. Alors les Espagnols se mirent à crier de toutes leurs forces: *Espagna, Sant-Jago, à os cavallos*, et fondirent sur les Français, ne visant qu'à tuer les chevaux; mais ils furent reçus avec pareille fureur par les Français, qui criaient: *France, France, aux chevaux*, et qui, comme eux, visaient à les démonter, suivant le proverbe: *Moerto el cavallo, perdido l'Hombre-*

d'Armas. Il ne s'est peut-être jamais vu de combat plus acharné et plus furieux que celui qui se donna là, et qui dura plus d'une heure et demie. Les deux partis étaient obligés de s'arrêter pour reprendre haleine, et puis ils recommençaient plus vivement qu'auparavant, avec leurs cris ordinaires; les Espagnols étaient de la moitié plus nombreux que les Français (e).

Le Seigneur d'Alègre voyant la victoire se balancer, courut à l'avant-garde, et cria à la bande du Seigneur de la Marck, qu'il rencontra la première, et qui se distinguait par ses couleurs de blanc et noir : *A moi blanc et noir*, et les Archers de la garde ! Le Duc de Ferrare et Chabannes, jugeant qu'il ne les appelait pas sans un pressant besoin, firent marcher leurs gens à bride abattue vers le Duc de Nemours, lequel déjà peu-à-peu avait fait reculer les Espagnols, à qui ce rafraîchissement fut bien funeste; car ces Archers de la garde portaient à l'arçon de la selle de petites haches qui leur servaient à dresser leurs tentes ; ils les mirent en œuvre, et en portèrent de si rudes coups sur l'armet des Espagnols, qu'ils

---

(e) L'armée d'Espagne était de vingt mille hommes, et celle de France de quinze mille quatre cents, suivant un état conservé à la Chambre des Comptes de Grenoble; mais on a vu qu'il en était resté quatre mille à la garde des bagages.

abattaient autant d'hommes qu'ils en touchaient. A la fin ils forcèrent les ennemis d'abandonner le camp, laissant entre les deux fossés trois à quatre cents Hommes d'Armes sur la place, outre plusieurs Seigneurs Napolitains faits prisonniers, et qui eurent la vie sauve. Chacun alors se mit à la poursuite, et Bayard voyant le Duc de Nemours tout couvert de sang, et de la cervelle d'un de ses Hommes d'Armes tué à son côté, le crut blessé, et le lui demanda. Non, dit le Duc, mais j'en ai bien blessé d'autres. Dieu soit loué, reprit-il, la bataille est à vous; vous vous êtes aujourd'hui couvert de gloire : mais demeurez ici, rassemblez vos Gendarmes, et ne souffrez point que l'on se mette au pillage, il n'en est pas encore temps : le Capitaine Louis d'Ars et moi, nous allons suivre les fuyards, et les empêcher de se retirer devant leurs gens de pied; mais ne partez pas d'ici que lui ou moi ne venions vous chercher. Le Duc le promit, mais il fit le contraire, et le paya de sa vie, par un événement qui mérite bien d'être détaillé.

On a vu qu'au commencement de l'action les gens de pied Espagnols étaient couchés sur le ventre pour se dérober au feu de l'artillerie Française, et que leur fort était tel qu'on ne les voyait point, en sorte qu'il y avait grand danger à les y attaquer : or, les Français n'en étaient éloignés que de deux longueurs de pique. Il fut donc ordonné aux deux mille Gascons d'aller, malgré le péril, les prendre en queue et leur lâcher leurs traits pour les forcer à se lever. Le Capitaine Odet et le cadet de Duras s'y préparèrent ; mais ils remontrèrent qu'ils avaient besoin de quelques Piquiers pour les soutenir, en cas que leurs gens de pied ayant lâché leurs traits, fussent chargés par quelques Enseignes d'Espagnols. Il fut ordonné au Seigneur de Moncaure d'aller les soutenir avec mille Picards qu'il commandait. Les Archers lâchèrent leurs traits, et tuèrent grand nombre d'Espagnols, ce qui obligea les autres à se lever et à se former en bataille; mais aussitôt parurent derrière eux deux Enseignes de mille à douze cents hommes, qui fondirent sur les Gascons et les rompirent ( soit que ce fût leur faute ou celle des Picards ), tuèrent le Seigneur de Moncaure, le Lieutenant du Capitaine Odet, celui du cadet de Duras, et beaucoup d'autres très-bons Officiers. Les Espagnols en firent de grands cris de joie, comme s'ils eussent gagné la bataille, quoique leur défaite fût déjà décidée, et les deux Enseignes ne retournèrent plus en arrière, mais prirent le chemin de Ravenne, marchant quatre à quatre le long de la chaussée du canal. Il faut les quitter un moment, et reprendre la suite de l'attaque des Gascons.

Les Espagnols debout s'avancèrent sur le bord de leur fossé, où les Français les assaillirent avec une hardiesse incroyable ; mais ils furent reçus à coups d'arquebuses qui leur tuèrent bien du monde, entr'autres ce fameux Capitaine Jacob, dont il a été fait ci-devant mention très-honorable ; il reçut un coup de feu au travers du corps, qui ne lui laissa que le temps de dire à ses camarades, en sa langue : *Amis, servez le Roi aussi bien qu'il nous traite;* et il tomba mort. Il avait amené avec lui un Capitaine nommé Fabian, l'un des plus grands, des plus beaux et des plus forts hommes que l'on pût voir, lequel, voyant son bon ami et son Commandant tué, ne voulut plus vivre que pour le venger, et fit un coup de force et de hardiesse sans exemple. Il se précipita au milieu des piques des Espagnols, tenant la sienne en travers, et leur fit baisser leur fer jusqu'à terre, où il les contint par la seule force de ses bras, et par-là donna lieu aux Français de sauter le fossé, ce qui ne fut pas sans grand carnage de chaque côté ; car on ne vit jamais si belle défense que celle des Espagnols à cette attaque. Les Français y perdirent le Baron de Grammont, les Seigneurs de Mongiron et de Bardassan, qui y avaient fait des prodiges ; le Capitaine Bonnet y reçut un coup de pique dans le front, où le fer resta : enfin la perte des Français fut grande, moins par le nombre que par la qualité et le mérite des morts; mais du côté des Espagnols ce fut bien autre chose; car, pendant qu'ils soutenaient l'attaque du fossé dont nous parlons, les Gendarmes de l'avant-garde Française les prirent en flanc, les mirent en déroute, et n'en laissèrent pas échapper un seul, sinon le Général Dom Pedro de Navarre (*f*) et quelques autres principaux Officiers, que l'on fit prisonniers.

Pour revenir à ces deux Enseignes que l'on a vu prendre le chemin de Ravenne et suivre la chaussée du canal, voici ce qui en arriva, et le plus grand malheur que la France pût éprouver pour lors. Le Duc de Nemours resté au poste où Bayard lui avait instamment recommandé d'attendre des nouvelles de l'action, aperçut ces deux Enseignes qui se retiraient, pendant que quelques-uns des Gascons défaits fuyaient de son côté, et il demanda ce que c'était; un des fuyards lui répondit : Ce sont des Espagnols qui nous ont défaits. Le Prince pensant que toute son infanterie était en déroute, sans regarder s'il était bien accompagné ou non, s'alla jeter en désespéré sur cette chaussée,

---

(*f*) Ce fut un Soldat de fortune, que son mérite et ses talens avancèrent aux premières dignités militaires. On tient qu'il fut le premier inventeur des Mines. Il passa du service d'Espagne à celui de France, sous François I.

ayant quatorze ou quinze hommes seulement avec lui. Pour comble de malheur, les Espagnols avaient rechargé quelques arquebuses qu'ils tirèrent sur lui et sur son escorte, puis fondirent sur eux à grands coups de piques; les Français ne pouvaient aisément se remuer, tant parce que la chaussée était étroite, que parce qu'elle était bornée d'un côté par le canal, et de l'autre par un fossé très-profond. Tous ceux de l'escorte furent tués, ou jetés les uns dans l'eau, les autres dans le fossé. Le cheval du Prince eut les jarrets coupés et tomba, ce qui le força de se mettre à pied et de faire avec sa seule épée plus d'exploits que jamais Héros n'en fit avant lui. Il fut vigoureusement secondé par son cousin Lautrec, qui criait aux Espagnols : *Ne le tuez pas, c'est notre Général, c'est le frère de votre Reine;* malgré ses cris, ils l'achevèrent, lui ayant donné tant de coups qu'il en avait quatorze ou quinze dans le visage seulement. Vivarotz, fils du Seigneur d'Alègre, fut noyé dans le fossé, et le père avait déjà été tué à la défaite des gens de pied. Le Seigneur de Lautrec et quelques autres restèrent pour morts sur la place, après quoi les Espagnols se sauvèrent le long de la même chaussée, qui avait près de dix milles de longueur. A moitié chemin ils rencontrèrent Bayard, qui revenait de la poursuite des fuyards, avec une quarantaine d'hommes, si fatigués qu'ils ne pouvaient se soutenir, non plus que leurs chevaux : cependant il se mit en devoir de les charger ; mais un de leurs Chefs s'avança hors des rangs et lui dit : Que voulez-vous faire, Seigneur, vous voyez bien que vous n'avez pas assez de monde pour nous combattre ? vous avez gagné la bataille, tous nos hommes y ont perdu la vie, et ce n'est que par miracle que nous en sommes échappés ; contentez-vous de l'honneur de la victoire, et nous laissez passer. Bayard s'y accorda, à la charge qu'on lui remettrait les Enseignes ; les Espagnols les rendirent, puis lui donnèrent passage au milieu de leur troupe, et continuèrent leur chemin. Hélas ! s'il eût su leur dernier exploit, et que le Duc de Nemours venait de mourir de leurs coups, il ne leur eût pas fait si bonne composition, et serait plutôt mort mille fois, que de ne le pas venger (g).

Durant la bataille, et avant la déroute totale des Espagnols, le Vice-Roi, Dom Raymond de Cardonne, s'était enfui avec trois cents Hommes d'Armes, et Ramassot avec ses deux mille piétons Italiens ; ce fut tout ce qui s'en échappa, tout le reste fut tué ou pris. La bataille avait com-

---

(g) Voyez à la fin du Livre la Note VI, qui contient une Lettre de Bayard, écrite après la bataille de Ravenne.

mencée à huit heures du matin, et il en était quatre de relevée quand Bayard et les autres coureurs revinrent au camp. La nouvelle de la mort du Duc de Nemours y était déjà répandue, et la consternation, les cris et les pleurs étaient tels, que deux mille hommes de troupes fraîches auraient eu bon marché de toute l'armée, outre que tous étaient excédés de lassitude. Le corps du Prince fut apporté en son logis par ses Gentilshommes, et là les cris et les gémissemens recommencèrent, et ne cessèrent de long-temps, tant ce Prince, le plus accompli de son siècle, avait su gagner l'amitié, la confiance et le cœur de toute son armée, des grands et des petits.

Enfin, on peut dire de cette bataille de Ravenne, que peut-être il n'y en avait jamais eu de si cruelle, ni de plus meurtrière, et que de part et d'autre on s'y battit avec un acharnement dont l'histoire fournit peu d'exemples.

Si les Espagnols y perdirent beaucoup de monde, étant, comme on l'a vu, presque du double plus nombreux que les Français, et presque tous y étant restés, il faut aussi convenir que la perte fut bien grande du côté des Français, par le nombre des bons Officiers qui y périrent. La plus grande perte fut celle de cet incomparable Duc de Nemours, en qui la nature avait réuni toutes les vertus humaines, et qui, s'il eût vécu, était destiné à être Roi de Naples; mais Dieu en disposa à sa volonté: avec lui moururent, dans cette cruelle journée, le brave d'Alègre et son fils Vivarotz, la Cropte-Daillon, le Lieutenant de Humbercourt, les Capitaines Molard, Jacob, de Friberg, Maugiron, le Baron de Grammont, Bardassan, et bien d'autres, environ trois mille hommes de pied, quatre-vingts Hommes d'Armes des Ordonnances du Roi, sept Gentilshommes de sa Maison, et neuf Archers de sa garde, et de tout ce qui ne mourut pas, la plupart étaient blessés.

Du côté des Espagnols, il périt vingt Capitaines de gens de pied, et près de dix mille hommes à leurs ordres; de leur cavalerie, plus de trente Capitaines ou Porte-Enseignes, avec huit cents Hommes d'Armes, outre Dom Menaldo de Cardonne, Dom Pedro d'Acugna, Grand-Prieur de Messine, Dom Diégo de Quignonès, et les Capitaines Alvarado et Alphonse de Stella. Le Général de leur infanterie, Dom Pedro de Navarre, y fut fait prisonnier, avec Dom Jean de Cardonne, les Marquis de Licite, de la Padule et de Peschiéra, le Duc de Trayette, les Comtes de Conches et de Pépoli, le Cardinal de Médicis, Légat du Pape, et plus de cent autres Seigneurs ou Capitaines. Toute l'artillerie, les arquebuses et les bagages y restèrent; enfin, de plus de vingt mille hommes qu'ils étaient, seize mille furent tués ou pris. Le Seigneur Marc-Antoine Colonne eut le bonheur de se retirer dans la Citadelle de Ravenne, qui était forte et de bonne défense.

Le lendemain la Ville fut pillée par les Lansquenets et les gens de pied Français, malgré les défenses qui en avaient été faites : ce fut par la faute du Capitaine Jacquin Caumont, qui vérifia l'horoscope de l'Astrologue de Carpi; car Chabannes, devenu Chef de l'armée, le fit pendre.

Cette journée de Ravenne aurait eu de grandes suites sans la mort du Duc de Némours, et les Français auraient sans doute profité de leur victoire; mais ce malheur, joint aux nouvelles que leur donnait sans cesse le Seigneur Trivulce, que les Vénitiens et les Suisses menaçaient le Duché de Milan, et que, d'un autre côté, l'Empereur commençait à se remuer pour déclarer la guerre au Roi, les détermina à prendre la route du Milanais.

*Fin du Livre cinquième.*

# HISTOIRE
## DU CHEVALIER
## BAYARD.

*LIVRE SIXIÈME.*

### SOMMAIRE.

*Funérailles du Duc de Nemours. Chabannes devient Chef de l'armée. Trait de la haine de Jules II contre les Français. Le Cardinal de Médicis est délivré. Les Vénitiens et les Suisses entrent dans le Milanais. Les Français se retirent à Pavie. Ils sont poursuivis. Malheur qui leur arrive. Bayard est blessé dangereusement. Il se rend à Grenoble. Réception qu'on lui fait. Tombe malade à l'extrémité. Sa piété. Sa convalescence. Galanterie de Bayard, suivie d'un beau trait de générosité. Bayard prend un Château par stratagème. Les Lansque-*

nets refusent d'aller à l'assaut. Le Château est pris d'assaut, et la garnison passée au fil de l'épée. Demande insolente des Lansquenets. La suite qu'elle eut. Plaisante histoire d'un Lansquenet. Mort de Jules II. Le Cardinal de Médicis lui succède. Grand trait de l'amour paternel. Henri VIII, Roi d'Angleterre, fait une descente en Picardie. Il assiége Térouenne, qui manque de vivres et de munitions. Bayard veut enlever ce Roi. Il en est empêché. Henri est joint par l'Empereur Maximilien. Louis XII se rend à Amiens. Journée des Eperons. Le Duc de Longueville y est fait prisonnier. Bayard soutient seul un corps d'ennemis. Sa présence d'esprit. Il se rend prisonnier. Plaisante question sur sa rançon. Accueil gracieux que l'Empereur lui fait. Il justifie la fuite des Français. L'Empereur décide qu'il n'est pas prisonnier. Conditions de sa liberté. Belle réponse qu'il fait à Henri. Reddition de Térouenne. La capitulation est mal exécutée. Les Anglais prennent Tournai. Les Suisses descendent en Bourgogne. Ils assiégent Dijon. Grand trait de sagesse de Louis de la Trémouille. Les Suisses se retirent avec des ôtages. Louis XII va à Blois. Mort de la Reine Anne. Son éloge. Sa fille aînée épouse le Comte d'Angoulême. Le Roi se remarie. Sa mort.

François I parvient à la couronne. Médite la conquête de Milan. Y envoie Bayard avec qualité de Lieutenant-Général en Dauphiné. Exploits de Bayard en Lombardie. Il enlève Prosper Colonne. Les Français font un grand butin. Le Roi passe les Alpes. Le Duc de Savoie le reçoit à Turin. Méchanceté du Cardinal de Sion. Les Suisses attaquent l'armée de France. Sont mis en déroute. Le Roi court risque de la vie. Bayard se tire d'un grand danger. Les Suisses reviennent à la charge, et sont totalement défaits. Mort de plusieurs Seigneurs Français. Le Roi reçoit de Bayard l'Ordre de Chevalerie. Reddition de Milan et du Château. Le Roi retourne en France. Bayard arme Chevalier le fils du Duc de Bourbon. Mort de Ferdinand, Roi d'Arragon, et celle de Jean d'Albret, Roi de Navarre. L'Empereur entre dans le Milanais s'en retourne. Sa mort. Son Successeur. Naissance d'un Dauphin. Le Seigneur de Sédan déclare la guerre à Charles-Quint. Les forces de Charles sont suspectes au Roi. Stratagème pour surprendre François I. Charles prend Mouzon. Alarmes du Roi pour la Champagne. Sa confiance en Bayard. Il l'envoie à Mézières. Conduite de Bayard. Sa générosité. Son discours à la garnison. Le siège est mis devant Mézières. Bayard est sommé de rendre la Place.

*Sa réponse. Eloge de Bayard par un Officier ennemi. La Ville est canonnée vigoureusement. Stratagème de Bayard et son succès. Il met la division chez les ennemis. Etonnement du Comte de Nassaw. Réponse dure du Général Sickengen. Ils sont prêts d'en venir aux mains. Ils lèvent le siége. Satisfaction du Roi, et la réception qu'il fait à Bayard. Il lui donne l'Ordre de St. Michel et cent Hommes d'Armes. Reconnaissance des habitans de Mézières envers Bayard. Honneurs qu'il reçoit à Paris, et de la part du Parlement. Réception qu'on lui fait en Dauphiné. Le Roi l'envoie à Gênes, et de-là dans le Milanais. Disgrace de l'armée Française. Bayard retourne à Grenoble, où il trouve la peste. Ses soins et ses libéralités font cesser ce fléau. Le Connétable de Bourbon quitte le service du Roi. Bonnivet est fait Général au Milanais. Bayard prend Lodi. Commission dangereuse que Bonnivet lui donne, et lui manque de parole. Soupçons de Bayard, qui est surpris par les Espagnols. Il leur échappe avec sa troupe. Bonnivet blessé charge Bayard de la retraite. Bayard est blessé à mort et ne perd pas courage. Ses beaux sentimens. Charge d'Alègre de ses adieux au Roi et aux Princes. Douleur des Français en le quittant. Grandeur d'ame du Marquis de Peschiéra. Belles paroles de Bayard au Connétable de Bourbon. Sa mort. Honneurs que lui rendent les ennemis. Regrets du Roi. Honneurs que le Duc de Savoie fait rendre à son corps. Deuil général en Dauphiné. Sa sépulture. Son éloge.*

Quand toute l'armée fut arrivée dans le Duché de Milan, on commença par rendre les derniers devoirs au Duc de Nemours, ce qui se fit avec plus de pompe et d'appareil qu'on en eût encore fait aux obsèques des Rois. Il s'y trouva plus de dix mille hommes en deuil, la plupart à cheval; quarante Enseignes prises sur les ennemis, précédaient le cercueil, traînant à terre; ensuite ses Enseignes et son Guidon, et il fut déposé dans l'Eglise du Dôme, qui est la Métropole, honoré des larmes et des regrets de tous les assistans.

Les Capitaines assemblés, après la cérémonie faite, déférèrent le commandement au Seigneur de la Palisse, Jacques de Chabannes, tant comme le plus ancien et comme très-digne de cet honneur, que parce que le Seigneur de Lautrec, blessé à mort, avait été transféré à Ferrare, où le Duc et la Duchesse lui donnèrent tous leurs soins, et eurent la satisfaction de le voir recouvrer sa santé.

Le Pape Jules II, toujours ennemi déclaré de la France, ne fut pas content qu'il n'eût fait déclarer l'Empereur contre le Roi; il l'engagea à ordonner à ses Lansquenets, pour le peu qu'il en eût échappé à la bataille de Ravenne, de s'en retourner. Ses ordres adressés à leur Commandant, frère du défunt Capitaine Jacob, étaient si précis, qu'il fallut obéir, et le plus grand nombre quitta l'armée Française, où il n'en resta que sept à huit cents, lesquels furent retenus par un jeune Capitaine qui, n'ayant rien à perdre en Allemagne, s'attacha au service du Roi.

Le Cardinal de Médicis, fait prisonnier à la bataille de Ravenne, était sur le point d'être envoyé en France, où on l'aurait gardé long-temps, lorsqu'il eut le bonheur d'être délivré par un parti des gens du Pape, commandés par Matthieu de Beccaria, qui lui rendit un grand service; car sans lui il n'aurait jamais porté la Tiare ni le nom de Léon X.

La crainte que les Français avaient des Vénitiens et des Suisses ne se trouva que trop bien fondée : ces derniers ne tardèrent pas à descendre dans le Milanais en grand nombre, et renforcés des troupes du Pape. L'armée Française était trop fatiguée et trop diminuée pour leur tenir tête. On leur disputa assez bien quelques passages; mais enfin il fallut céder au nombre et se retirer à Pavie, où on espérait se maintenir. Les Français n'y furent pas deux jours, que quelque diligence qu'ils eussent faite à barricader et fortifier les portes, les Suisses y entrèrent ( on n'a jamais su par quel moyen ), et gagnèrent la grande Place, où l'alarme fut bientôt mise. Le Capitaine Louis d'Ars, qui en avait été fait Gouverneur, s'y rendit promptement, et y fit des choses merveilleuses, Chabannes, Humbercourt le secondèrent, et surtout Bayard, qui s'y surpassa. Entr'autres faits, il arrêta tout court les Suisses, combattant toujours pendant plus de deux heures, n'ayant avec lui que trente-six des siens, et dans cet intervalle il eut deux chevaux tués sous lui.

C'était par son avis que les Français, en entrant dans la Ville, avaient construit d'abord un pont de bateaux, quoiqu'il y en eût un de pierres, pour avoir, en cas de malheur, une retraite assurée. L'événement ne tarda pas à vérifier la sagesse de cette précaution; car, dès que les Suisses eurent commencé leur attaque, on se mit à faire passer d'abord l'artillerie par ce pont, pour tout de suite y faire défiler l'armée. Pendant qu'on y travaillait, et que l'on se battait encore sur la Place, le Capitaine Pierrepont, qui avait l'œil au guet, vint avertir les Français, qu'au-dessus de leur pont il arrivait aux Suisses des troupes fraîches sur de petits bateaux chargés de dix hommes chacun ; que s'ils parvenaient à se réunir en troupe, ils s'empareraient du pont, enveloppe- raient les Français de toutes parts, et en auraient bon marché. Sur cet avis chacun prit le chemin du pont, où il y eut de part et d'autre bien des coups de donnés et du sang répandu.

Cependant la cavalerie passa, et on laissa trois cents Lansquenets pour la garde du pont. Mais cette journée était un de ces jours malheureux où les disgraces semblent se succéder sans relâche : comme la dernière pièce d'artillerie passait, qui était une longue couleuvrine prise à Ravenne, elle enfonça la première barque, et par-là coupa le chemin aux Lansquenets, qui prirent la fuite et se sauvèrent comme ils purent; il y en eut de tués, d'autres jetés dans le Tésin, et bien peu en échappèrent. Quand les Français furent tous passés, ils rompirent le pont, et arrêtèrent par ce moyen les poursuivans. Mais ils n'étaient pas encore quittes de leurs maux pour le jour. Bayard resté le dernier, suivant sa coutume, pour faire rompre le pont, reçut un coup de fauconneau tiré de la Ville, qui lui frappa l'épaule en passant, et emporta toute la chair jusqu'à l'os. Ceux qui virent le coup, le crurent mort; mais lui qui ne s'effrayait jamais de rien, ne se déconcerta pas, et, quoiqu'il sentit une douleur extrême, il rassura ses compagnons, en leur disant que ce n'était rien, aussi tranquillement que si, en effet, c'eût été peu de chose. Cependant le sang sortait avec abondance, et on eut bien de la peine à l'étancher ; mais ne se trouvant pas là de Chirurgien, ses gens déchirèrent leurs chemises, d'autres mirent sur la plaie de la mousse d'arbres ; enfin on le mit le mieux que l'on put en état de suivre l'armée, qui se retira jusqu'à Alexandrie, où se trouva un pont fait par les soins du Seigneur Théodore Trivulce, lequel avait pris exprès les devans. Elle n'y fit pas grand séjour, et fut bientôt obligée d'abandonner tout-à-fait la Lombardie, excepté les citadelles de Milan, Crémone, Lugano et Lucarne, et quelques Places dans la Valteline, avec la ville et le château de Bresse.

Cette armée, ou plutôt ce débris d'armée, repassa les Alpes, et se logea en différentes garnisons. Bayard, quoiqu'encore blessé, la suivit, et se rendit à Grenoble auprès de l'Evêque son oncle, qui ne l'avait pas vu depuis le jour qu'il le laissa entre les mains du Duc de Savoie, en qualité de Page. Il est inutile de dire avec quelles démonstrations de joie il en fut reçu, et de satisfaction du renom qu'il s'était fait à la guerre, dans l'intervalle de vingt-deux ans.

Il ne reçut pas moins de témoignages d'estime et d'admiration de la part de la Noblesse ; chacun s'empressait à lui donner des fêtes, et tous, même les Dames, se félicitaient de l'honneur qu'il faisoit à leur Province. Il ne pouvait pas être mieux que là pour se rétablir ; cependant, soit par une suite de sa dernière blessure, soit par les grandes fatigues qu'il avait essuyées pendant plusieurs campagnes de suite, il fut attaqué d'une fièvre continue qui dura dix-sept jours, et le réduisit à l'extrémité. Quand il se vit en cet état, son regret n'était pas de mourir, mais de mourir dans un lit. Hélas, mon Dieu, disait-il, si c'était votre volonté de me retirer à vous, que ne m'avez-vous fait la grâce de permettre que je mourusse aux pieds de cet incomparable Duc de Nemours, avec mes braves compagnons ? Pourquoi ne l'avez-vous pas permis quand je fus blessé si grièvement à l'assaut de Bresse ? J'aurais accepté la mort avec joie, à l'exemple de tous mes ancêtres qui sont morts sur le champ de bataille. J'y ai tant de fois été exposé, je l'ai tant bravée, et en tant d'occasions périlleuses, d'assauts ou d'escarmouches ! n'en ai-je échappé que pour venir ici mourir dans un lit comme une femme ? Cependant, mon Dieu, que votre volonté soit accomplie ; toute ma confiance est dans votre miséricorde; je suis un grand pécheur, mais j'espère que vous me pardonnerez mes fautes, et que vous accepterez le sacrifice de ma vie en expiation.

Enfin, ses regrets et ses sentimens de piété étaient si touchans, que tous les assistans fondaient en larmes. Tant qu'il fut
dans

valet, et conduisit lui-même la jeune fille chez une Dame de ses parentes, logée tout proche de lui.

Le lendemain matin il envoya chercher la mère, à qui il fit les plus vifs reproches de s'être portée à un tel déshonneur que de livrer sa fille; sur-tout, disait-il, étant de race noble l'une et l'autre, vous en êtes encore plus criminelle. La pauvre femme toute effrayée l'assura que sa fille était vierge, et que la faim et la misère étaient les seules causes de sa faute. Mais, dites-moi, répliqua Bayard, personne ne vous l'a-t-il encore demandée? Un de nos voisins, répondit-elle, honnête homme et à son aise, m'en a parlé depuis peu de temps; mais il me demande six cents florins, et tout ce que je possède au monde n'en vaut pas la moitié. Et l'épouserait-il, repartit Bayard, si elle avait cette somme? Oui, Monseigneur, très-certainement, reprit la veuve. Alors le Chevalier se fit apporter un sac dont il tira trois cents écus qu'il lui donna, en disant : Voilà deux cents écus qui valent un peu plus de six cents florins, pour marier votre fille, et cent écus pour l'habiller ; ensuite il lui donna à elle-même cent autres écus, et chargea son valet-de-chambre d'avoir les yeux sur la conduite de la mère et de la fille, et de lui en rendre compte, jusqu'à ce que le mariage fût fait : ce qui ne tarda que trois jours. La générosité de Bayard fut récompensée par la satisfaction qu'il eut d'avoir sauvé l'honneur d'une fille noble et vertueuse, et d'en avoir fait une femme exemplaire, et respectable par sa conduite.

Après qu'il eut encore passé quelque temps en Dauphiné, fêté et chéri de tout le monde, le Roi Louis XII envoya une armée en Guienne, aux ordres du Duc de Longueville, pour recouvrer le Royaume de Navarre sur Ferdinand Roi d'Arragon, qui l'avait depuis peu usurpé sur le Roi Jean d'Albret, à qui il appartenait par sa femme Catherine de Foix. Cette entreprise ne fut pas heureuse : l'armée ayant été long-temps dans le pays sans aucun succès, une partie commandée par Chabannes fut forcée de repasser les Pyrénées avec le Roi de Navarre. Peu après ils furent suivis de Bayard, conduisant un nombre de grosses pièces d'artillerie, avec un détachement qui, chemin faisant, s'empara de quelques petites forteresses, et vinrent enfin mettre le siége devant Pampelune. A quatre lieues de cette Ville était un Château dont la prise devenait intéressante dans la circonstance, non que par lui-même il fût d'une grande force, mais parce qu'il pouvait s'y renfermer assez d'hommes pour secourir la Ville, ou du moins inquiéter les assiégeans. Le Roi de Navarre et Chabannes prièrent Bayard de se charger de s'en rendre maître, et il accepta la commission en homme qui n'avait jamais rien trouvé de difficile. Il prit avec lui sa Compagnie aussi bien disposée que lui, et composée de gens qui, la plupart, comme on l'a déjà dit, avaient commandé ; il y joignit celle du Capitaine Bonneval, autre excellent Officier, un nombre d'Aventuriers, et environ huit cents Lansquenets, et alla en plein jour droit à ce Château. Il commença par envoyer un Trompette pour sommer ceux qui y étaient de le remettre au Roi de Navarre à qui il appartenait, les assurant qu'ils auraient vie et bagues sauves ; mais que s'ils étaient pris d'assaut, il n'y aurait quartier pour personne. Ceux du dedans étaient tous bons hommes de guerre, au nombre d'environ cent Espagnols, fort affectionnés à leur Roi, et y avaient été mis par le Duc de Naxara, et l'Alcaïde de los Donzelès (*a*), que Ferdinand avait nommés, l'un Vice-Roi, l'autre Lieutenant-général au Royaume de Navarre. Leur réponse fut qu'ils garderaient la Place, et ne la rendraient pas, et eux encore moins. Dès que cette réponse fut rapportée à Bayard, il fit dresser une batterie de quatre grosses pièces de canon, et battre en brèche sans relâche. Les assiégés, de leur part, avaient bon nombre d'arque-

---

(*a*) Dom Didago Fernand de Cordoue, l'un des plus braves et meilleurs Officiers Espagnols de son temps.

buses avec deux fauconneaux, et répondaient fort bien à l'artillerie Française; mais ils ne purent empêcher qu'en moins d'une heure la brèche ne se trouvât assez grande, quoique de difficile accès, parce qu'il fallait y monter. Alors Bayard fit sonner à l'assaut, et commanda aux Lansquenets de marcher et de faire leur devoir; mais il fallut, avant que de les résoudre, composer avec eux : ils lui firent dire par leur truchemandque suivant leur traité, quand une Place était prise d'assaut, il leur appartenait double paye; que s'il s'y accordait ils iraient gaîment à la brèche, autrement non. Bayard ignorait ce traité; cependant il leur promit que s'ils prenaient cette Place d'assaut, ils seraient satisfaits de ce qu'ils demandaient. Mais ils entendirent, sans doute, qu'il fallait les payer d'avance, car pas un ne remua de sa place. Les Aventuriers seuls marchèrent gaillardement, et trouvèrent à qui parler, et que s'ils savaient bien attaquer, ceux de dedans ne savaient pas moins se défendre. Bayard voyant qu'il s'était donné trois attaques sans succès, fit sonner la retraite, et ensuite tirer nombre de coups de canon, en apparence pour agrandir la brèche, mais pour donner le change aux assiégés : car il lui était venu dans l'esprit un de ces expédiens qui ne lui manquaient jamais dans l'occasion. Pour l'exécuter, il s'adressa à un de ses Hommes d'Armes, dont il connaissait la hardiesse et la bonne conduite, nommé de la Vergne, et lui dit : Compagnon, voulez-vous faire ici un bon coup, et dont je vous promets bonne récompense ? voyez-vous cette grosse tour qui fait l'encoignure du Château par-derrière ? il faut que vous preniez avec vous trente ou quarante braves hommes, et pendant que je vais donner assaut et occuper les ennemis à la brèche, vous conduirez vos hommes munis d'échelles pour y entrer; je suis sûr que vous n'y trouverez personne, et vous savez ce que vous aurez à faire. La Vergne était un homme au fait de la guerre, à qui il n'en fallut pas davantage ; il comprit le projet et l'exécuta à merveille, pendant que Bayard faisait donner l'assaut avec plus d'impétuosité que la première fois. Les assiégés étaient tous à la brèche, et furent étrangement surpris d'entendre crier derrière eux : *France, France, Navarre, Navarre*, et de se voir chargés à dos par la Vergne et les siens, au nombre de cinquante. Ils voulurent cependant se mettre en défense, mais dans l'instant ils eurent sur les bras les assiégeans entrés par la brèche, qui les mirent tous en pièces, ou peu s'en fallut, et puis pillèrent la Place. Bayard y laissa une petite garnison à la charge d'un Gentilhomme appartenant au Roi de Navarre ; et comme il se disposait à partir pour rejoindre le camp Français, les Lansquenets qui avaient refusé le service, et qui n'en avaient rendu aucun, eurent la hardiesse de lui demander par leur trucheman la double paye qu'il leur avait promise. La proposition l'irrita : Dites à vos coquins de Lansquenets, répondit-il, que je leur ferai plutôt donner à chacun un licou pour les pendre ; les lâches n'ont jamais voulu marcher à la brèche, et ils demandent la double paye ! j'en instruirai le Duc de Suffolc leur Commandant, et le Seigneur de Chabannes, pour les faire congédier : ils ne valent pas les gourgandines du camp. Leur trucheman leur ayant rendu cette réponse, ils commencèrent à murmurer tout haut, comme gens prêts à se révolter ; mais Bayard fit sonner à l'étendard, et assembler ses Aventuriers et ses Gendarmes, résolu de les exterminer jusqu'au dernier, s'ils faisaient le moindre mouvement. Ils prirent le bon parti, qui fut de se tranquilliser, et de s'en retourner avec les autres au camp devant Pampelune.

Cette aventure, au lieu d'être sanglante, comme elle pouvait l'être, se termina par une scène comique, dont le Lecteur s'amusera volontiers.

Quand Bayard fut retourné de son expédition, il fut reçu du Roi de Navarre, de Chabannes, du Duc de Suffolc, et des autres Capitaines avec tous les témoignages de satisfaction que méritait le service qu'il venait de rendre, et l'habileté

de sa conduite. Il leur conta l'insolente
prétention des Lansquenets , et ce qui
était arrivé , dont on ne fit que rire. Le
soir il donna à souper au Duc de Suffolc
et à beaucoup d'autres Officiers du premier rang. Le souper était abondant et
délicat, et la joie y était répandue , lorsqu'à la fin du repas Pierrepont vint avertir
Bayard qu'il y avait là un Lansquenet
ivre qui le cherchait pour le tuer ; le Chevalier sortit de table en riant, mit l'épée
à la main , et s'adressant au Lansquenet :
Camarade, dit-il, est-ce toi qui cherches
le Capitaine Bayard pour le tuer ? Me
voilà, défends-toi. L'ivrogne eut une terrible peur, et répondit tout tremblant en
baragouinant le Français : Ce n'est pas moi
seul qui veut le tuer , c'est tous les Lansquenets ensemble. Miséricorde ! s'écria
Bayard , tous les Lansquenets ! quartier,
mon camarade , je ne me sens pas capable
de me battre contre six ou sept mille hommes. Toute la compagnie riait de l'aventure, et Bayard, pour achever d'en prendre
le plaisir , fit entrer le Lansquenet, le
plaça à table vis-à-vis de lui, et lui versa
de fréquentes et copieuses rasades, en sorte
qu'il l'acheva de peindre comme il était
déjà commencé, et le renvoya. Le Lansquenet, bien content, lui jura qu'il serait toute
sa vie son ami, qu'il était honnête homme,
que son vin était bon, et qu'il le dé-
fendrait contre tous les Lansquenets du

monde. Cette scène dura assez long-temps, et divertit toute la compagnie, qui riait aux larmes des propos que le vin faisait tenir à cet homme, et que son mauvais français rendait encore plus plaisans.

Retournons au siége de Pampelune. Le jour d'après la rentrée de Bayard au camp, la Place fut battue en brèche, et on essaya d'y donner l'assaut : mais l'Alcaïde de los Donzelés s'y était renfermé, et la défendit si bien, que les Français furent obligés de surseoir l'assaut, après y avoir perdu beaucoup de monde.

La suite de cette campagne fut toute malheureuse. L'armée en entrant en Navarre y avait fait un dégât général de tous les biens de la terre; les magasins de blés et autres vivres avaient été dispersés, et les meules des moulins rompues, dont on eut bientôt lieu de se repentir ; car tout manqua à la fois, et la famine devint si grande, que bien des soldats en moururent : les troupes étaient nus pieds et à peine vêtues ; enfin on éprouva tous les maux ensemble.

Dans cette triste situation, et pour comble de disgrace, on apprit que le Duc de Naxara s'avançait avec un corps de huit à dix mille hommes, et qu'il était déjà au Pont-de-la-Reine ; toutes ces circonstances firent conseiller au Roi de Navarre, par Chabannes et par tous les premiers Officiers, de remettre la partie à une autre saison ; en sorte que le siége fut levé en plein jour, et l'artillerie retirée; mais elle n'alla pas loin : car à peine lui eut-on fait faire deux ou trois journées de route avec des peines et des frais incroyables, par un chemin où il y avait sans cesse à monter et à descendre, qu'il fallut y renoncer, et la mettre en pièces pour que l'ennemi n'en profitât pas ; d'autant plus encore qu'à chaque moment du jour l'armée était harcelée dans sa retraite, et qu'elle essuyait de sanglantes escarmouches.

Le Duc de Suffolc était dans cette armée, et avait lié une amitié très-étroite avec le Chevalier. Un jour, entr'autres, qu'après une vive escarmouche qui dura jusqu'au soir, il se retirait excédé de lassitude, de faim et de soif, il vint trouver Bayard pour lui demander à souper; car, dit-il, je suis encore à jeun, et mes gens m'ont dit qu'il n'y a rien à manger chez moi. Très-volontiers, répondit Bayard, et même je vous régalerai bien : puis appelant son Maître-d'hôtel, il lui commanda d'aller devant faire hâter le souper, et faites en sorte, ajouta-t-il, que nous soyons traités comme dans Paris. Suffolc rit de tout son cœur de cette fanfaronnade, sachant qu'il n'y avait pour personne dans l'armée d'autre pain, depuis deux jours, que du pain de millet; mais il fut bien agréablement surpris d'être régalé comme si en effet il eût été dans Paris.

Les Français se retiraient ayant les ennemis à leur suite, qui sans cesse les inquiétaient ; cependant la retraite ne fut pas si malheureuse qu'elle devait l'être naturellement. Bayard sur-tout y acquit bien de l'honneur, étant toujours à l'arrière-garde, faisant face aux ennemis, que souvent il faisait repentir de leur hardiesse. Enfin, l'armée gagna Bayonne, où elle trouva à se refaire de la famine qu'elle avait éprouvée ; mais l'abondance même fut un autre malheur, car il périt beaucoup de soldats pour avoir mangé avec excès.

Cette année finit par trois événemens. Le premier fut que les Vénitiens rentrèrent en grâce, et firent leur paix avec le Roi. Le second, la mort du Pape Jules II, ennemi irréconciliable du Roi et de la Nation Française, qui n'avait cessé, ou de leur faire la guerre, ou de leur en susciter, comme on l'a vu dans le cours de cette histoire, et qui conserva sa mauvaise volonté et sa haine jusqu'au tombeau. Il eut pour successeur le Cardinal de Médicis, le même qui fut fait prisonnier à la bataille de Ravenne, qui prit le nom de Léon X, homme très-savant, protecteur, ou plutôt restaurateur des Sciences, très-ambitieux et grand politique. Le troisième événement fut que les Anglais firent une descente en Bretagne, qui ne leur réussit pas. Un jour, entr'autres, un de leurs gros vaisseaux se battit contre un vaisseau de guerre de la Reine Anne, Duchesse de Bretagne. L'Anglais, nommé la Régente, portait la plus brillante Noblesse du Royaume et en grand nombre; il accrocha le vaisseau de la Reine nommé la Cordelière; mais pendant le combat il fut jeté du feu de l'un dans l'autre, et ils furent brûlés tous deux, sans que personne pût s'en sauver.

(1513.) L'année 1513 commença par une expédition en Italie, d'où les Français furent encore obligés de se retirer avec grande perte. L'armée commandée par l'illustre Louis de la Trimouille, perdit une bataille contre les Suisses près de Novarre, où il fut tué bien du monde de part et d'autre; deux fils du Seigneur de la Marck y restèrent pour morts; leur père, désespéré de ce malheur, y alla avec sa Compagnie de cent Hommes d'Armes pour les r'avoir ou périr avec eux; il fit une si furieuse charge, qu'il repoussa les vainqueurs jusqu'à un fossé où étaient ses enfans parmi les morts; il en mit un en travers devant lui sur son cheval, un domestique en fit autant de l'autre, et ils les rapportèrent au camp criblés de coups; cependant avec le temps ils en guérirent. L'aîné fut depuis le Maréchal de Fleurange, et l'autre le Seigneur de Jametz, tous deux très-illustres dans la suite (*b*)

---

(*b*) L'histoire rapporte un trait singulier de la bataille de

Après cette fâcheuse expédition d'Italie, et l'armée étant de retour en France, le Roi ne tarda pas à avoir de quoi l'occuper. Henri VIII, Roi d'Angleterre, à l'instigation du Pape et de Ferdinand, Roi d'Arragon, et d'intelligence avec Maximilien I, Empereur, fit une descente en Picardie, près de Calais, avec de puissantes forces. Louis envoya contre lui des forces proportionnées, sous les ordres de Louis de Halwin, Seigneur de Piennes, Gouverneur de la Province, et avec lui Bayard, et nombre d'autres bons Capitaines.

Les Anglais ne furent pas sitôt débarqués, qu'ils allèrent droit mettre le siége devant Terouenne, qui était une bonne Place et bien fortifiée. Elle était défendue par deux vaillans hommes, le Sénéchal de Rouergue, François de Teligny, et Antoine de

---

* Navarre. La veille qu'elle se donna, tous les chiens qui étaient dans l'armée Française, après avoir hurlé pendant un temps considérable, passèrent tout-à-coup en bandes dans le camp des Suisses, comme s'ils avaient pressenti qu'ils étaient près de changer de maîtres. Cet exemple n'est pas unique dans l'Histoire. On lit dans celle d'Angleterre, que Richard II, qui régnait en 1390, avait un beau levrier qu'il appelait Math, qui n'avait jamais connu ni caressé que lui. Ce Prince ayant été vaincu et fait prisonnier par le Duc de Lancastre, qui lui disputait la Couronne, Math passa d'abord et de son mouvement du côté du Duc, et lui fit des caresses qui le surprirent, et dont il demanda la raison : Richard lui répondit, cela est de bon augure pour vous : ce chien ne connaît d'autre maître que le Roi d'Angleterre : je l'étais hier, vous l'êtes aujourd'hui.

Créqui, Seigneur de Pontdomi. Ils avaient à leurs ordres leurs Compagnies d'Hommes d'Armes, un bon nombre d'Aventuriers, et un corps de Lansquenets commandés par leur Capitaine Brandec. Il y en avait assez pour bien défendre la Place, s'ils eussent eu des vivres et des munitions suffisamment; mais, dit un Historien contemporain, c'était presque toujours là le défaut qui faisait échouer les affaires.

L'armée Anglaise était commandée par le Duc de Suffolc (Charles Brandon), et le Capitaine Talbot. Pendant qu'ils canonnaient la Place, le Roi d'Angleterre débarqua, et peu s'en fallut que tout en arrivant il ne fût fait prisonnier sur la route de Calais à Terouenne. Il avait avec lui près de douze mille hommes de pied, parmi lesquels étaient quatre mille Lansquenets, et il n'avait pas un homme de cheval : il fut rencontré par Bayard, qui commandait un détachement de douze cents Hommes d'Armes, tous bien délibérés de faire le coup; mais ils n'avaient pas avec eux un homme de pied. Le Prince Anglais, saisi de peur, mit pied à terre, et se fit environner par ses Lansquenets. Bayard voulait absolument attaquer avec ses douze cents Hommes d'Armes, et disait au Seigneur de Piennes : Chargeons-les; si nous les rompons, nous aurons leur Roi; s'ils nous repoussent, nos chevaux nous en tireront sans grande perte. Piennes lui répondit : Faites-en ce que vous voudrez, mais ce sera sans mon consentement : j'ai ordre du Roi de garder seulement son pays, et de ne rien hasarder. Ainsi il n'en fut autre chose, et Bayard et les siens eurent le dépit de voir passer le Roi d'Angleterre et son escorte. Mais enfin notre Héros ne put se contenir : il fondit avec ses gens sur la queue de la troupe, et lui fit si bien doubler le pas, qu'elle abandonna une grosse pièce de canon nommée Saint-Jean, faisant partie de douze pièces pareilles et uniformes, portant chacune le nom d'un Apôtre, et que, par cette raison, Henri qualifiait de ses douze Apôtres.

Ce Roi, peu de jours après son arrivée à son camp, y fut joint par l'Empereur, qui lui amena quelques troupes du Hainaut et de Bourguignons, et son arrivée fut célébrée par des canonnades contre la Ville. Le Roi de France était venu jusqu'à Amiens, et mandait tous les jours à son Général d'avitailler Terouenne à quelque prix que ce fût ; ce qui était très-difficile à cause du nombre de troupes qui l'investissaient. Cependant, pour obéir au Roi, on s'y détermina. Il fut résolu que toute la cavalerie irait donner une alarme au camp ennemi, et que, par cette diversion, on faciliterait ceux qui seraient chargés d'aller à l'autre bout de la Ville jeter des lards dans les fossés, d'où les assiégés les retireraient. Le jour venu, on tenta l'exécution ; mais l'ennemi ; instruit par ses espions, plaça douze mille hommes de pied Anglais, quatre ou cinq mille Lansquenets, et dix pièces de canon, dans un poste favorable, pour que, sitôt que la cavalerie Française serait passée pour aller donner l'alarme, ce corps de troupes sortît et lui coupât le chemin ; et à l'endroit où il prévoyait que l'alarme serait donnée, il avait mis toute sa cavalerie en armes avec les Bourguignons et ceux du Hainaut.

Du côté des Français il y avait ordre de ne point combattre, mais seulement d'occuper les ennemis, pour seconder le transport des vivres dans la Ville, et que, si les ennemis se montraient en forces, on eût à se retirer en toute diligence. L'ordre fut assez bien exécuté, mais ne réussit pas ; car les Français ayant commencé l'escarmouche avec vivacité, et apercevant bientôt ce corps de troupes qui sortait de son embuscade pour les enclore, firent sonner la retraite, et chacun se mit au galop vers le camp ; les premiers vinrent se jeter sur le corps que conduisait Chabannes et sur celui du Duc de Longueville, et y mirent tout en désordre. Les poursuivans voyant cette espèce de déroute, poussèrent leur pointe, et firent tourner le dos à toute l'armée. Chabannes fit plus que le possible pour les rallier, mais en vain. Tourne, Homme d'Armes, s'écriait-il, ce n'est qu'une fausse alarme : on ne l'écoutait plus, au contraire tous fuyaient à bride abattue vers le camp, où étaient les gens de pied et l'artillerie. C'est ce qui fit donner à cette aventure le nom de *la Journée des Eperons* (*c*). Le Duc de Longueville et Chabannes furent faits prisonniers avec quelques Capitaines : mais le dernier se sauva des mains de ceux qui l'avaient pris.

Bayard, forcé de se retirer comme les autres, et à son grand regret, faisait souvent volte-face avec une quinzaine d'hommes de sa Compagnie, et repoussait les ennemis. Il trouva un petit pont sur un courant d'eau très-profond qui traversait la plaine, et ce pont était si étroit, qu'il n'y pouvait passer que deux hommes de front. Mes amis, s'écria-t-il, arrêtons-nous ici, et gardons ce pont, je vous promets que d'une heure les ennemis ne le gagneront sur nous. Il envoya en toute diligence un homme de sa troupe vers Chabannes, lui donner avis du poste où il était, et qui arrêterait les ennemis assez de temps pour qu'il lui amenât du secours, et que dans

---

(*c*) M. de Voltaire, dans son histoire générale, qualifie la Journée des Eperons de *victoire complète*. Il nous permettra d'en appeler à tous les Ecrivains contemporains, qui disent unanimement que la retraite des Français était d'ordonnance, qu'il n'y eut point, ou très-peu de sang répandu, et qu'en la regardant comme une fuite, il conviendra lui-même qu'elle était volontaire et même très-sage.

le désordre où ils étaient, ils seraient aisés à défaire. Les Bourguignons et ceux du Hainaut y furent bientôt, et surpris de se voir arrêtés par si peu d'hommes, les chargèrent de toutes leurs forces ; mais Bayard fit des prodiges à son ordinaire, et aurait donné aux Français le temps de se rallier et de venir à lui, lorsqu'il aperçut une troupe de deux cents chevaux qui gagnèrent le dessous du courant, et le passèrent auprès d'un moulin. Alors se voyant enfermé devant et derrière, sans moyen d'échapper, il dit à ses camarades : Rendons-nous, voici de trop grandes forces, et nous sommes trop peu ; ils sont au moins dix contre un, et toute notre prouesse ne nous servirait de rien ; car nos chevaux sont rendus de lassitude, nos gens sont trop loin pour nous secourir, et si ces Archers Anglais nous gagnent, ils nous mettront en pièces. Son avis fut suivi, et chacun se rendit aux plus apparens de la troupe ennemie. Bayard, que la présence d'esprit n'abandonnait jamais, aperçut un Officier bien équipé, qui s'était retiré sous des arbres pour se reposer et se rafraîchir : il s'était désarmé, et son épée était à côté de lui ; notre Chevalier courut à lui à pointe de cheval, et lui portant son épée à la gorge, lui dit : Rendstoi, Homme d'Armes, ou je te tue. Le Cavalier, bien étonné d'être pris au dépourvu, n'avait pas envie de mourir là ;

il se rendit en disant : Puisque je suis sans défense, je vous remets mon épée et ma personne ; mais apprenez-moi à qui je me suis rendu ? Au Capitaine Bayard, répondit le Chevalier, qui est lui-même votre prisonnier, et voilà mon épée. Le Gentilhomme ne comprenait encore rien à l'aventure ; mais Bayard le mit au fait, et fit sa condition que s'il arrivait que les Anglais voulussent le tuer, il lui rendît ses armes. L'Officier s'y engagea et lui tint parole; car ils eurent à se défendre contre des coureurs qui tuaient les prisonniers quand ils ne trouvaient pas de butin à faire. Enfin, ils arrivèrent au camp du Roi d'Angleterre, où l'Officier logea son prisonnier dans sa tente, et le traita en homme qui honorait la vertu même dans son ennemi. Cela dura quatre ou cinq jours, au bout desquels Bayard lui dit un matin d'un air fort sérieux : Mon Gentilhomme, je commence à m'ennuyer d'être ici à rien faire ; vous m'obligeriez beaucoup, si vous vouliez me faire conduire au camp du Roi mon Maître. Comment ! dit le Bourguignon, hé, vous n'avez pas encore parlé de votre rançon ! Ni vous de la vôtre, reprit Bayard; n'êtes-vous pas mon prisonnier ? n'ai-je pas été le maître de vous tuer, et si je me suis rendu à vous, ai-je eu d'autre raison que de sauver ma vie ? j'ai votre parole, et vous me la tiendrez, sinon tôt ou tard je vous combattrai. Le Gentilhomme, plus étonné qu'auparavant, ne savait que lui répondre, il le connaissait trop bien par son nom pour vouloir avoir affaire à lui : cependant il se remit, et lui dit : Mon Capitaine, je ne veux que ce qui sera trouvé juste par ceux à qui nous nous en rapporterons.

L'Empereur ayant appris que Bayard était dans le camp, et témoin de la joie que sa prise causait à tout le monde, comme si c'eût été le gain d'une bataille, l'envoya querir, et le reçut avec des bontés et des caresses extraordinaires : *Capitaine Bayard, mon ami,* lui dit-il, *j'ai très-grande joie de vous voir ; plût à Dieu que j'eusse beaucoup de tels hommes que vous, il me semble qu'avant qu'il fût guère de temps je me saurais bien venger des bons tours que le Roi votre Maître m'a faits par le passé ;* mais, ajouta-t-il, il me semble que nous nous sommes vus quelque part à la guerre ensemble, et que j'avais ouï-dire que Bayard ne fuyait point. Sire, répondit le Chevalier, si j'eusse fui je ne serais pas ici. Ensuite il rendit compte à l'Empereur des occasions où il avait eu l'honneur de se trouver avec lui. En ce moment arriva le Roi d'Angleterre, à qui l'Empereur fit connaître Bayard, et qui lui fit aussi l'accueil le plus gracieux ; ensuite badina sur la retraite précipitée des Français, et dit qu'il n'avait jamais vu si bien courir. L'Empereur en fit aussi quelques railleries ; mais Bayard les interrompit, en disant que les Hommes d'Armes de France n'étaient point à blâmer, parce qu'ils avaient ordre exprès de ne point combattre ; ils n'avaient, ajouta-t-il, ni gens de pied, ni artillerie, et il était indubitable que Vos Majestés auraient amené là toutes leurs forces, comme en effet il est arrivé, et elles savent que la Noblesse Française jouit d'une réputation faite, non pas cependant que je me mette du nombre. *Vous ?* réprit le Roi d'Angleterre : *je crois que si tous les Gentilshommes Français étaient vos pareils, le siége que j'ai mis devant Terouenne me serait bientôt levé : mais enfin vous êtes notre prisonnier.* Sauf le respect que je dois à Vos Majestés, dit Bayard, je ne puis convenir d'être prisonnier, et je les supplie d'en être les juges ; et tout de suite, en présence du Gentilhomme, il raconta le fait, exactement comme nous l'avons rapporté, à quoi l'Officier ne put rien opposer. Les deux Princes se regardèrent comme pour se consulter, et l'Empereur prononça que Bayard n'était point prisonnier, et que le Bourguignon serait plutôt le sien ; mais que toutes choses considérées ils demeureraient quittes l'un envers l'autre, et que le Chevalier aurait la liberté de s'en retourner, quand le Roi d'Angleterre le lui permettrait. Ce Prince fut obligé de ratifier le jugement ; mais il exigea que

Bayard demeurât six semaines sur sa parole sans porter les armes, et il lui donna dans cet intervalle la liberté d'aller se promener dans toutes les Villes de la Flandre. Le Chevalier, un genou en terre, remercia les deux Princes de leur décision, et peu de jours après prit congé d'eux, et partit pour visiter ce beau pays. Le Roi d'Angleterre lui fit secrètement proposer d'entrer à son service, et qu'il le comblerait de biens et d'honneurs. Le Pape Jules lui avait fait proposer la même chose à la fin de 1503, après l'affaire de Garillan, avec promesse de le faire Capitaine-Général de l'Eglise; mais il n'eut qu'une même réponse à faire à l'un et à l'autre; savoir, *qu'il n'avait qu'un Maître au Ciel, qui était Dieu, et un Maître sur terre, qui était le Roi de France, et qu'il n'en servirait jamais d'autres.*

Nous avons déjà dit que quoique Bayard ne fût pas riche, il avait le talent de tenir bonne table par-tout où il se trouvait. Dès qu'il fut arrivé en Flandre, il donna des fêtes au Dames, et régala les Sujets de l'Empereur si bien et si souvent, et sur-tout, quoique le vin fût cher, leur en faisait boire de si bon, que le soir il les renvoyait contens, et quand ils le quittaient, rien ne leur manquait que leur lit. Ils auraient bien voulu que cela eût pu durer long-temps; mais le terme expiré, Bayard prit congé d'eux, et fut reconduit avec sureté à peu de distance du camp Français.

La Ville de Térouenne continuait d'être canonnée sans relâche, et ne pouvant être secourue d'hommes ni de vivre, fut enfin réduite à capituler. Les articles furent que tous les gens de guerre sortiraient vie et bagues sauves, qu'il ne serait fait aucun tort aux habitans, et que la Ville ne serait pas démolie. Le premier article fut aussi bien observé que les deux autres le furent mal; car le Roi d'Angleterre, après avoir fait abattre les murailles, fit mettre le feu en divers endroits. Cette Ville fut achevée d'être ruinée sous le règne d'Henri II, en 1553, par Charles-Quint, et aujourd'hui à peine en reste-t-il des vestiges.

La Ville de Tournai suivit celle de Térouenne, et tomba dans les mains de l'Anglais, par la faute de la garnison qui refusa de recevoir un renfort de troupes Françaises, se croyant assez forte pour se garder elle-même. L'hiver sépara les armées, le Roi d'Angleterre et l'Empereur s'en retournèrent dans leurs Etats, et les Français furent distribués en garnisons, tant en Picardie que dans les Provinces voisines.

Dans le cours de cette même année 1513, les Suisses, commandés par le Seigneur de Vergi, et accompagnés d'un corps de Lansquenets, descendirent au nombre de trente mille hommes en Bourgogne,

gogne, où se trouva le Gouverneur de la Province, le brave Louis de la Trimouille, qui, n'ayant pas de forces à leur opposer, fut contraint de se renfermer dans Dijon, où il espérait d'arrêter cette grande armée; mais la Ville fut bientôt investie, canonnée avec fureur, et assiégée par deux côtés. Le Gouverneur fit son devoir en grand homme, se trouvant jour et nuit sur les remparts; mais enfin les brèches étant faites, et se voyant lui-même avoir très-peu de monde, et sans espérance d'être secouru, il comprit non-seulement que sa Ville était perdue s'il persistait à la défendre, mais le danger où allait se trouver tout le Royaume par cette perte, n'y ayant depuis Dijon jusqu'à Paris aucune Place de défense; il eut l'habileté de traiter secrètement avec les Suisses. Il leur remontra les biens qu'ils avaient déjà reçus des Rois de France, et les grands avantages qu'ils trouveraient toujours dans l'alliance de cette Couronne; leur fit de belles promesses, et se chargea de porter le Roi à s'allier avec eux, pour rester plus amis que jamais; il leur fit comprendre qu'il y avait tout à perdre pour eux, et rien à gagner à désoler le Royaume: enfin, il négocia si bien et si habilement, après être sur-tout convenu d'une grande somme d'argent (*d*), qu'ils

---

(*d*) Puffendorff dit cent mille écus, qui vaudraient aujoud'hui plus d'un million de notre monnaie.

s'en retournèrent, emmenant avec eux les ôtages que le Gouverneur leur donna de ses promesses, le Seigneur de Mézières son neveu, le jeune Rochefort, fils de Guy de Rochefort, Chancelier de France, et quelques notables de la Ville.

Ce traité du Seigneur de la Trimouille ne fut pas approuvé de tout le monde à la Cour, où souvent la jalousie empoisonne les plus belles choses; mais le blâme ne tarda pas à se changer en éloges, et dès-lors, comme depuis, tous les Historiens ont rapporté ce fait comme un des plus grands services qui aient été rendus à aucuns de nos Rois.

Pendant le séjour de Louis XII à Amiens, il eut le chagrin d'apprendre la défaite et la mort de son parent et allié Jacques IV, Roi d'Ecosse, qui, essayant d'entrer à main armée en Angleterre, fut vaincu en bataille rangée par le Duc de Nortfolc, et resta sur la place parmi les morts. Les quartiers d'hiver pris, le Roi se rendit à Blois, qu'il aimait comme étant le lieu de sa naissance, et où il espérait se délasser des fatigues et des chagrins qu'il avait essuyés pendant toute l'année; mais le contraire arriva.

A peine la Cour était-elle à Blois, que la Reine de France, Anne, Duchesse de Bretagne, fut saisie d'une maladie qui se déclara mortelle dès les premiers jours, en sorte que tout l'art de la Médecine ne put la préserver de payer le tribut en moins de huit jours, au commencement de Janvier 1513 (*e*), ayant à peine trente-huit ans. Elle laissa au Roi deux Princesses, Madame Claude, qui, peu de jours après, épousa François, Comte d'Angoulême, lequel succéda dans la suite à la Couronne ; et Madame Renée, femme d'Hercules II, Duc de Ferrare (*f*).

(1514.) Au mois d'Octobre suivant, le Roi se remaria avec Marie, sœur du Roi d'Angleterre. Ce fut le Duc de Longueville, fait prisonnier devant Terouenne, et mené en Angleterre, qui négocia cette affaire, pour laquelle le Roi ne montrait pas grand empressement : mais il voulait la paix, ses finances étaient épuisées, ses troupes diminuées, et il craignait sur toutes choses de fouler son peuple. La Princesse fut amenée à Abbeville, et de-là conduite à Paris, où on lui fit une entrée d'une ma-

---

(*e*) Le mois de Janvier était alors le dixième mois de l'année. Nous avons fait observer dans la Préface qu'alors l'année commençait à Pâques, à quelque date qu'il tombât, et que l'on n'a commencé à dater l'année au premier de Janvier, qu'à pareil jour de l'année 1564, par Ordonnance de Charles IX.

(*f*) Elle embrassa les erreurs de Calvin, qui alla exprès à Ferrare pour achever de la pervertir. Son changement de Religion ne lui permettant pas de rester en Italie, elle repassa en France sous le règne suivant. François I lui donna pour apanage le Duché de Montargis. Elle y mourut en 1568, sans s'être réconciliée à l'Eglise Romaine.

gnificence étonnante (*g*). Le Roi eut la complaisance de changer son régime de vie en faveur de sa jeune femme; de partager avec elle les plaisirs et les fêtes, et souvent de les pousser bien avant dans la nuit : en sorte qu'au lieu qu'il était accoutumé à se lever de grand matin, et à se coucher de bonne heure, il se prêta à un dérangement qui lui coûta la vie, après un an de viduité et trois mois de son second mariage, le premier Janvier 1514. Si on avait donné des larmes à la Reine, il n'y avait qu'un an, on eut bien encore un autre sujet d'en verser sur le tombeau d'un si bon Prince, dont la mémoire est à jamais consacrée par le surnom de Père du Peuple.

Par cette mort, la Couronne passa de droit au Comte d'Angoulème (*h*), âgé de vingt ans, gendre de Louis. Il fut conduit à Reims, et sacré avec une pompe dont il n'y avait pas encore eu d'exemple avant

---

(*g*) C'était alors un usage de faire aux Rois et Reines des entrées qui étaient très-somptueuses et même très-magnifiques pour ces temps-là. L'usage en a cessé sous Henri II. La marche de ces entrées était toujours par la porte et la rue Saint-Denis.

(*h*) Il était petit-fils de Jean, Duc d'Orléans, lequel était fils de Louis I, aussi Duc d'Orléans, et de Valentine de Milan. Louis I était frère du Roi Charles VI : il fut assassiné par ordre du Duc de Bourgogne.

François I, comme arrière-petit-fils de Valentine de Milan, avait les mêmes droits que Louis XII tenait d'elle sur ce Duché.

lui. Les fêtes recommencèrent à son entrée dans Paris, où il séjourna jusqu'à Pâques, et pendant cet intervalle il fit son traité de paix par la médiation de Charles, Archiduc d'Autriche, Comte de Flandre, lequel devait épouser Madame Renée, sœur de la Reine. Ce mariage fut rompu avec la paix peu après, et elle épousa le Duc de Ferrare, comme nous l'avons dit. La Reine de France, veuve de Louis XII, épousa le Duc de Suffolc, et retourna en Angleterre. Le Duc de Bourbon fut fait Connétable de France, n'étant âgé que de vingt-six ans, et sa sœur épousa le Duc de Lorraine, Antoine I.

(1515.) Le nouveau Roi ne se livrait pas tant à ses plaisirs, qu'il ne méditât de conquérir son Duché de Milan, que les Sforces continuaient de tenir en souveraineté. Il faisait défiler secrètement des troupes par le Lyonnais en Dauphiné, où il avait fait prendre les devans à Bayard, avec qualité de Lieutenant-général de la Province, et ordre d'aller en avant jusque sur les terres du Marquisat de Saluces, où le Seigneur Prosper Colonne était avec les troupes et le titre de Lieutenant-général du Pape, et traitait ces terres en pays conquis, excepté une place nommée Ravel, assez forte pour s'être soutenue contre lui.

On a vu dans toute cette Histoire que Bayard était toujours le premier aux opérations, et le dernier aux retraites; voici son premier coup d'essai dans le pays. Il sut d'abord que ce Prosper Colonne avait avec lui trois cents Hommes d'Armes, et un nombre de Chevaux-Légers, tous parfaitement montés; il sut aussi où il logeait ordinairement, et résolut de l'y surprendre. Il avait avec lui sa Compagnie de cent Hommes d'Armes, et trois à quatre mille hommes de pied; mais il n'avait pas assez de cavalerie pour exécuter son projet, auquel l'infanterie ne pouvait servir. Il en écrivit au Connétable de Bourbon à Briançon, et celui-ci le manda au Roi qui était déjà à Grenoble, et qui commanda sur-le-champ à trois de ses plus braves Capitaines d'aller joindre Bayard, et de lui mener leurs Compagnies; savoir, Chabannes (1), Humbercourt et d'Aubigny. Dès que Bayard les sut en chemin, il entra en

---

(1) Le même dont il a été déjà fait mention plusieurs fois. C'est à cette époque que les Historiens commencent à le nommer le Maréchal de Chabannes. Il eut cette dignité en se démettant de celle de Grand-Maître, en faveur d'Artus de Gouffier de Boisy, l'un des favoris de François I.er Il mourut en 1524, aux pieds de ce Prince, à la bataille de Pavie, donnée contre son sentiment.

L'anecdote dont il s'agit ici présente une observation à laquelle on ne peut se refuser. Chabannes, Humbercourt et d'Aubigny, l'un Maréchal de France, les deux autres Officiers-Généraux, et par conséquent tous supérieurs à Bayard, et de beaucoup plus anciens que lui dans le service, lui cèdent ici l'honneur de la conduite, et même du commandement dans une opération dont il était l'auteur, et y servent sans répugnance sous ses ordres. Admirable leçon, mais dont les exemples sont bien rares !

Piémont avec ses cent Hommes d'Armes seulement ; mais Colonne instruit du petit nombre ne s'en étonna pas, et resta tranquille. Le Chevalier communiqua son dessein à deux Gentilshommes Piémontais, dont l'un était de la Maison de Solara, et portait le nom de Morète, et l'autre était son cousin; et il fut conclu entr'eux que, dès que les Gendarmes de France seraient arrivés, on irait nuitamment surprendre Prosper Colonne dans la Ville de Carmagnole. En effet, dès que le renfort eut joint, Bayard assembla les Capitaines, et leur remontra qu'il ne fallait pas différer d'un moment, parce que si Colonne était informé de leur nombre, il ne les attendrait pas, ou bien il appellerait à son secours les Suisses, qui sont, dit-il, en grand nombre à Pignerol et à Saluces : C'est pourquoi, mon avis est que vous donniez cette nuit à vos chevaux le temps de se reposer et de se rafraîchir, et demain nous marcherons au point du jour : nous aurons, il est vrai, un courant d'eau à passer, mais le Seigneur de Morète, qui est ici présent, et qui connaît le pays, nous enseignera un gué que nous passerons sans péril. Chacun alla prendre quelques heures de repos, et entre deux et trois heures du matin tout le monde fut à cheval, et marcha avec le moindre bruit qu'il fût possible.

Colonne était dans Carmagnole, mais croyant toujours que Bayard n'avait que sa Compagnie, il n'en serait pas sorti sitôt sans un événement, qui fut que le même soir que les Français faisaient leurs dispositions pour le surprendre au point du jour, il eut avis de se rendre à Pignerol, pour assister à un Conseil qui devait s'y tenir, sur les nouvelles que l'on avait de la marche des troupes de France. Il partit donc sans défiance, d'assez bonne heure, et bien accompagné, pour aller dîner à une petite Ville nommée Villefranche, sur le Pô, à sept à huit mille de Carmagnole. Quand la troupe de Bayard fut arrivée au Château de cette dernière Ville, elle apprit qu'il n'y avait qu'un quart-d'heure que Prosper en était parti, et la route qu'il avait prise.

Il serait difficile d'exprimer le dépit que chacun eut d'avoir manqué un si beau coup. Les Capitaines délibérèrent sur le parti qu'ils avaient à prendre : les uns voulaient aller en avant, les autres balançaient ; mais Bayard les décida en disant : Puisque nous sommes venus jusqu'ici, mon avis est que nous poursuivions, et si nous les trouvons en plaine, il y aura bien du malheur s'il ne nous en reste pas quelqu'un. Tous s'écrièrent qu'il avait raison, et qu'il fallait marcher sur l'heure ; mais qu'avant tout il fallait que le Seigneur de Morète, seul et déguisé, allât devant pour découvrir l'état de l'ennemi. Morète s'en acquita très-bien et très-promptement, et vint leur rendre compte que Colonne et toute son escorte allaient dîner à Villefranche dans la plus grande sécurité. Aussitôt ils concertèrent l'ordonnance de leur marche en cette sorte : Que Humbercourt irait devant avec cent Archers, qu'à un trait d'arc de lui marcherait Bayard avec cent Hommes d'Armes, et ensuite Chabannes et d'Aubigny avec le reste de la troupe. Cependant Prosper Colonne eut avis, par un de ses espions, que les Français étaient aux champs en grand nombre : je sais ce que c'est, répondit-il, ce ne peut être que le Capitaine Bayard et sa Compagnie, à moins que d'autres n'aient volé par-dessus les montagnes. Un moment après, un autre espion vint lui dire : Monseigneur, je vous avertis que les Français sont tout près d'ici avec plus de mille chevaux. Ce second avis l'étourdit un peu, et il appela un de ses Gentilshommes, auquel il dit : Prenez vingt Cavaliers avec vous, et allez sur le chemin de Carmagnole voir de quoi il s'agit, et venez me le dire; puis il fit partir son Maréchal-des-logis, pour lui aller préparer le sien à Pignerol, et se mit à table.

Cependant la troupe Française s'approchait suivant l'ordonnance dont on était convenu ; les premiers étant environ à un mille et demi de Villefranche, découvrirent le Gentilhomme que Prosper avait envoyé à la découverte et son cortége, lesquels, dès qu'ils les eurent aperçus, montrèrent le dos, et à bride abattue retournèrent sur leurs pas. Humbercourt et les siens le poursuivirent ventre à terre, après en avoir fait donner avis à Bayard, qui le suivit du même train. Humbercourt atteignit les fuyards comme ils entraient dans la Ville, et qu'ils en voulaient fermer la porte ; mais lui et les siens criant : *France, France*, les en empêchèrent, et firent des merveilles d'armes, sans autre accident qu'une légère blessure qu'Humbercourt reçut au visage. Bayard fut bientôt à lui faisant un bruit étonnant, et il se rendit maître de la porte. Le Maréchal-des-logis, qui entendit ce bruit, comme il sortait de la Ville par la porte opposée, revint sur ses pas, et se mit en défense sur la Place ; mais il fut bientôt renversé, et une partie de son monde tué. Chabannes et d'Aubigny, qui suivaient de près Bayard, mirent une garde à la première porte, et allèrent eux-mêmes s'emparer de la seconde ( car il n'y en avait que deux ), pour empêcher que personne ne sortît ; mais malgré eux deux Albanois passèrent par-dessus la petite planche du pont-levis, et coururent avertir un corps de quatre mille Suisses, qui était à un mille et demi de la Ville, du danger où se trouvait Prosper, lequel fut aussitôt investi et attaqué dans la maison où il dînait. Il tenta d'abord de se défendre ; mais quand il vit le grand nombre des assaillans, et qu'il entendit nommer les Capitaines à qui il avait affaire, il reconnut que la résistance était inutile, et se rendit avec le plus grand regret du monde, désespéré d'avoir été surpris, et de n'avoir pas attendu les Français dans la plaine. Bayard, qui était aussi bon dans la victoire qu'il était brave dans l'action, lui disait, pour le consoler : Seigneur Prosper, c'est le sort des armes, on gagne un jour, on perd le lendemain ; mais vous dites que vous auriez souhaité nous trouver dans la plaine : remerciez Dieu de ce qu'il ne l'a pas permis ; car je vous assure, qu'à voir le courage de nos gens, vous auriez eu, vous et les vôtres, bien de la peine à vous tirer de nos mains. Plût à Dieu, répondit-il froidement, que cela fût arrivé, quand j'aurais dû rester sur la Place ! Avec lui furent pris encore trois Capitaines de gens de guerre, le Comte de Policastro, Pierre Morgant, et Charles Cadamasto. Ensuite les Français se mirent à piller leurs équipages et leurs effets.

Le butin fut considérable pour le peu de gens qui furent pris, et si on l'eût fait en bon ordre, il aurait été au-delà de cent cinquante mille ducats ; mais il y eut beaucoup de choses brisées et perdues. Le principal objet fut en chevaux, qui étaient au nombre de près de sept cents, et dans ce nombre quatre cents chevaux d'Espagne de la première beauté. Prosper leur avoua que pour sa part il y perdait plus de cinquante mille ducats en vaisselle d'or et d'argent, bijous et argent monnoyé. Les Français ne purent tout emporter, car ils furent avertis que les Suisses venaient au trot les attaquer, et qu'ils n'étaient pas loin ; c'est pourquoi ils firent sonner la retraite, chacun prit ce qu'il put emporter de meilleur, on fit marcher les prisonniers devant la troupe, et on se retira. Comme ils sortaient de la Ville par une porte, les Suisses entraient par l'autre, tant à pied qu'à cheval ; mais ils ne passèrent pas outre. Ainsi se passa cette expédition, dont Bayard eut l'honneur de l'invention et du succès, et où ce Seigneur Prosper Colonne se vit prisonnier d'un homme qu'il s'était vanté de prendre tôt ou tard comme dans une cage.

Le Roi cependant, à la tête de son armée, était déjà fort avancé dans des montagnes où jamais armée n'avait passé. Il reçut à Saint-Paul la nouvelle de la prise de Prosper, qui lui fit d'autant plus de plaisir, qu'il le connaissait pour vaillant homme de guerre, et que s'il se fût trouvé à la bataille qui se donna peu de temps après, il aurait eu avec lui au moins mille Hommes d'Armes, tant d'Espagne que du Pape, qui auraient été capables de balancer la victoire.

Les montagnes passées, le Roi descendit dans le Piémont, traversa Turin, où le Duc de Savoie le reçut comme un proche parent et allié, et comme il lui convenait de recevoir un Roi de France. Les Suisses, qui s'étaient postés pour disputer les passages, ayant appris la disgrace de Prosper Colonne, prirent la route de Milan, ayant toujours les Français à leur suite.

Sur ces entrefaites, il fut proposé une suspension d'armes, que l'on regardait même comme déjà conclue. Cela donna lieu au Duc de Gueldres, allié de la France, qui avait amené au Roi dix mille Lansquenets, de s'en retourner en son pays, laissant ses troupes aux ordres du Duc de Guise (Claude de Lorraine, frère du Duc régnant), et de son Lieutenant le Capitaine Michel. Le Roi s'approcha jusqu'à douze ou quinze milles de Milan, où les Suisses s'étaient renfermés. Mais les négociations furent rompues par la méchanceté du Cardinal de Sion (k), ennemi juré de la France, et qui donna alors une preuve bien funeste de sa passion. Il se trouvait à Milan, et craignait que par le traité qui se négociait, ce Duché ne tombât entre les mains du Roi. Pendant que Lautrec était allé à Galeras porter l'argent

---

(k) Matthieu Schiner, ou, selon d'autres, Schaner, Evêque de Sion dans le Valais, ennemi mortel du nom Français. Il mourut peu de temps après ce trait de fureur.

dont on était convenu par les préliminaires, il s'avisa d'assembler les Suisses, et de les haranguer avec tant de fureur et d'emportement, qu'ils prirent d'abord les armes, sortirent de la Ville, et coururent comme des enragés attaquer le camp du Roi, où on ne s'attendait pas à cette violente incursion. Le Connétable, qui était à l'avant-garde, se mit promptement en défense, et le Roi, qui venait de se mettre à table, la quitta pour aller au secours des siens. L'escarmouche était déjà commencée, et il y avait bien des morts de part et d'autre. Les Lansquenets du Roi voulant se signaler par un coup de hardiesse, et fondre sur les Suisses, essayèrent de passer un fossé qui était au-devant du camp Français ; mais quand ils l'eurent passé au nombre de sept à huit cents, les Suisses les prirent en flanc, et les précipitèrent la plupart dans le fossé, et le carnage en aurait été très-grand, si le Duc de Guise, le Connétable, le Comte de Saint-Pol (*1*), Bayard, et plusieurs autres, ne fussent accourus à leurs secours, et n'eussent repoussé les

―――――――――――――

(*1*) François de Bourbon, frère puîné de Charles, Duc de Vendôme, aïeul de Henri IV. Il eut le Comté-Pairie de Saint-Pol, quand il fut réuni à la Couronne, par la mort du Connétable Louis de Luxembourg, Comte de Saint-Pol, exécuté à Paris en 1475, pour crime de félonie. Le Comte de Saint-Pol, dont il s'agit ici, mourut sans laisser d'enfans mâles.

Suisses. Le Duc de Guise fut laissé pour mort dans cette action. L'avant-garde acheva la déroute des ennemis, lesquels en fuyant vinrent passer au nombre de deux mille devant le Roi, qui les chargea vivement et en tua beaucoup ; mais il courut danger de sa vie, car son buffle fut percé à jour d'un coup de pertuisanne. La nuit sépara les combattans qui ne se voyaient plus, chacun se retira de son côté, et l'on resta jusqu'au jour sous les armes, le Roi comme les autres.

Dans la dernière charge sur les Suisses, il arriva une étrange aventure à Bayard, qui devait naturellement y périr. Il montait un cheval très-vigoureux, lequel se sentant blessé de plusieurs coups de piques, et s'agitant, se débrida, et ne sentant plus son mords, prit sa course tout à travers les Suisses, et allait précipiter son cavalier dans une autre troupe qui ne lui aurait pas fait de quartier. Par bonheur le cheval s'embarrassa dans des ceps de vigne attachés d'un arbre à l'autre, suivant l'usage d'Italie, et là il fut forcé de s'arrêter. Si Bayard eût une fois en sa vie peur de mourir, ce fut dans ce moment-là ; cependant il conserva sa présence d'esprit ordinaire, il se coula de son cheval à terre, quitta toute son armure, et rampant sur les pieds et sur les mains pour n'être point vu, il tourna du côté où il entendit crier, *France, France*, et arriva sans malheur au camp du Roi, rendant grâces à Dieu de tout son cœur de l'avoir délivré d'un si grand danger.

Le premier homme qu'il rencontra fut le Duc de Lorraine, dont il était singulièrement aimé et estimé, et qui fut bien étonné de le voir à pied, sans armes et en si mauvais état. Bayard lui raconta son aventure, et le Prince lui fit donner à l'instant un très-beau cheval, dont le Chevalier lui-même lui avait autrefois fait présent, l'ayant gagné à la première prise de Bresse.

Bayard remonté était fâché d'être sans armet, tant parce que s'étant fort échauffé à marcher, il lui était dangereux de se refroidir, que parce qu'il ne regardait pas la bataille comme finie. Dans ce moment il aperçut près de-là un Gentilhomme, son ami, qui faisait porter son armet par son Page; il le lui emprunta, bien résolu de ne le rendre qu'après la bataille, qui, en effet, recommença au point du jour, et ne finit encore qu'à environ midi. Les Suisses donnèrent d'abord dans l'artillerie Française, qui en détruisit un grand nombre. Le combat fut vif et sanglant des deux côtés; enfin ils furent entièrement défaits, et laissèrent sur la place dix ou douze mille des leurs. Le reste se retira vers Milan, toujours combattant et en assez bon ordre, poursuivi, tant par les Français, que par les Vénitiens que la

Seigneurie avait envoyés au Roi, commandés par le noble Barthelemi d'Alviane, qui perdit plusieurs de ses meilleurs Officiers, entr'autres le jeune de Pétiliane (*m*). Les Français en perdirent aussi des plus illustres, tels que le Comte de Saint-Pol, le brave Humbercourt, le Comte de Sancère et le Seigneur de Muy; le Prince de Talmont ( cadet de Louis de la Trimouille ), et le Comte de Bussi, frère du défunt Grand-Maître de Chaumont, qui y furent blessés, et moururent peu après.

Les Suisses ne séjournèrent à Milan que le jour de leur défaite, et reprirent dès le lendemain le chemin de leur pays. Le Roi balançait s'il enverrait après eux pour les achever, mais il jugea plus à propos de les laisser aller, prévoyant qu'il pourrait dans la suite avoir besoin d'eux; et s'il eût voulu, il n'en serait pas retourné un seul. Voilà quel fut le succès de la charitable harangue du Cardinal de Sion.

Le même jour au soir, le Roi à son souper parla beaucoup de cette bataille et de ceux qui s'y étaient distingués, et toutes les voix se réunirent à donner la palme au Chevalier Bayard, qui y avait fait, comme par-tout ailleurs, des prodiges, et qui reçut du Roi la plus glo-

---

( *m* ) Il était, comme celui dont il a été plusieurs fois fait mention dans cette Histoire, de l'illustre Maison des Ursius, à Rome.

rieuse récompense qu'un sujet puisse espérer de la part de son Prince ; car le Roi voulut recevoir de sa main l'Ordre de Chevalerie. Bayard s'en excusa avec sa modestie ordinaire, lui représentant que tant d'honneur ne lui appartenait pas, mais plutôt aux Princes du Sang, ou autres grands Seigneurs qui s'étaient signalés plus que lui. Le Roi le voulut absolument, et le lui ordonna en ces termes : *Avant que de créer Chevaliers ceux qui ont bien fait à la bataille, il faut que soye moi-même créé Chevalier par quelqu'un qui le soit ; pourquoi, Bayard, mon ami, je veux qu'aujourd'hui soye fait Chevalier par vos mains, parce que celui qui a combattu à pied et à cheval entre tous autres, est tenu et réputé le digne Chevalier. Or est ainsi de vous, qu'avez en plusieurs batailles combattu contre plusieurs Nations. Ainsi, Bayard, dépêchez-vous ; il ne faut ici alléguer ni Lois, ni Canons, faites mon vouloir et commandement, si vous voulez être du nombre de mes bons serviteurs et sujets.* Je n'ai plus qu'à obéir, répondit Bayard ; et prenant son épée, il dit : *Sire, autant vaille que si c'était Roland ou Olivier, Godefroy ou Baudouin son frère ;* puis il fit la cérémonie, et ajouta : *Certes vous êtes le premier Prince que oncques fis Chevalier. Dieu veuille qu'en guerre ne fuyez jamais.* Ensuite ayant baisé son épée, et la tenant de la main droite, il dit : *Glorieuse épée, qui aujourd'hui as eu l'honneur de faire Chevalier le plus grand Roi du monde, je ne t'employerai jamais que contre les infidèles, ennemis du nom Chrétien. Certes, ma bonne épée, tu seras moult bien comme relique gardée, et sur toutes autres honorée.* Enfin il fit deux sauts, et la remit au fourreau. (Cette épée a été perdue.) Charles-Emmanuel, Duc de Savoie, souhaita de l'avoir comme une pièce de grande valeur, et la fit demander aux héritiers de Bayard après sa mort; et au défaut il obtint sa massse d'armes de Charles du Motet, Seigneur de Chichiliane, l'un d'eux, à qui il écrivit en l'en remerciant, *que parmi le contentement qu'il aurait de voir cette pièce au lieu plus digne de sa Gallerie, il était déplaisant de quoi elle ne serait pas en si bonnes mains que celles de son premier Maître* (n).

Maximilien Sforce, qui se prétendait légitime Duc de Milan, comme héritier de son père, se retira dans le Château après la défaite des Suisses; mais dès qu'il vit faire les préparatifs pour l'y assiéger,

---

(n). Les Historiens rapportent que Bayard passant par Moulins, rendit visite au Duc de Bourbon, et qu'il en fut reçu avec toutes les démonstrations possibles d'estime et d'amitié, et que ce Prince, pour lui en donner une marque essentielle, le pria de faire Chevalier son fils aîné, encore dans les bras des nourrices, disant que c'était le plus grand honneur que cet enfant pût recevoir, et l'augure le plus avantageux de sa gloire à venir.

il le rendit, et en sortit lui et les siens vie et bagues sauves. Le Roi devenu tranquille, alla à Bologne voir le Pape Léon X, qui lui fit une réception magnifique, et après quelque séjour et beaucoup de conférences où furent jetés les fondemens du Concordat, le Roi retourna à Milan, d'où il reprit peu après la route de son Royaume, laissant pour son Lieutenant-Général le Connétable Duc de Bourbon.

François I entra dans son Royaume par la Provence, où il trouva à sa rencontre la Reine sa femme, et Madame de Beaujeu sa mère, qu'il avait nommée Régente en partant pour l'Italie.

Dans le même temps (le 23 Janvier 1515) mourut Ferdinand, Roi d'Arragon, veuf de l'incomparable Isabelle, Reine de Castille. Ils ne laissèrent qu'une fille, connue sous le nom de Jeanne-la-Folle, alors veuve de Philippe-le-Beau, Archiduc d'Autriche, et mère de Charles-Quint et de Ferdinand I, tous deux Empereurs.

Peu après Ferdinand, mourut aussi Jean d'Albret, Roi de Navarre, dont Ferdinand avait usurpé le Royaume, comme on l'a vu dans cette Histoire (*o*).

---

(*o*) Il ordonna par son testament que son corps serait porté dans le tombeau de la Maison Royale à Pampelune, quoique cette ville fût au pouvoir du Roi d'Espagne ; non qu'il comptât être obéi, mais pour conserver le ton de Souverain sur cette ville, et sur son Royaume de Navarre usurpé.

(1516.) L'Empereur jaloux de la victoire que le Roi venait de remporter, et qui le rendait Maître de Milan, rassembla un très-grand nombre de Lansquenets, avec des Suisses du Canton de Zurich et des Ligues Grises, et marcha en personne vers le Milanais. Le Connétable n'ayant pas assez de forces pour aller à sa rencontre, se renferma dans la Ville avec son armée; mais ayant reçu peu de jours après un secours de huit à dix mille Suisses, l'Empereur ne lui donna pas le temps de l'aller chercher en plaine, et se retira plus vite qu'il n'était venu, laissant un bon nombre des siens prisonniers de guerre; et l'année suivante il mourut, et eut pour successeur son petit-fils, Charles-Quint, déjà Roi d'Espagne, du chef de sa mère Jeanne-la-Folle.

Le Roi de France eut la satisfaction de se voir père d'un Dauphin, né dans la Ville d'Amboise le dernier jour de Février, qui fut reçu de tout le Royaume avec des réjouissances infinies, et qui mourut Dauphin en l'année 1536.

(1519.) François I n'ayant rien à démêler avec le nouvel Empereur, se tenait tranquille et jouissait des plaisirs de la Cour, lorsqu'un événement qui ne se pouvait prévoir, vint troubler son repos. Le Seigneur de Sédan, Robert de la Marck, dont il a été parlé ci-devant, et qui était au service de France, fit quelques courses sur les terres de Charles, sans qu'on ait jamais su la cause d'une tentative si inégale. L'Empereur eut bientôt mis sur pied plus de troupes qu'il n'en fallait pour réduire un si faible ennemi, et se rendre maître de la campagne. Son armée était de quarante mille hommes, sous les ordres de deux vaillans Chefs, Henri, Comte de Nassaw, et le Seigneur de Sickengen, avec cent dix pièces de canons. Cette armée courut les terres du Seigneur de Sédan, lui prit quatre Places, Floranges, Bouillon, Messancourt et Loignes; quelques autres se défendirent, mais Sédan et Jametz ne furent point assiégées, étant presqu'imprenables. Cette expédition donna de l'ombrage au Roi François I. Il ne voyait pas tranquillement les frontières de sa Province de Champagne à la merci d'une armée si formidable; c'est pourquoi il envoya son beau-frère, le Duc d'Alençon, avec quelque nombre de cavalerie sur cette frontière, et lui-même se rendit à Reims. Les Impériaux affectaient de ne donner aucun signe d'hostilité, payant exactement tout ce qu'ils achetaient sur les terres de France, et leur Général, le Comte de Nassaw, y tenant la main, comme en ayant l'ordre exprès de l'Empereur, qui voulait, disait-il, se maintenir en paix avec le Roi.

Cependant tout-à-coup et sans aucune déclaration de guerre, les Impériaux mirent le siége devant Mouzon, dont était Gouverneur le Seigneur de Montmort, Grand-Ecuyer de Bretagne, et qui, n'ayant que sa Compagnie et quelque peu de gens de pied, n'était pas en état de défendre une Place surprise et dénuée de vivres et d'artillerie. Ce qu'il y eut encore de plus fâcheux pour lui, c'est que, quoiqu'il eût bon courage à la défendre jusqu'au dernier soupir, ses gens lui refusèrent le service, et le forcèrent à la rendre aux conditions d'en sortir vie sauve. Quelques-uns voulurent lui en faire un crime auprès du Roi, comme n'ayant pas fait son devoir; mais ceux qui entendaient la guerre lui rendirent justice, sur-tout ceux qui le connaissaient capable de s'ensevelir sous les ruines.

Cet événement ne fit qu'inquiéter le Roi pour la Champagne; et comme la Ville de Mézières était la plus proche de Mouzon, il jugea qu'elle était aussi la première à garder, d'autant plus que si elle eût été prise, la Champagne était sans défense. Il manda aussitôt le Chevalier Bayard, comme l'homme de son Royaume en qui il avait le plus de confiance, et le plus capable de défendre la Place assez long-temps pour le mettre en état d'assembler une armée, et faire tête à celle de l'Empereur. Bayard étant arrivé, il fut tenu un Conseil de guerre auquel il assista. On y considéra l'état de la Ville de

Mézières, la proximité de l'armée ennemie, l'impossibilité de mettre dans l'instant des troupes sur pied, de les faire partir, et de les munir de vivres et d'artillerie. Le résultat de ce Conseil fut donc de brûler Mézières, et de dévaster tous les environs pour affamer l'armée ennemie. Mais Bayard s'y opposa, et dit au Roi : *Sire, il n'y a point de Place faible là où il y a des gens de bien pour la défendre*, et il s'offrit de s'en charger, et d'en rendre bon compte. Le Roi l'en chargea, et donna ordre au Duc d'Alençon, Gouverneur de la Province, de lui fournir tout ce qu'il demanderait en hommes, artillerie, vivres et munitions.

Bayard n'avait en sa vie reçu de commission qui lui fît autant de plaisir que celle-là, ni de plus belle occasion de servir son Maître et d'acquérir de l'honneur. Il se rendit en diligence dans Mézières, avec la compagnie de cent Hommes d'Armes du Duc de Lorraine, qu'il commandait en qualité de son Lieutenant, et avec des Capitaines de son choix : Charles Alleman, Seigneur de Laval, et Pierre Terrail, Seigneur de Bernin, ses cousins ; Antoine de Clermont, Vicomte de Tallard ; François de Sassenage, Eynard, Guiffrey, Beaumont et autres (*p*), tous du Dauphiné, et l'élite de la No-

---

(p) *Voyez à la fin du Livre, Note sixième.*

blesse,

blesse, qui y menèrent leurs Compagnies. Anne de Montmorency, alors âgé de vingt-huit ans, et depuis Grand-Maître et Connétable de France, voulut l'y suivre avec sa Compagnie d'Hommes d'Armes, *se faisant honneur de servir*, disait-il, *sous un si grand et renommé Capitaine*. Plusieurs autres jeunes Gentilshommes imitèrent ce vertueux exemple, et se rendirent auprès de Bayard pour apprendre sous lui le métier de la guerre, entr'autres, le Capitaine Bocard, de la Maison de Reffuge, et le Seigneur de Montmoreau, qui lui menèrent chacun mille hommes de pied.

A son arrivée, il trouva la Place hors d'état de soutenir le siége auquel il s'attendait du jour au lendemain. Son premier soin fut de faire sortir par le pont de la Meuse toutes les bouches inutiles, et de faire rompre le pont sitôt que tout fut dehors ; ensuite il assembla tous les Chefs de la Ville, et ceux de la garnison qu'il y avait trouvée, leur fit jurer de ne jamais parler de rendre la Place, mais de la défendre jusqu'à la mort : et si les vivres nous manquent, ajouta-t-il en riant, nous mangerons nos chevaux et nos bottes. Puis il ordonna de réparer les endroits fortifiés, de fortifier ceux qui ne l'étaient pas ; et pour donner courage aux travailleurs, il mit le premier la main à l'œuvre, et leur distribua plus de six mille écus de son argent : *Camarades, leur disait-il, nous sera-t-il reproché que cette Ville soit perdue par notre faute, vu que nous sommes si belle compagnie ensemble, et de si gens de bien ? Il me semble que si nous étions dans un pré, n'ayant devant nous qu'un fossé de quatre pieds, encore combattrions-nous un jour entier avant que d'être défaits ; Dieu merci, nous avons fossé, murailles et rempart, où je crois, avant que les ennemis mettent le pied, beaucoup des leurs dormiront aux fossés.* Enfin il encourageait tellement ses gens, que tous pensaient qu'il leur suffisait de l'avoir pour Chef, et qu'ils étaient invincibles.

Deux jours après qu'il fut dans la Place, le siége y fut mis des deux côtés, en-deçà de la Meuse par le Capitaine Sickengen, avec quatorze ou quinze mille hommes, et au-delà par le Comte de Nassaw, avec plus de vingt mille. Le lendemain ils envoyèrent un Héraut sommer Bayard de leur remettre la Place. Le Héraut introduit dans la Ville, fit sa commission, qui était de remontrer de leur part au Commandant, qu'elle n'était pas pour leur résister long-temps, qu'ils estimaient *la grande et louable Chevalerie qui était en lui, et seraient merveilleusement déplaisans s'il était pris d'assaut, car son honneur en amoindrirait, et par avanture lui coûterait-il la vie :* qu'enfin s'il voulait se rendre, ils lui feraient telle composition qu'il voudrait. Bayard, à ces propositions, répondit en souriant : « Qu'il ne savait » pas avoir l'honneur d'être connu des » Seigneurs de Nassaw et Sickengen, qu'il » les remerciait de leurs offres gracieuses; » mais que le Roi l'ayant choisi pour » garder la Place, il la conserverait si » bien qu'ils s'ennuyeraient du siége avant » lui, et qu'avant que d'entendre à en » sortir, il espérait faire dans les fossés » un pont de corps morts sur lesquels il » pourrait passer. » Le Héraut congédié avec cette vaillante réponse, la rendit à ses Maîtres, en présence d'un Capitaine Français nommé Jean Picard, qui leur dit : Messeigneurs, je connais ce Capitaine Bayard, et j'ai servi sous lui; ne vous attendez pas d'entrer dans cette Place tant qu'il sera vivant; c'est un homme qui donne du cœur aux plus lâches : je vous assure que lui et les siens mourront sur la brèche avant que nous y mettions le pied, et que pour moi je voudrais qu'il y eût dans la Ville deux mille hommes de plus, et que sa personne n'y fût point. Capitaine Picard, répondit le Comte de Nassaw, ce Seigneur de Bayard est-il de bronze ou d'acier ? s'il est si brave, qu'il se prépare à nous le faire voir, car d'ici à quatre jours je lui enverrai tant de coups de canon, qu'il ne saura de quel côté se tourner. *A la bonne heure*, dit Picard, *mais vous ne l'aurez pas comme vous croyez.*

Cela dit, les deux Généraux ordonnèrent les batteries de canon, chacun de leur côté, et furent si bien obéis, qu'en moins de quatre jours il en fut tiré plus de cinq mille coups contre la Ville; ceux de dedans répondaient très-bien pour l'artillerie qu'ils avaient. Sitôt que les mille hommes du Seigneur de Montmoreau entendirent le premier jeu de ces batteries, ils s'enfuirent malgré lui, les uns par la porte, les autres par-dessus les murailles. Cela fut rapporté à Bayard, qui répondit : *Tant mieux, j'aime mieux de tels coquins dehors que dedans; pareille canaille n'était pas digne d'acquérir de l'honneur avec nous.*

Cependant la Place était grandement incommodée du quartier de Sickengen, parce qu'étant placé sur une colline, il tirait à son avantage. Bayard qui, non-seulement était le plus hardi et le plus vigilant homme de son siècle, mais qui n'avait pas son pareil pour les expédiens, en imagina un bien singulier pour faire déloger Sickengen de son poste, et cet expédient lui réussit. Ce fut d'écrire au Seigneur Robert de la Marck, qui était à Sédan, une lettre par laquelle, après lui avoir mandé qu'il était assiégé de deux côtés, il ajoutait : *Il me semble que depuis un an vous m'avez dit que vous vous proposiez d'attirer le Comte de Nassaw au service du Roi notre Maître, et qu'il est* votre parent; je le désirerais autant que vous, sur la réputation qu'il a d'être gentil galant. Si vous croyez que cela puisse se faire, je vous donne avis d'y travailler plutôt aujourd'hui que demain, parce qu'avant qu'il soit vingt-quatre heures, lui et tout son camp sera mis en pièces. J'ai avis que douze mille Suisses et huit cents Hommes d'Armes doivent coucher ce soir à trois lieues d'ici, qui demain au point du jour fondront sur lui, pendant que de mon côté je ferai une vigoureuse sortie, et sera bien heureux celui qui en échappera. J'ai cru devoir vous en prévenir; mais il faut me garder le secret. La lettre écrite, il en chargea un paysan, à qui il donna un écu, et lui dit : Va-t-en porter cette lettre au Seigneur de la Marck, qui est à Sédan, à trois lieues d'ici, et tu lui feras les recommandations du Capitaine Bayard qui lui écrit. Bayard savait bien que le paysan serait infailliblement arrêté en chemin, comme il le fut en effet à deux jets d'arc de la Ville, et mené à Sickengen, qui le questionna. Le pauvre homme se crut à son dernier moment, aussi était-il en grand danger d'être pendu. Monseigneur, lui dit-il, le grand Capitaine qui est dans notre Ville m'envoie porter cette lettre au Seigneur de Sédan, et la tirant d'une bourse, il la lui remit. Sickengen l'ouvrit, et fut étrangement étonné de ce qu'elle contenait, et crut que le

Comte de Nassaw, avec lequel il avait eu de vives paroles depuis peu au sujet du commandement, et à qui il avait refusé d'obéir, voulait par vengeance lui faire un mauvais tour; mais, dit-il en jurant, je l'en empêcherai bien : ensuite il appela cinq ou six de ses Capitaines, et leur donna la lettre à lire; ils en furent aussi indignés que lui, pensant, comme leur Chef, que le Comte n'avait mis leur camp de l'autre côté de la Meuse que pour les sacrifier. Aussitôt Sickengen, sans prendre leur avis, fit battre le tambour et sonner à l'étendard, plier bagages et passer la rivière. Le Comte qui, de son camp, entendait le mouvement, envoya un Gentilhomme savoir ce que c'était. Celui-ci trouva le corps d'armée en armes et en train de passer la Meuse, et retourna en rendre compte à Nassaw, dont la surprise redoubla d'autant plus, que s'éloigner c'était lever le siége. Il renvoya une seconde fois prier Sickengen de ne pas lever le camp qu'ils n'eussent conféré ensemble, qu'autrement ce serait faire contre son devoir et contre le service de l'Empereur. Sickengen répondit durement : Allez dire au Comte de Nassaw que je ne suis pas sa dupe, et que pour son plaisir je ne me tiendrai pas à la boucherie, et que s'il veut m'empêcher de déloger d'ici, nous verrons de lui à moi à qui le camp demeurera. Nassaw qui comprit encore moins cette dernière réponse que la première, et qui crut que Sickengen passait pour l'attaquer, mit son armée en bataille; Sickengen en fit autant dès qu'il eut passé la rivière; les tambours et trompettes faisaient des deux côtés un bruit épouvantable, et il sembloit que les deux armées allassent fondre l'une sur l'autre. Cependant on s'apaisa; mais les deux Généraux irrités ne voulurent ni se voir, ni se parler de plus de huit jours, et par provision décampèrent tous les deux, chacun de leur côté ( Sickengen entra en Picardie, poussa jusqu'à Guise, mettant le feu par-tout où il passait). Avec le temps ils se raccommodèrent, quand ils eurent découvert qu'ils avaient été également dupés.

Ce fut un miracle que le porteur de la lettre échappât du danger qu'il avait couru : mais il eut le bonheur de rentrer dans Mézières, où il rendit compte à Bayard de ce qui lui était arrivé : qu'il avait été arrêté et sa lettre prise; qu'elle avait occasioné bien du bruit, et qu'enfin les ennemis avaient décampé. Bayard rit à gorge déployée du succès de son stratagème, et dans l'excès de sa joie il dit : Puisqu'ils n'ont pas voulu commencer le jeu, ce sera donc moi, et dans l'instant il leur envoya cinq ou six volées de canon tout à la fois. Ainsi fut levé le siége de Mézières, après avoir duré trois semaines (*q*), pendant lesquelles les assiégeans avaient perdu beaucoup de monde, sans avoir osé donner un assaut.

Quand le Roi apprit la levée du siége de Mézières, et l'artifice dont Bayard s'était servi, il en ressentit beaucoup de joie. Il n'avait souhaité que d'avoir le temps de rassembler une armée qu'il pût opposer à celle de l'Empereur, et Bayard avait doublé ses espérances en lui procurant cette satisfaction, et en délivrant la Champagne ; si bien que l'armée Royale était déjà sur les frontières, et campée à Fervaques. Le Roi alla la joindre, et le Chevalier s'y rendit pour lui rendre compte de son opération, et chemin faisant reprit Mouzon. Il fut reçu de son Prince avec des caresses et des éloges incroyables. Le Roi le fit Chevalier de son Ordre, et lui donna, par une distinction sans exemple, une Compagnie de cent Hommes d'Armes en chef, honneur qui n'appartenait qu'aux Princes du Sang. Toute la France retentit des louanges de Bayard ; tout le monde convenant que sans sa belle résistance à Mézières, l'armée de Charles-Quint aurait pu pénétrer jusqu'au cœur du Royaume, d'autant plus aisément que dans la sécurité où était le Roi sur la foi de la paix,

---

(*q*) Plusieurs Ecrivains disent six semaines ; mais, suivant les circonstances que nous rapportons, cet espace de temps n'est pas vraisemblable.

il n'avait point d'armée sur pied en état d'arrêter quarante mille hommes ; mais il en tira vengeance en suivant cette armée jusque dans Valenciennes. Et si les Allemands, aux ordres de Sickèngen, avaient fait beaucoup de dégât en Picardie, les Français le leur rendirent au double dans le Hainaut.

Ce fut un spectacle touchant que la sortie de Bayard et de ses troupes de la Ville de Mézières ; les habitans les reconduisirent fort loin avec des actions de grâces et des acclamations ; ils les nommaient leurs défenseurs, leurs libérateurs, et baisaient les armes et les casaques des soldats. Cet heureux événement y est encore célébré tous les ans par une fête pompeuse, dont la principale cérémonie est l'éloge de notre Chevalier.

Aux approches de l'hiver le Roi revint à Paris, et Bayard l'y accompagna. Les éloges publics recommencèrent à son arrivée : c'était tous les jours un concours des Grands et des Petits pour le voir et le féliciter. Enfin, le Parlement de Paris mit le comble à la gloire de notre Héros, en lui faisant une députation de Présidens et de Conseillers, pour le complimenter sur le grand service qu'il venait de rendre au Roi et à tout le Royaume.

Après qu'il eut fait quelque séjour à Paris, il alla passer l'hiver à Grenoble, où il y aurait du superflu à raconter la réception qui l'y attendait, et les fêtes qu'on lui fit. Outre sa qualité de Lieutenant-général de la Province, il appartenait à la plus haute Noblesse du Dauphiné, et cette Noblesse se faisait un honneur de partager les lauriers dont il était couronné; c'était à qui l'aurait à son tour, et l'on venait de l'extrémité de la Province pour le voir et pour l'admirer.

Au printemps suivant, le Roi étant à Compiègne, reçut quelques nouvelles que les Génois voulaient remuer, et qu'il serait bon de leur envoyer, pour les contenir dans le devoir, un Officier sage et prudent. François I ne balança pas sur le choix; il manda d'abord Bayard, dont il connaissait l'attachement pour ses Maîtres, et son empressement à leur être utile : quand il fut arrivé, il le chargea de cette commission et de ses ordres, et finit par ces propres termes : *Je vous prie, tant que je puis vous prier, de faire ce voyage pour l'amour de moi, ayant grand espoir en votre personne.* Bayard sans délai reprit la route de Grenoble, et tout de suite celle de Gênes, où, pendant son séjour, non-seulement tout fut tranquille, mais il sut se faire estimer et respecter de tous, tant du Gouvernement, que de la Noblesse et du Peuple. Il avait mené avec lui sa Compagnie de cent Hommes d'Armes et celle de cinq cents hommes de pied, et il était accompagné de quantité de Gentilshommes de la Province, entr'autres de Charles Allemand, de Balthazar de Beaumont, et du Seigneur de Romanêche. Ayant passé quelque temps à Gênes, il alla joindre le Maréchal de Foix (r) et le Seigneur Dom Pedro de Navarre, dont il a été déjà parlé, et qui avait passé du service d'Espagne à celui du Roi, et ils se rendirent ensemble à l'armée Française devant Milan, sous les ordres du fameux Lautrec, aussi Maréchal de France (s). Cette campagne ne fut pas heureuse, parce que les Suisses ayant été repoussés à la première attaque à l'affaire de la Bicoque, refusèrent de retourner à la charge, et peu de jours après regagnèrent leur pays, ce qui fut cause que l'on mit le reste des troupes en garnison.

Bayard revint sur la frontière du Marquisat de Saluces avec sa Compagnie et deux mille hommes de pied, commandés par deux Seigneurs Dauphinois, Herculeys et Vatillieu, et là ils attendirent que les ennemis eussent pareillement pris leurs garnisons; ensuite il repassa les monts et se rendit à Grenoble, où il trouva que la

―――――――――――――――――――

(r) Thomas de Foix, connu auparavant et cité dans cette Histoire sous le nom du Seigneur de Lescun.
(s) Odet de Foix, frère du précédent. Nous en avons parlé plusieurs fois, et tous les Historiens l'ont représenté comme un des plus grands hommes de guerre de ce siècle.

peste commençait à se déclarer. Il eut lieu d'exercer là ses deux vertus favorites, la vigilance et la charité. Il pourvut à tout, nourrit à ses dépens les pauvres, malades ou suspects de maladie, les fit assister de Médecins, de Chirurgiens et de médicamens. Il étendit ses soins et ses bienfaits jusque sur les Monastères des deux sexes ; enfin, on eut obligation au Chevalier Bayard de la cessation très-prompte de ce redoutable fléau.

(1523.) L'année suivante, le Roi qui voulait absolument rentrer dans son Duché de Milan, résolut d'y aller commander une armée en personne ; mais l'évasion de Charles, Duc de Bourbon, Connétable de France, qui s'était jeté dans le parti de l'Empereur, fit qu'il changea d'avis, et qu'il envoya pour commander à sa place Guillaume Gouffier, Seigneur de Bonivet, Amiral de France, l'un de ses favoris, et sous lui plusieurs Officiers, et sur-tout Bayard, qu'il n'avait garde d'oublier.

Tandis que l'Amiral mit le siége devant Milan, le Chevalier marcha du côté de Lodi avec huit mille hommes de pied, quatre cents Hommes d'Armes et huit pièces de canon ; son dessein était d'y surprendre le Duc de Mantoue, Fréderic de Gonzagues, qui s'y était jeté ; mais ce Prince ne l'attendit pas : ce fut assez pour lui d'entendre nommer Bayard, et de savoir qu'il n'était pas loin, pour qu'il prît le parti de sortir précipitamment de la Ville par la porte opposée. Bayard entra dans Lodi sans difficulté, y mit garnison, et tout de suite se rendit devant Crémone, qu'il assiégea et canonna à la barbe des troupes du Pape et de Venise, qui n'osèrent s'y opposer, et il s'en serait rendu maître, sans des pluies continuelles et des orages qui durèrent quatre ou cinq jours sans interruption; en sorte qu'il fut obligé de se retirer, tant parce qu'il avait les ennemis tout autour de lui, que parce qu'il craignait de manquer de vivres; mais si peu qu'il en eut, il en rafraîchit la garnison du Château qui tenait pour le Roi, aussi bien que d'hommes et de munitions.

Au commencement de l'année 1524, l'armée du Roi devant Milan s'affaiblissait de jour en jour, pendant que celle de l'Empereur se renforçait. L'Amiral Bonivet vint établir son quartier dans une petite Ville nommée Biagras, et chargea Bayard de s'avancer jusqu'à un petit Village tout proche Milan, nommé Rébec, qui n'avait ni murailles, ni fossés, ni barricades, et qui touchait au camp des ennemis. Il lui donna deux cents Hommes d'Armes, et les deux mille hommes de pied du Seigneur de Lorges, pour inquiéter ceux de la Ville, leur couper les vivres et savoir de leurs nouvelles. Bayard, qui toute sa vie n'avait cherché que les occasions de servir le Roi, était trop éclairé pour ne pas apercevoir le danger évident de la commission. Il s'en expliqua assez vivement au Général, lui remontra que la Place n'était pas tenable, que la moitié de l'armée ne suffirait pas pour la garder; qu'ainsi n'y ayant que de la honte à y gagner, il le priait de faire ses réflexions. Mais Bonivet, pour le résoudre, lui promit de lui envoyer un secours de gens de pied, l'assurant qu'il ne sortirait pas de Milan une *souris* sans qu'il en fût averti par ses espions. Enfin, soit par belles paroles ou d'autorité, il le détermina à se rendre avec son monde dans ce misérable Village de Rébec, où non-seulement il n'y avait aucunes fortifications, mais encore où il était impossible d'en faire, sinon quelques barrières aux entrées. Quand Bayard y fut arrivé, et qu'il connut par ses yeux le danger du poste où il était, il écrivit lettres sur lettres pour avoir le renfort que l'Amiral lui avait promis, et qu'il ne lui envoya point. Alors il ne douta plus que ce Général ne l'eût envoyé-là pour le faire périr, par jalousie, ou par quelqu'autre motif, dont il se promit bien de le combattre tôt ou tard d'homme à homme.

Le Général Espagnol, Dom Ferdinand-François d'Avalos, Marquis de Pescaire, avait un soldat nommé Lupon, d'une force et d'une vîtesse extraordinaire à la course, qui se chargea de lui donner des nouvelles sûres de l'état des Français à Rébec. Ce soldat, accompagné d'un seul Arquebusier, se coula, sans être aperçu, jusqu'à une sentinelle Française; il prit l'homme à brasse-corps, le chargea sur ses épaules, et s'en fut aussi légèrement que s'il n'eût rien porté. On lui tira quelques coups d'arquebuses, mais son camarade empêcha qu'on ne le suivît. Lupon apporta le Français au Marquis de Pescaire, et le mit à ses pieds, si effrayé qu'il ne pouvait encore parler. C'était un fou et un jureur, qui se donnait cent fois le jour au diable, et qui crut dans ce moment avoir été pris au mot, et que le diable l'emportait. Enfin, revenu de sa frayeur, avec bien du temps et de la peine, il instruisit le Marquis de la situation où se trouvait Bayard, et du nombre de son monde; sur ce rapport, le Marquis se détermina à surprendre les Français dès la nuit suivante, et d'avoir le Chevalier mort ou vif.

Il mit aux champs, entre minuit et une heure, environ sept mille hommes de pied et quinze cents Hommes d'Armes, guidés par des gens du Village même, et qui en connaissaient toutes les avenues. Bayard, qui ne pouvait être tranquille dans un si mauvais poste, faisait faire le guet la nuit par la moitié de ses gens; et lui-même en avait déjà passé trois sans se reposer. Il tomba malade de froid, de fatigues et de peines d'esprit, en sorte que, forcé de rester à la chambre, il chargea quelques-uns de ses Capitaines de faire le guet, et de se relever les uns les autres ; mais ils n'en firent rien, et s'allèrent coucher, ne laissant pour leur garde que trois ou quatre misérables Archers. Les Espagnols, qui, pour se reconnaître, avaient tous une chemise pardessus leurs habits, s'approchèrent du Village, bien étonnés de ne rencontrer personne. Leur première idée fut que Bayard, instruit de leur projet, s'était retiré à Biagras; mais ayant fait encore environ cent pas, ils trouvèrent ces Archers faisant le guet, lesquels s'enfuirent criant : Alarme, alarme ! Les Espagnols les suivirent, et furent aussitôt qu'eux aux barrières. Bayard, qui connaissait tout le danger où il était, se reposait tout vêtu : il fut bientôt sur pied et à cheval, et vint à la barrière où était l'alarme, accompagné de cinq ou six de ses Hommes d'Armes. Un moment après arriva à son secours le Capitaine de Lorges avec sa troupe de gens de pied, qui firent des merveilles.

Pendant ce choc, les Espagnols parcouraient tout le Village, cherchant le logis de Bayard; car ils ne voulaient autre chose que sa personne, et s'ils eussent pu le prendre, ils s'en seraient retournés contens comme d'une victoire complète. Tandis qu'ils le cherchaient, il était à la défense de la barrière, et de-là il entendit le bruit du tambour, et jugea du nombre des gens de pied ennemis. Il prit son parti de se retirer le mieux qu'il pourrait, et dit au Capitaine de Lorges : Compagnon, mon ami, la partie n'est pas égale ; s'ils passent les barrières, nous sommes tous perdus ; laissons-leur nos équipages, et sauvons les hommes ; faites retirer les vôtres, et marchez serrés tant que vous pourrez, et moi avec mes Hommes d'Armes je ferai l'arrière-garde. Tout cela fut bien et heureusement exécuté, sans qu'il y fût perdu que neuf ou dix hommes, et environ cent cinquante chevaux qui restèrent aux ennemis avec quelques valets.

La barrière forcée, les Espagnols parcoururent toutes les maisons, croyant y trouver ce qu'ils cherchaient, mais Bayard était déjà à Biagras, où il eut de très-vives paroles avec l'Amiral, et s'il eût vécu, il lui aurait très-certainement fait mettre l'épée à la main.

Peu après cet échec, l'Amiral, qui n'avait pas assez de forces pour résister à celles de l'Empereur, et qui au contraire voyait tous les jours son armée diminuer par les maladies, assembla le Conseil de Guerre, dont le résultat fut qu'il n'y avait rien de mieux à faire, en l'état où ils étaient, que de se retirer. L'ordonnance de la retraite y fut réglée, suivant laquelle l'Amiral et Bayard se tinrent à l'arrière-garde, et intimidèrent tellement les ennemis, qu'ils n'osaient les approcher, mais les saluoient de loin à coups de mousquets, d'arquebuses et de fauconneaux. Le lendemain les Français continuèrent à se retirer, et les ennemis à les suivre. Ceux-ci avaient jeté sur les deux bords du chemin un nombre d'Arquebusiers, à la faveur desquels, sur les huit heures du matin, ils firent une furieuse charge, en laquelle fut blessé le Seigneur de Vandenesse, lequel mourut peu après sa blessure, regretté de toute l'armée. L'amiral reçut aussi un coup dans le bras, et fut obligé de se mettre dans une litière et de se retirer, laissant toute la charge à Bayard, auquel il dit : *Je vous prie et conjure pour l'honneur et la gloire du nom Français, que vous défendiez aujourd'hui l'artillerie et les enseignes que je vous remets et consigne entièrement à votre fidélité, valeur et sage conduite, puisqu'il n'y a personne dans l'armée du Roi qui en soit plus capable que vous, soit pour la valeur, l'expérience et le conseil.* A quoi Bayard répondit en homme encore piqué, qu'il aurait souhaité qu'il lui eût fait cet honneur dans une autre occasion, plus favorable et moins dangereuse ; *mais, ajouta-t-il, quoi qu'il en soit, je vous assure que je les défendrai si bien que, tant que je serai vivant, elles ne viendront jamais au pouvoir des ennemis*. En effet, il fit pendant deux heures tant et de si vigoureuses charges sur les Espagnols, qu'il les obligeait à se rejoindre d'abord au corps de leur armée, et puis il revenait avec ses Hommes d'Armes d'un air aussi tranquille que s'il eût été dans un jardin, et tout au petit pas. Il avait auprès de lui le jeune Prince de Vaudemont (*t*), qui pour son coup d'essai à la guerre, allait à la charge en homme consommé dans le métier.

L'artillerie et les enseignes étaient passées et en sureté, lorsqu'enfin sur les dix heures du matin, il fut tiré un coup d'arquebuse à croc, dont la pierre vint frapper Bayard au côté droit, et lui rompit l'épine du dos. Quand il sentit le coup, son premier cri fut : *Jésus! ah, mon Dieu, je suis mort*; ensuite il baisa la croisée de son épée en guise de croix; il changea de couleur, et ses gens le voyant chanceler, allèrent à lui, et voulurent le retirer de la mêlée; son ami d'Alègre l'en pressa beaucoup, mais il ne voulut pas le permettre. C'est fait de moi, leur disait-il, je suis mort, et ne veux pas dans mes derniers momens tourner le dos à l'ennemi pour la première fois de ma vie. Il eut encore la force d'ordonner que l'on allât à la charge, voyant que les Espagnols commençaient

---

(*t*) Louis de Lorraine, second fils du Duc René. Il avait deux frères; l'aîné était Antoine, Duc de Lorraine, et son cadet, Claude, Duc de Guise.

à s'avancer ; puis il se fit descendre, à l'aide de quelques Suisses, au pied d'un arbre, *en sorte*, disait-il, *que j'aie la face regardant les ennemis.* Son Maître-d'hôtel, qui était un jeune Gentilhomme Dauphinois, nommé Jacques Joffrey de Milieu, fondait en larmes auprès de lui, ainsi que ses autres domestiques. Bayard les consolait lui-même : C'est, disait-il, la volonté de Dieu de me retirer à lui ; il m'a conservé en ce monde assez long-temps, et m'a fait plus de bien et de grâces que je n'en ai jamais mérités. Ensuite, faute de Prêtre, il se confessa à son Gentilhomme, à qui il recommanda qu'on le laissât en la place où il était, parce qu'il ne pouvait se remuer sans ressentir des douleurs insupportables. Le Seigneur d'Alègre, Prévôt de Paris, lui demanda et reçut ses dernières volontés, et un Capitaine Suisse ( Jean Diesbac ) s'offrit à le faire enlever de là, de peur qu'il ne tombât au pouvoir des ennemis ; mais il lui répondit, et à tous les Officiers qui l'environnaient : Laissez-moi le peu que j'ai à vivre pour penser à ma conscience ; je vous supplie vous-mêmes de vous retirer, de peur d'être faits prisonniers, et ce serait pour moi un surcroît de douleur si cela arrivait ; c'est fait de moi, vous ne sauriez me soulager en rien ; tout ce que je vous demande, Seigneur d'Alègre, c'est d'assurer le Roi que je meurs son serviteur, sans autre regret que de ne lui pouvoir plus rendre mes services; présentez mes respects à tous Messeigneurs les Princes de France, et à tous les Gentilshommes et Capitaines, et adieu, mes bons amis, je vous recommande ma pauvre ame. Alors tous se retirèrent, et prirent de lui le dernier congé, avec des cris et des gémissemens qui furent entendus de l'armée ennemie, au pouvoir de laquelle il demeura.

Dans le moment arriva auprès lui le Marquis de Pescaire (*u*), qui, les larmes aux yeux, lui dit ces belles paroles : *Plût à Dieu, Seigneur de Bayard, avoir donné de mon sang ce que j'en pourrais perdre sans mourir, et vous avoir mon prisonnier en bonne santé, vous connaîtriez bientôt combien j'ai toujours estimé votre personne, votre bravoure, et toutes les vertus qui sont en vous, et que depuis que je me mêle des armes, je n'ai jamais connu votre pareil.* Aussitôt ce Seigneur fit apporter son propre pavillon avec son lit, le fit tendre autour du mourant, et lui-même aida à l'y coucher en lui baisant les mains. Il lui donna une garde pour qu'il ne fût ni fouillé, ni pressé, ni offensé, et lui-même amena un Prêtre, auquel Bayard

(*u*) Ferdinand-François d'Avalos, marquis de Pescaire, au Royaume de Naples, du chef de sa mère Antoinette d'Aquino, femme d'Inigo d'Avalos, lequel était fils de Ruis Lopès d'Avalos, Connétable de Castille, vivant en 1390.

se confessa avec une connaissance parfaite et une piété édifiante. ( Oh, généreux Marquis, digne d'une mémoire éternelle ! la postérité dira de vous, tant que le nom de Bayard subsistera, que la vertu a ses droits sur les grands cœurs, même ennemis.)

Toute l'armée Espagnole s'empressa, depuis le plus grand jusqu'au plus petit, à venir admirer ce Héros expirant. Le Connétable de Bourbon, qui, comme nous l'avons dit, était passé au service de l'Empereur, y vint comme les autres, et lui dit : *Ah ! Capitaine Bayard, que je suis marri et déplaisant de vous voir et cet état ; je vous ai toujours aimé et honoré pour la grande prouesse et sagesse qui est en vous; ah ! que j'ai grande pitié de vous.* Bayard rappela ses forces, et lui dit d'une voix assurée : *Monseigneur, je vous remercie, il n'y a point de pitié en moi qui meurs en homme de bien, servant mon Roi ; il faut avoir pitié de vous qui portez les armes contre votre Prince, votre Patrie et votre serment.* Le Connétable resta un peu de temps avec lui, et l'entretint des raisons qu'il avait eues de sortir du Royaume ; mais Bayard l'exhorta à rechercher les bonnes grâces du Roi, qu'autrement il resterait toute sa vie sans biens et sans honneur.

Bayard demeuré seul, ne pensa plus qu'à mourir ; il récita dévotement le Pseaume *Miserere mei, Deus,* après lequel il prononça à haute voix cette Prière : *Mon Dieu, qui avez promis un asile dans votre miséricorde aux plus grands pécheurs qui retourneraient à vous sincèrement et de tout leur cœur, je mets en vous toute ma confiance, et toute mon espérance dans vos promesses. Vous êtes mon Dieu, mon Créateur, mon Rédempteur. Je confesse vous avoir mortellement offensé, et que mille ans de jeûne au pain et à l'eau dans le désert ne pourraient acquitter mes fautes ; mais, mon Dieu, vous savez que j'étais résolu d'en faire pénitence, si vous m'eussiez conservé la vie ; je sens toute ma faiblesse, et que par moi-même je n'aurais jamais pu mériter l'entrée en votre Paradis, et que nulle créature ne peut l'obtenir que de votre infinie miséricorde...... Mon Dieu, mon Père, oubliez mes fautes, n'écoutez que votre clémence..... que votre Justice se laisse fléchir par les mérites du Sang de JÉSUS-CHRIST....* La mort lui coupa la parole. Son premier cri, quand il se sentit blessé à mort, fut le nom de JÉSUS, et ce fut en invoquant ce nom adorable que le Héros rendit son ame à son Créateur, le 30 Avril 1524, âgé de quarante-huit ans.

Les Espagnols lui donnèrent des larmes aussi sincères que s'il les avait méritées de leur part, comme il avait mérité celles de toute la France. Dès qu'il fut mort, la garde que le Marquis de Pescaire lui avait donnée, le transporta, suivant les ordres de ce Seigneur, dans l'Eglise la plus prochaine, où il lui fit faire des Services pendant deux jours, ensuite on remit le corps à son Gentilhomme et à ses domestiques, avec des passe-ports pour le transporter en France.

Quand le Roi apprit la mort de Bayard, il en fut vivement affligé pendant plusieurs jours, et lui rendit ce témoignage, *qu'on avait perdu un grand Capitaine, dont le nom seul faisait honorer et craindre ses armes ; que véritablement il méritait de plus hautes charges et bienfaits qu'il n'en avait possédés.* Mais il sentit bien autrement combien il avait perdu au mois de Février suivant, quand, après la bataille de Pavie, il se vit prisonnier de l'Empereur et conduit en Espagne : *Si le Chevalier Bayard*, disait-il au Seigneur de Montchenu, qui le suivit dans sa prison en Espagne, *si le Chevalier Bayard, qui était vaillant et expérimenté, eût été vivant et près de moi, mes affaires, sans doute, auraient pris un meilleur train ; j'aurais pris et cru son conseil, je n'aurais séparé mon armée, et je ne serais sorti de mon retranchement, et puis sa présence m'aurait valu cent Capitaines, tant il avait gagné de créance parmi les miens, et de crainte parmi mes ennemis. Ah ! Chevalier Bayard, que vous me faites grande faute, ah ! je ne serais pas ici.*

Le corps de notre Héros fut apporté en France dans sa Province natale, pour y être déposé; suivant ses dernières volontés, auprès de ceux de ses ancêtres dans l'Eglise de Grenion. Son convoi passa par le Piémont et la Savoie, et par-tout il y avait ordre du Duc de Savoie de le recevoir avec les mêmes honneurs qu'on aurait rendus à un Prince de son sang, et de lui faire des Services solennels dans toutes les Eglises de la route, et de l'y déposer les nuits.

Quand il fut arrivé en Dauphiné, les larmes et les gémissemens que l'on avait donnés à la nouvelle de sa mort, recommencèrent et furent universels. Il serait impossible d'exprimer les regrets de toute cette Province. Les Prélats, le Clergé, la Robe et la Noblesse, les riches et les pauvres, tous semblaient avoir perdu ce qu'ils avaient de plus cher, et peut-être n'y avait-il jamais eu avant lui un deuil aussi général. La Cour de Parlement, la Chambre des Comptes, avec la Noblesse et la Bourgeoisie de Grenoble, allèrent au-devant du convoi jusqu'à demi-lieue de la Ville, et le conduisirent en l'Eglise Cathédrale, où le lendemain ils assistèrent au Service qui fut fait pour lui, *non ducali modò, sed regio apparatu*, avec l'appareil dû aux Princes ; lequel fini, le corps fut transporté, non à Grenion, comme il l'avait ordonné, mais à demi-lieue de la Ville, en un Couvent de Minimes fondé par son oncle Laurent Alleman, Evêque de Grenoble, et il fut accompagné du même cortége qui avait honoré son arrivée. Là, il repose sous une grande pierre au pied des marches du Sanctuaire, et, à main droite, au-dessus d'une porte qui entre dans le Monastère, on voit son buste en marbre blanc, ayant le collier de l'Ordre, et sur un autre marbre blanc, au-dessous, on lit une épitaphe latine, que le Lecteur trouvera à la fin de ce volume.

Il y a ici une observation à faire, qui est que ce buste paraît fait au hasard, et sans aucune ressemblance : ou bien que le portrait de Bayard, que l'on voit dans la Gallerie du Palais Royal à Paris, est un ouvrage d'imagination. Je les ai vus tous les deux, et ne leur ai trouvé aucune conformité. Mais je trouve le tableau plus conforme que le buste, à la description que plusieurs Auteurs nous ont laissée de la personne et des traits de Bayard. Quoi qu'il en soit, la Ville de Grenoble fit un fonds de mille livres pour ériger un mausolée à ce Héros. Henri IV, étant en Dauphiné, ordonna une somme de trois mille livres pour le même sujet; mais ces deux projets sont restés sans exécution; et un Gentilhomme, son compatriote, dont le nom mérite d'être conservé à la postérité, Scipion de Polloud, Seigneur de Saint-Agnin, sans être son parent ni son allié, lui a rendu ce devoir, en lui érigeant ce buste et l'épitaphe dont nous venons de parler.

Tous les Ecrivains qui ont eu lieu de parler de Bayard, soit de son temps ou depuis sa mort, Français, Allemands, Espagnols, Italiens, ou autres, amis ou ennemis, se sont accordés, sans aucune exception, à le louer de toutes les vertus qui peuvent décorer l'humanité, et qu'il a toutes réunies : la piété, la charité, la modestie, la générosité, la valeur, la grandeur d'ame dans le péril, l'intrépidité, la bonté dans la victoire, le désintéressement, le talent d'obéir et celui de commander, la justesse du conseil, la fécondité pour les expédiens, la fidélité pour ses Rois, pour sa Patrie et pour ses devoirs ; il avait tout, et ses vertus ne peuvent être mieux exprimées que par le surnom que son siècle même lui a décerné, de Chevalier sans peur et sans reproches.

Ceux qui auront le loisir ou la curiosité de consulter les Auteurs que nous citons, doivent lire le *Loyal Serviteur*, Godefroy, Champier, Martin du Bellay, Jean d'Auton, Abbé d'Angle, l'Histoire de Louis XII, celle de Charles, dernier Duc de Bourgogne, par Marillac, Etienne Pasquier, liv. 5, chap. 20.

Quant à nous, nous ne pouvons nous refuser d'analyser succinctement l'éloge qui termine le supplément du Président d'Expilly. Bayard était né avec toutes les vertus et sans aucun vice ; il aimait et craignait Dieu, avait toujours recours à lui dans ses peines, et le priait assidûment le matin et le soir, et pour cela voulait toujours être seul. Il ne refusa jamais de secourir le prochain, soit en rendant service, soit en assistant de son argent, ce qu'il faisait toujours dans le secret et de bonne grâce. Les pauvres Nobles sur-tout n'ont jamais essuyé de refus de sa part, quelque chose qu'ils souhaitassent de lui. On a estimé qu'il avait marié pendant sa vie plus de cent pauvres orphelines, Nobles et autres. Les veuves étaient assurées de trouver chez lui de la consolation et des secours. A la guerre, il remontait un Homme d'Armes, donnait des habits à un autre, en aidait un autre de ses deniers, et leur persuadait encore que c'était lui qui leur devait de la reconnaissance. Il eut de grandes et nombreuses occasions de gagner de l'argent, soit en rançon ou autrement ; mais il distribuait tout et ne se réservait rien. Jamais il ne sortit d'un logement en pays conquis sans payer ce que lui ou ses gens y avaient pris ; et quand il se trouvait avec certaines nations qui, pour l'ordinaire, mettaient le feu aux lieux qu'ils abandonnaient, il restait le dernier à la garde de la maison qu'il quittait, et la préservait de l'incendie. Il était ennemi juré des flatteurs et de la flatterie, et à quelque grand Prince qu'il eût à parler, il ne lui a jamais dit que la vérité. La médisance lui était odieuse, et jamais il n'y a pris part; au contraire, il la réprimait autant qu'il lui appartenait de le faire. Il méprisa toute sa vie les richesses, et fit toujours peu d'estime des riches s'ils étaient sans vertus. Il haïssait également l'hypocrite et le faux brave, et punissait avec sévérité ceux qui quittaient leurs enseignes pour piller. Pour ce qui est de sa bravoure, de sa sagesse dans les conseils, de sa prudence dans l'action, nous ne pourrions que répéter ce que l'on a vu dans son Histoire. Il avait fait son apprentissage des Armes sous le célèbre Capitaine Louis d'Ars; aussi lui porta-t-il toute sa vie respect et obéissance comme à son Maître, ou plutôt comme à un Roi. Enfin, nous terminons cet éloge par observer que Bayard n'a pas été de ceux qui, ayant bien commencé, se rallentissent, ni de ceux qui terminent leur carrière plus honorablement qu'ils ne l'ont commencée : ses vertus se sont montrées dès l'enfance; elles se sont développées avec l'âge ; les honneurs ne les ont pas altérées, et elles ont été couronnées par la mort la plus glorieuse, et par un renom que la postérité la plus reculée respectera.

Bayard ne fut point marié, mais il en avait contracté verbalement et par lettres l'engagement avec une belle et noble Demoiselle de la Maison de Trèque dans le Milanais, de laquelle il avait eu une fille naturelle, nommée Jeanne Terrail, digne fille du plus vertueux de tous les pères. Il lui fit donner la plus belle éducation, et elle y répondit si bien, qu'on ne la regarda jamais dans la famille du Chevalier comme une fille naturelle; elle y était traitée de nièce, et, comme telle, fut mariée un an après la mort de son père à François de Bocsozel, Seigneur de Chastelart, et dotée par ses oncles comme leur héritière; et tout le monde, tant qu'elle vécut, reconnut et honora en elle la vive image du Chevalier sans peur et sans reproches.

Bayard avait la taille élevée, droite et peu d'embonpoint : il était blanc de visage, avait de belles couleurs, les yeux noirs et pleins de feu ($x$). Il était extrêmement gai, toujours égal, et ses propos, même dans les occasions les plus sérieuses, étaient accompagnés de saillies. Quoique ses avis prévalussent presque toujours, jamais on ne le vit prendre le ton sur personne, ni dépriser l'avis d'autrui.

Il haïssait mortellement l'usage des arquebuses, comme s'il eût prévu qu'il en dût mourir : c'est une honte, disait-il,

---

($x$) Suivant ce portrait, le Tableau de la Gallerie du Palais-Royal doit mieux ressembler à Bayard que le buste de son tombeau; néanmoins je les crois tous deux faits d'idée et sans modèle.

qu'un homme de cœur soit exposé à périr par une misérable *friquenelle*, dont il ne peut se défendre. Aussi faisait-il peu de quartier à ceux qui lui tombaient dans les mains avec cette arme.

Si sa mort vérifia exactement l'horoscope de l'Astrologue de Carpy, qui lui avait prédit, en 1512, qu'il avait encore douze ans à vivre, et qu'il mourrait d'un coup d'artillerie, le surplus de la prédiction ne fut pas moins vrai : *Tu seras riche d'honneur et de vertus...... des biens de la fortune, tu n'en auras guères...... Ton Roi t'aimera et t'estimera ; mais les envieux l'empêcheront de te faire de grands biens, et de te mettre aux honneurs que tu as mérités.*

Il n'était pas né riche, et n'augmenta son bien que de l'acquisition qu'il fit du domaine du Roi d'un droit honorifique ; ce fut une portion de la terre d'Avalon qu'il acheta quatre mille livres pour décorer sa Seigneurie de Bayard d'une Juridiction ; mais avec cette augmentation, tout ce qu'il laissa en mourant ne valait pas plus de quatre cents livres de rente. Exemple admirable de désintéressement dans un homme qui avait été neuf ans Lieutenant-Général pour le Roi dans une grande Province, et qui avait touché des sommes immenses en rançons ; aussi, disait-il souvent, *ce que le gantelet amasse, le gorgerin le dépense.*

Le Président d'Expilly dit que le Général des Chartreux ordonna, pour le repos de l'ame de Bayard, un anniversaire à perpétuité dans tout son Ordre ; mais il doit avoir été abrogé, puisqu'il ne s'exécute plus. J'ai vu les Rituels des Chartreux en plusieurs de leurs Maisons, où il n'en est fait aucune mention, soit que l'Ecrivain ait hasardé cette anecdote, soit que l'ordonnance du Général ait été révoquée depuis.

Un Auteur moderne (*M. d'Auvigny*) a cru qu'il aurait manqué quelque chose à la gloire de Bayard, s'il n'en eût pas fait un homme de lettres. On ne sait d'après quel Historien il lui a donné ce mérite, nous n'en voyons aucun qui en ait fourni une seule autorité. Il aurait dû, au contraire, mettre en parallèle le siècle d'ignorance où est né notre Héros, avec le siècle de Louis XIV et le nôtre, et comparer ce que Bayard a été dans un temps où les sciences existant à peine, il n'a dû ses talens qu'à lui-même, avec ce qu'il aurait été, si à ses talens, qu'il ne tenait que de la nature, il eût ajouté l'étude des sciences militaires, et cultivé toutes les autres ; s'il eût vécu, enfin, dans un siècle où la plus haute naissance et les plus grandes dignités ne peuvent sauver l'ignorance du mépris qu'elle mérite.

*Fin du sixième et dernier Livre.*

# ÉPITAPHE

## DU CHEVALIER BAYARD,

Dans l'Eglise des Minimes, près Grenoble.

*Lapis hic superbit tumulo, non titulo....*
  *Ubi sepultus est Heros maximus, suo*
  *ipsemet sepulchro monumentum.*

### D. O. M.

*PETRUS TERRALLIUS, Bayardus, vix puber, addictus castrensibus operis, præclarè factis tempora elusit, virtutis miraculo prælusit, primo fermè militia tyrocinio magnus; prodigiosæ fortitudinis, quà domi, quà foris, spectacula juvenis dedit; sed illustri præsertim Italiæ theatro, lauris adtexta lilia geminum in fronte honorem divisere. Ubi virum animosa maturitas et experientia tulerunt, quæ finxit fortia facta vetustas, fecit. Bayardum Alcidi confudit impavidi et inculpati Equitis cognomentum: constantis famæ vulgatu, virtutis appellationem suo nomine occupavit. Tres illum Reges, lustris ferè septem, gravibus gerendi belli institutis, suæ militiæ præfectum habuerunt. Illi honorem stipendio potiorem emerito, victori triomphalia decora virtus decreverat, sed honoris currus, tot victoriis onustus, nutavit; virtutis magnitudine laboravit. Regiæ vicis, in Delphinatûs Provinciâ Præfecto, ingens honor fuit, honore eo non egere; non concessum regni insigne, sed præmium; Regem suum, gladii succinctu, militiæ inauguravit. Illud tandem Duci semper victori deerat, ut lethum vinceret: vicit. Attonitæ mortis, nec ausæ luctari, feriendum se fulmineo telo objecit. Erubuit hæc, et quòd victa, et quòd immatura. Ille equo desiliens, victoriis fessus, sub arbore resedit, et vultu in hostem converso, placidè oculos et diem clausit* 1524, *ætatis* 48.

*Moriturum monumentum non morituris cineribus, N. Scipio de Polloud, D. de Saint-Agnin, suis sumptibus accuravit.*

# TRADUCTION

*De l'Épitaphe du Chevalier Bayard.*

Pierre Terrail, Seigneur de Bayard, à peine hors de l'enfance, porta les armes. Ses beaux faits devancèrent ses années. Ses coups-d'essais furent les chefs-d'œuvres d'un Guerrier consommé. Il se signala dans sa Patrie et dans les Pays étrangers. Mais l'Italie fut le théâtre où il parut avec plus de gloire, et où les lis et les lauriers partagèrent l'honneur de le couronner. Devenu homme par la vigueur de l'âge et par l'expérience, il égala tout ce que l'antiquité fabuleuse a raconté de ses Héros. Le surnom de Chevalier sans peur et sans reproches lui fut commun avec Hercule. Sa réputation répandue généralement avait attaché à son nom seul l'idée de toutes les vertus réunies. Il servit et commanda sous trois Rois, pendant près de trente-cinq ans. La vertu lui avait décerné l'honneur du triomphe, qu'il estimait plus que les richesses ; mais le char plia sous le poids des lauriers et des victoires dont il était surchargé. Nommé Lieutenant-Général pour le Roi en Dauphiné, ce qu'il y eut de plus glorieux pour lui fut d'être supérieur à sa dignité. Chevalier de l'Ordre du Roi, il reçut moins une grâce que le prix de ses exploits, et il eut l'honneur de donner à son tour l'Ordre de Chevalerie à son Souverain. Enfin, il ne manquait aux victoires d'un si grand Capitaine que de triompher de la mort. Il en triompha : elle fut étonnée elle-même du courage avec lequel il s'offrit au coup mortel. Elle rougit de sa défaite et d'un trait si précipité. Sitôt qu'il l'eut reçu, il se fit descendre de son cheval au pied d'un arbre : là, succombant sous ses trophées, et le regard encore tourné vers l'ennemi, il ferma les yeux à la lumière en l'année 1524, âgé de quarante-huit ans.

Le temps pourra détruire ce monument ; mais les dépouilles qu'il renferme seront immortelles. Il fut érigé aux dépens de Scipion Polignac, Seigneur de Saint-Agnin.

# NOTES.

1. LIVRE PREMIER. ( *1* ) Jacques de Chabannes l'un des plus grands Officiers de son siècle. Il fut Grand-Maître de France, et s'en démit en faveur d'Artus Gouffier, Seigneur de Boisy, favori de Louis XII, qui l'en récompensa par le bâton de Maréchal de France.

La Maison de Chabannes, l'une des plus anciennes du Royaume, a de tout temps été féconde en Guerriers illustres. Elle a eu trois Grands-Maîtres de France, sous Charles VI et ses quatre successeurs : mais une distinction unique et bien honorable, c'est d'avoir contracté six alliances avec la Maison de Bourbon, trois Seigneurs de Chabannes ayant épousé des Princesses du Sang-Royal, et trois Demoiselles de Chabannes des Princes du Sang sous différens noms. ( On voit leurs portraits au Château de la Palice. )

Mademoiselle de Montpensier écrit dans ses Mémoires, tome III, page 20, qu'elle a fait rechercher dans les archives du Duché de Saint-Fargeau, comment cette belle Terre lui appartenait, ayant été bâtie par Jacques Cœur, Argentier et Favori de Charles VII. Voici ses termes :

« Il est bon de dire comment cette Terre m'est venue,
» parce que de Jacques Cœur à moi il y a quelque dis-
» tance. Comme il fut disgracié, on décréta son bien ;
» Antoine de Chabannes l'acheta. Depuis, sous le règne
» de Louis XI, où il fut lui-même disgracié, on voulut
» lui imputer de s'être prévalu de sa faveur et de la dis-
» grace de Jacques Cœur, pour avoir son bien à bon mar-
» ché ; il l'acheta une seconde fois, ne voulant pas qu'il
» lui fût reproché d'avoir pour rien le bien d'un homme
» disgracié. Les contrats sont au trésor de Saint-Fargeau,
» ce qui m'a bien réjouie ; j'aurais été en fort grand scru-
» pule d'avoir du bien d'autrui..... Ce Grand-Maître de
» Chabannes eut de Marie de Nanteuil un fils, Jean de
» Chabannes, Comte de Dammartin, qui épousa Susanne
» de Bourbon, Comtesse de Roussillon ; leur fille, Antoi-
» nette de Chabannes, épousa René d'Anjou, Marquis de
» Maizières, et ils eurent un fils, Nicolas d'Anjou, qui,

» de Gabrielle de Mareuille, eut Renée d'Anjou, femme
» de François de Bourbon, dit Montpensier, père et mère
» de mon aïeul..... Les armes de Chabannes étaient par
» toute la maison; et comme je les avais fait abattre
» quand je la rebâtis, je crus devoir faire honneur à des
» gens dont je tenais beaucoup de biens: ainsi j'ai fait
» peindre exprès une chambre des alliances de cette
» Maison, qui est très-bonne et très-illustre, et j'ai beau-
» coup de joie d'en être descendue. »

Je me suis un peu étendu dans cette Note, tant pour rendre témoignage à la gloire d'une Maison si illustrée, que pour opposer une autorité aussi authentique que respectable à la témérité d'un Auteur décrié du dernier siècle, qui a déchiré insolemment la mémoire du Grand-Maître Antoine de Chabannes, dont Mademoiselle se faisait presque honneur d'être issue.

Les armes de cette maison sont de gueules au lion herminé, armé, couronné, et lampassé d'or.

2. (m) [Aymond de Salvaing, son cousin, Seigneur de Boissieu.] Il était petit-fils de Catherine Terrail, tante de Bayard. Cette Maison, à laquelle tous les Ecrivains Dauphinois ont prodigué les éloges, tirait son origine, dès l'année 1012, d'un Seigneur de Salvaing, d'Allinges et de Boissieu. La branche aînée subsiste encore en Savoie, sous le nom des Marquis d'Allinges. Elle s'était divisée en un très-grand nombre de branches, toutes fécondes en guerriers illustres, et alliées aux plus grandes Maisons du Dauphiné et des Provinces voisines. Vulson de la Colombière en a donné une généalogie, et rien n'est si glorieux que ce qu'en disent le Président d'Expilly, Guy Allard et Godefroy, dans l'Histoire de Bayard. Voilà tout ce que j'en savais, et ce qui me faisait passer si légèrement une Maison que je croyais éteinte, lorsque le hasard me fit découvrir qu'une branche, sous le nom de Salvaing de Boissieu, s'était transplantée en Auvergne dans l'année 1430. Cette découverte excita ma curiosité, je me suis instruit, j'ai même recouvré une filiation généalogique de cette branche jusqu'aujourd'hui; et c'est avec un plaisir sensible que je vais mettre ici quelque détail sur cette Maison dès son origine connue, et avec d'autant plus d'assurance, que je suis instruit que les Seigneurs de Boissieu d'Auvergne ont dans leurs mains les titres sur lesquels ils doivent faire

travailler à une généalogie qui démontrera l'identité de leur nom de Salvaing de Boissieu, avec les grands hommes qui l'ont porté en Dauphiné.

La Maison de Salvaing de Boissieu tient de tout temps un rang distingué parmi la plus haute Noblesse de cette Province, que l'on a nommée par excellence l'Ecarlate de la Noblesse. Son ancienneté se perd dans les temps les plus reculés, et on voit dès l'an 1012 un Aymond Salvaing, Chevalier, posséder des Fiefs et des Seigneuries par indivis avec les Comtes de Savoie, et transiger d'égal à égal avec ces Princes, et avec les Souverains du Dauphiné. L'un de ses descendans, Guiffray de Salvaing, était Grand-Maître de l'Ordre des Templiers en 1285.

La postérité d'Aymond s'est perpétuée jusqu'à la personne de Denis Salvaing, Seigneur de Boissieu, Premier Président en la Chambre des Comptes de Grenoble, homme aussi recommandable par ses vertus et son savoir, que par sa naissance. D'Elisabeth de Villiers, sa seconde femme, il ne laissa qu'une fille, Christine de Salvaing, mariée à Charles-Louis-Alphonse, Marquis de Sassenage, etc., auquel elle porta tous les biens de la Maison de Boissieu. Elle eut un fils, Joseph-Louis-Alphonse, marié à Justine de Prunier-Saint-André, de laquelle il eut Gabriel-Louis-Alphonse, Marquis de Sassenage, père d'une fille unique, Marie-Françoise-Camille de Sassenage, femme de Charles-François de Sassenage, cousin-germain de son père, devenu Marquis de Sassenage, Pont-à-Royan, etc., Chevalier d'Honneur de Madame la Dauphine et des Ordres du Roi. Ils ont cinq filles, les Marquises de Maugiron, de Talaru, de Beranger, et deux autres.

Ce Denis de Salvaing était sixième petit-fils de Pierre I, marié en 1380 à Sibyle de Poitiers; ils eurent deux fils, Aymond VIII, cinquième aïeul de Denis, en qui la branche aînée s'est éteinte, et GASPARD, lequel, vers l'an 1430, passa en Auvergne, s'y établit, y épousa une héritière de grande Maison, Jacquette d'Oreille, et bâtit dans la paroisse de la Chapelle-Geneste, au Diocèse de Clermont, un Château qui subsiste encore, auquel il donna le nom de Boissieu, que ses descendans, divisés en plusieurs branches, ont continué de porter, quoique ce Château ait été vendu lors de l'extinction de la branche aînée, tombée en quenouille.

Il en existe encore trois en Auvergne, l'aînée sous le nom de Boissieu de Maisonneuve ; la seconde, sous le nom de Servière, et la troisième, sortie de la seconde, est celle des Seigneurs de Rochelaure. Nous ne pouvons nous refuser de faire mention de cette dernière, tant en général, parce que tout ce qui porte le nom de Salvaing de Boissieu est issu du même sang que notre Héros, que parce que cet Ouvrage est dédié à l'Ecole-Militaire, où Henri-Louis-Augustin de Salvaing, dit le Chevalier de Boissieu, a été l'un des premiers Gentilshommes admis par Sa Majesté dès l'établissement de cette Maison Royale. Il y a rempli les exercices de ses premières années, comme Bayard a illustré les siennes, avec l'avantage d'une éducation bien supérieure, ayant réuni l'étude des Langues à celle des Mathématiques et du Génie ; et il a été compris avec éloge dans la première nomination d'Officiers sortis de cette Ecole. Il a un frère aîné, marié et résidant en Auvergne, et une sœur, Marguerite de Boissieu, élève de Saint-Cyr, Dame de compagnie de Madame la Comtesse de Toulouse. Ils sont enfans de Joseph-Clair de Boissieu, mort en 1749, âgé de cinquante-sept ans, Chevalier de Saint-Louis, Commandant du fort de Landau, après quarante-quatre ans de service, et de Dame Anne-Marie de Brun, de la Maison de ce nom en Provence.

La Généalogie que j'ai dit avoir dans les mains remonte à huit siècles de filiation suivie, sans aucune dérogeance, et les Seigneurs subsistans du nom de Boissieu ont un intérêt singulier de constater par les titres qu'ils possèdent, qu'ils sortent réellement de l'ancienne Maison de Boissieu, et de faire revivre un nom si illustre avec tout l'éclat de ceux qui l'ont porté.

Les Armes de cette Maison sont de l'Empire à la bordure de France, par deux concessions, l'une de temps immémorial accordée par un Empereur, l'autre par Philippe de Valois à Pierre de Salvaing, en reconnaissance de ce qu'il fut l'un des Seigneurs Dauphinois qui contribuèrent le plus à la démission que fit le Dauphin Humbert II de ses Etats en faveur de la Couronne de France, par actes des années 1343 et 1349. Leur devise est *à Salvaing le plus gorgias*. ( C'est-à-dire, le plus triomphant. )

3. Livre III. (*f*, *g*) [ Le Chevalier Blanc et le Capitaine Imbault. ] Le premier se nommait Antoine d'Arces, dit le

Chevalier Blanc, parce qu'il portait toujours des armes de cette couleur. Le second, Imbault de Rivoire : l'un et l'autre des premières Maisons du Dauphiné, aujourd'hui éteintes.

Du Rivail rapporte de ces deux Gentilshommes un trait d'histoire digne d'être conservé, tant pour faire connaître les mœurs de leur siècle, et la folie alors dominante des Tournois, que parce que ce trait paroît avoir été en France le dernier en son genre, et que depuis eux on n'en trouve plus d'exemples.

Antoine d'Arces et Imbault de Rivoire s'associèrent deux autres Gentilshommes de la même qualité qu'eux, Aymond de Salvaing, dont nous avons déjà parlé, et Gaspard, Baron de Mont-Maur. Ils firent ensemble, depuis 1505 jusqu'en 1507, diverses courses dans les Royaumes étrangers, pour y défier les plus vaillans Chevaliers au combat à fer émoulu et à lance mornée, pour leur propre honneur, ou à la gloire de leurs Dames; ils allèrent d'abord en Espagne, en Portugal et en Angleterre, où les Souverains leur refusèrent la permission de combattre. Le Roi d'Ecosse, Jacques IV, qui avait du goût pour ce plaisir, leur permit de publier leurs cartels. Un cousin-germain de ce Prince, homme le plus redoutable de la Cour, combattit contre d'Arces, et fut vaincu; ce qui donna au Roi tant d'estime pour lui, et tant d'amitié, qu'il le retint à sa Cour le plus long-temps qu'il put, et le combla de présens quand il repassa en France.

Buchanan ajoute, que quelque temps après d'Arces retourna en Ecosse avec sa femme, et qu'il parvint à la plus grande faveur auprès du même Roi, qui, en mourant, le nomma Régent, Tuteur de son fils, conjointement avec plusieurs autres Seigneurs et Prélats; il gouverna avec beaucoup de sagesse, maintint ou rétablit l'ordre dans les Troupes, dans les Finances et dans les Tribunaux. Mais la jalousie de quelques Seigneurs, qui souffraient impatiemment l'autorité dans les mains d'un Français, excita une révolte; on en vint aux mains, et d'Arces, pendant une action ayant été renversé de son cheval, fut tué par Daniel de Humes de Wederburn, en 1517. Le vainqueur lui coupa la tête, et l'exposa au bout d'une lance au lieu le plus élevé de son Château de Humes.

Arces laissa un fils, nommé Jean, lequel fut père du

célèbre Livarot, qui tua Schomberg, sous le règne d'Henri III, dans ce fameux combat dont toutes les Histoires ont parlé de trois contre trois.

4. Livre III. *(p)* [ Le Palais de la Reine de Chypre. ] On est étonné de voir le Palais de la Reine de Chypre dans le territoire de la République de Venise. Voici le trait d'histoire qui regarde cette Princesse, que je n'ai trouvé que dans Puffendorff.

Charlotte, fille unique et héritière de Jean, Roi de Chypre, veuve en premières noces de Jean, Infant de Portugal, Duc de Coïmbre, et en secondes noces de Louis, Prince de Savoie, sans enfans de l'un et de l'autre, avait, suivant le testament de son père, transporté à son second mari ses droits sur ce Royaume. Jean son père avait laissé un fils naturel, nommé Jacques, qu'il avait fait Archevêque de Nicosie. Jacques, malgré son état ecclésiastique, le vice de sa naissance, et le soupçon violent d'avoir avancé les jours de son père, s'empara de la Couronne, secondé par le Soudan d'Egypte, duquel il se rendit tributaire de huit mille ducats d'or par an; il épousa Charlotte Cornaro, Vénitienne, et de l'une des plus nobles Maisons de l'Etat ; il en eut un fils qu'il déclara son successeur, lui substitua sa mère Charlotte Cornaro, et mourut. Le jeune Prince le suivit de près, et par sa mort laissa sa mère en possession du Trône de Chypre. Les Vénitiens eurent l'adresse d'engager cette Princesse, par les sollicitations de Georges Cornaro son frère, à abdiquer en faveur de la République; Georges la persécuta si vivement, que plus par importunité que de bon gré, elle y consentit et se retira à Venise. En reconnaissance, les Vénitiens l'adoptèrent fille de Saint-Marc, et lui donnèrent la ville et le territoire d'Azola, dans la marche Trévisane, avec un revenu très-considérable, suivant leur traité. Ce fut sur ce territoire qu'elle bâtit une maison de plaisance, qui fut nommée tant qu'elle subsista, *le Palais de la Reine de Chypre.*

5. *(t)* [ Guigues Guiffrey. ] Il était fils de Sébastien Guiffrey ou Guiffray, Seigneur de Boutières, mort en 1511, et neveu de Pierre Guiffrey, dont il est parlé ci-devant, et sortait d'une de ces anciennes Maisons du Dauphiné, que l'on honorait dans cette Province du nom de l'Ecarlate de la Noblesse. Tous ses ancêtres, qualifiés

Chevaliers dès l'an 1280, avaient porté les armes avec éclat; mais Guigues les surpassa tous. Quelques années après le trait de valeur dont il s'agit ici, Bayard, dont il ne s'était jamais séparé, le fit son Lieutenant. Après la mort de celui-ci, il eut une Compagnie de cinquante Hommes d'Armes, qu'il composa de tous Gentilshommes, la plupart Dauphinois, à la tête desquels il se signala si glorieusement à la bataille de Cérizoles en 1544, que de l'aveu des Officiers-Généraux, ce fut lui qui décida la victoire. ( Le Marquis de Guast, Général de l'Empereur, comptait tellement battre l'armée Française, qu'il s'était pourvu de quantité de colliers et de menottes de fers, pour enchaîner deux à deux les prisonniers qu'il devait faire, et les envoyer ainsi en triomphe à son maître. L'événement le trompa : il laissa douze mille hommes sur la place, quinze pièces d'artillerie, sa caisse militaire, armes, bagages, munitions, etc. Enfin, la victoire du Comte d'Enghen fut complète. ) Guiffrey soutint sa réputation par un grand nombre d'autres exploits rapportés dans l'Histoire, et que nous omettons comme étrangers à notre sujet. Le Roi, pour le récompenser, le fit enfin Prévôt de son Hôtel, Chevalier de son Ordre, son Lieutenant-Général de-là les Monts, et Gouverneur de Turin. Il eut une sœur, Jeanne Guiffrey, femme de Georges de Beaumont, Baron des Adrets, et mère du célèbre Baron de ce nom, François de Beaumont.

La Maison de Guiffrey est éteinte. On ne peut sans regret voir disparaître un sang si beau ; le nom seulement en est conservé par alliances ou par adoption dans quelques familles, entr'autres dans celle des Seigneurs de Marcieu, dont le nom propre est Emé, originaires de la Ville de Romans, ennoblis par le Dauphin Louis, vers l'an 1444.

*LETTRE du Chevalier BAYARD, à Laurent Alleman, son Oncle, sur la bataille de Ravenne.*

6. (g) MONSIEUR, si très-humblement que faire puis à votre bonne grâce me recommande.

Depuis que dernièrement vous ai écrit, avons eu, comme ja avez pu savoir, la bataille contre nos ennemis. Mais pour vous en avertir bien au long, la chose fut telle.

C'est que notre armée vint loger auprès de cette Ville de Ravenne : nos ennemis y furent aussitôt que nous, afin de donner cœur à ladite Ville ; et au moyen, tant d'aucunes nouvelles qui couraient chaque jour de la descente des Suisses, qu'aussi la faute des vivres qu'avions en notre Camp, Monsieur de Nemours se délibéra de donner bataille ; et Dimanche dernier passa une petite rivière, qui était entre nosdits ennemis et nous. Si les vinsmes rencontrer ; ils marchaient en très-bel ordre, et étaient plus de 1700 hommes d'armes les plus gorgias (les plus fiers) et triomphans qu'on vît jamais ; et bien 14,000 de pied, aussi gentils-galans qu'on saurait dire. Si vinrent environ mille hommes d'armes des leurs, comme gens désespérés de ce que notre artillerie les affolait, ruer sur notre bataille, en laquelle était Monsieur de Nemours en personne, sa Compagnie, celle de Monsieur de Lorraine, de M. d'Ars, et autres, jusqu'au nombre de 400 hommes d'armes, ou environ, qui reçurent lesdits ennemis de si grand cœur qu'on ne vit jamais mieux combattre. Entre notre avant-garde, qui était de mille hommes d'armes, et nous, il y avait de grands fossés, et aussi elle avait affaire ailleurs que nous pouvoir secourir. Si convint à ladite bataille de porter le faix desdits 1000 hommes d'armes des ennemis, ou environ. *En cet endroit, Monsieur de Nemours rompit sa lance, et perça un homme d'armes des leurs, tout au travers, et demie brassée davantage.* Si furent lesdits 1000 hommes d'armes défaits et mis en fuite ; et ainsi que leur donnions la chasse, vinsmes rencontrer leurs gens de pied auprès de leur artillerie avec cinq ou six cents hommes d'armes qui s'y etaient parqués ; et au-devant d'eux avaient mis des charrettes à deux roues, sur lesquelles il y avait un grand fer à deux ailes, de la longueur de deux ou trois brassées ; et étaient nos gens de pied combattus main à main. Leursdits gens de pied avaient tant d'arquebuses, que quand ce vint à l'aborder, ils tuèrent quasi tous nos Capitaines de gens de pied, en voie d'ébranler et tourner le dos. Mais ils furent si bien secourus des Gens d'Armes, qu'après bien combattre, nosdits ennemis furent défaits, perdirent leur artillerie, et sept ou huit cents hommes d'armes, qui leur furent tués, et la plupart de leurs Capitaines, avec sept ou huit mille hommes de pied. Et ne sait-on point qu'il se soit

# NOTES. 405

sauvé aucun Capitaine que le Vice-Roi ; car nous avons prisonniers le Seigneur Fabrice Colonne , le Cardinal de Médicis , Légat du Pape ; Petro Navarre , le Marquis de Pescaire , le Marquis de Padule , le fils du Prince de Melfe , Dom Jean de Cardonne , le fils du Marquis de Bélonde , et d'autres dont je ne sais les noms ; ceux qui se sauvèrent furent chassés huit ou dix mille , et s'en vont par les montagnes écartés ; et encore dit-on que les Villains ( Paysans ) les ont mis en pièces.

Monsieur, si le Roi a gagné la bataille, je vous jure que les pauvres Gentilshommes l'ont bien perdue ; car ainsi que nous donnions la chasse , Monsieur de Nemours vint trouver quelques gens de pied qui se rallioient ; si voulut donner dedans : mais le gentil Prince se trouva si mal accompagné qu'il y fut tué ; dont toutes les déplaisances et deuils qui furent jamais faits, ne fut pareil que celui qu'on a démené et qu'on démène encore en notre Camp ; car il semble que nous ayons perdu la bataille. Bien vous promets-je , Monsieur , que c'est le plus grand dommage que de Prince qui mourut de cent ans a ; et s'il eût vécu âge d'homme , il eût fait des choses que oncques Prince ne fit. Et peuvent bien dire les Soldats qu'ils ont perdu leur père : Et de moi , Monsieur , je ne saurais vivre qu'en mélancholie ; car j'ai tant perdu que je ne le çaurais écrire.

En d'autres lieux furent tués Monsieur d'Alègre et son fils, Monsieur du Molard , six Capitaines Allemands et le Capitaine Jacob , leur Colonel ; le Capitaine Maugiron ; le Baron de Grand-Mont , et plus de deux cents Gentilshommes de nom et tous d'estime : sans plus de deux mille hommes de pied des nôtres ; et vous assure que de cent ans le Royaume de France ne recouvrera la perte qu'il a faite.

Hier matin fut amené le corps de feu Monsieur de Milan , avec deux cens hommes d'armes , au plus grand honneur qu'on a seu aviser ; car on porte devant lui dix-huit ou vingt enseignes les plus triomphantes qu'on vit jamais, qui ont été en cette bataille gagnées. Il demeurera à Milan jusqu'à ce que le Roi ait mandé s'il veut qu'il soit porté en France, ou non.

Monsieur , notre armée s'en va temporisant par cette Romagne , prenant toutes les Villes pour le Concile ( de Pise ). Ils ne se font point prier d'eux rendre ; au moyen de ce qu'ils ont peur d'être pillés, comme a été cette Ville de Ravenne, en laquelle n'est rien demeuré. Et ne bougerons de ce quartier, que le Roi n'ait mandé ce qu'il veut que son armée fasse.

Monsieur, touchant le frère du Poste, dont vous m'avez écrit ; incontinent que l'enverrez, il n'y aura point de faute que je ne le pourvoye. Puisque ceci est dépêché, je crois qu'aurons abstinence de guerres : toutefois les Suisses font quelque bruit toujours ; mais quand ils sauront cette défaite, peut-être ils mettront quelque peu d'eau en leur vin. Incontinent que les choses seront un peu appaisées, je vous irai voir. Priant Dieu, Monsieur, qu'il vous donne très-bonne vie et longue. Ecrit au Camp de Ravenne, ce 14.e jour d'Avril. Votre très-humble serviteur,

BAYARD.

6. Livre VI. (*p*) [ Eynard, Guiffrey, Beaumont. ] Trois grandes Maisons du Dauphiné, et des plus anciennes. Voyez sur celle de Guiffrey la note précédente. Celle d'Eynard, ou Mont-Eynard, est connue depuis l'an 1170. Elle a toujours été militaire et très-illustre, et subsiste aujourd'hui dans la personne du Comte de Mont-Eynard, Enseigne des Mousquetaires de la Garde du Roi, dont la sœur est femme du Marquis de Mont-Eynard, son cousin au cinquième degré, Lieutenant-Général des armées du Roi ( nommé en 1771 Ministre de la Guerre ) qui a un frère cadet, nommé aussi le Comte de Mont-Eynard, tous Officiers dignes de leur nom et du sang dont ils sortent.

Balthasard de Beaumont, dont il s'agit ici, sortait de la Maison de Beaumont qui, comme les deux précédentes, était de celles que nous avons dit ailleurs avoir été qualifiées par excellence l'Ecarlate de la Noblesse du Dauphiné, et que les anciens Auteurs nomment très-noble et très-ancienne Chevalerie. Elle était connue dès l'an 1080, sous le nom de *Bellemonte*, à cause du Château de Beaumont qu'elle possédait dans la vallée de Graisivaudan, et qu'elle a possédé jusqu'en l'année 1617.

www.ingramcontent.com/pod-product-compliance
Lightning Source LLC
Chambersburg PA
CBHW050919230426
43666CB00010B/2246